日本九州大學
文學部書庫明版圖錄

周 彥 文 著

圖 書 與 資 訊 集 成
文 史 哲 出 版 社 印行

國家圖書館出版品預行編目資料

日本九州大學文學部書庫明版圖錄 / 周彥文著.
-- 臺北市 : 文史哲, 民85
面 ; 公分. --(圖書與資訊集成 ; 22)
ISBN 957-549-005-3(平裝)

1. 善本書目錄 2. 圖書館目錄 3. 書影

014.1 85002835

圖書與資訊集成 ㉒

日本九州大學文學部書庫明版圖錄

著者：周彥文
出版者：文史哲出版社
登記證字號：行政院新聞局局版臺業字五三三七號
發行人：彭正雄
發行所：文史哲出版社
印刷者：文史哲出版社
臺北市羅斯福路一段七十二巷四號
郵撥〇五一二八八一二 彭正雄帳戶
電話：(〇二)三五一一〇二八

定價新臺幣四五〇元

中華民國八十五年六月初版

ISBN 957-549-005-3

序

一九九二年的秋天，我在日本九州大學中國哲學研究所町田三郎教授的協助下，獲得福岡國際交流協會的補助，赴日本做爲期半年的研究。

我的研究主題是「九州地區的朝鮮版本」。爲了研究這個主題，我必需要時常出入九州地區最重要的藏書處九州大學，尤其是文學部的圖書館。在九州大學，他們稱之爲「文學部書庫」。這個書庫中，除了我所需要的朝鮮版本外，我同時發現了存量甚豐的中國古籍。雖然沒有宋元版，但是明清二代的古籍也有約一千四百部之多。

我在驚訝之餘，決定利用研究朝鮮版本之暇，也要將中國流落在外的古籍做一個簡單的編目工作，以保存一點文獻資料。

由於文學部書庫只有目錄卡片，而且卡片上對於版本資料也記載得不夠詳細，所以我就採用了最直接的方法，從書架上的第一部書開始，逐部的檢閱。凡是中國版的古籍，我就列下簡單的書名、卷數、作者、刊版年代、以及最基本的版式行款。如果是明版，就做個記號，找時間做較詳細的記錄，並且帶照相機去，拍下圖片佐證。如此半年，終於在離日返臺前兩天的深夜裡，完成了「日本九州大學文學部書庫漢籍目錄」以及這本書的初稿。前一部書已經由文史哲出版社在去年十月先行出版，該書前有敘錄一篇，相關的問題都已在其中有所說明，此處就不再贅述了。

編目期間，正値隆冬。文學部書庫中沒有暖氣，有時窗外飄著細雪，我在書庫內則滿身塵垢，手腳僵冷。這對在臺灣生長的我來說，倒是一項新鮮的經驗。所以我在工作期間，心情是非常愉快的。遺憾的是，工作的時間太短，許多資料登錄時做得不夠詳盡，回臺之後想要續補，已無可能。更有三部明版書，在做第一次登錄時還在，可是第二次要拍照時，卻已被借走，只能列爲待補，留諸他日了。

九州大學還有總圖書館，九州地區也還有許多圖書館，都有中國的古籍流存。我相信這樣的圖書館在世界各地還有很多，如果能有系統的把書目都編列起來，對於中國文獻的重整，一定很有幫助。

最後，我要深深的感謝町田教授，他在爲學和作人上，都帶給我很大的幫助及啓發。還有當時擔任九州大學中哲所助教的連清吉先生，若是沒有他的大力協助，所有的研究都將要困難千百倍，我由衷的感謝他。

一九九六年二月二十七日　**周彥文**序于臺北外雙溪

日本九州大學文學部書庫明版圖錄

目　錄

日本九州大學
文學部書庫明版圖錄

經　部

001 書名：周易經傳二十四卷

作者：宋、程頤撰

版式：明刊本

20×14.1，半葉9行，行17字。左右雙欄，白口，單魚尾。書首冠宋元符二年（　1099A.D.）程頤序、次有「易序」、總目。版心下象鼻有寫版者及刻工名氏。

編號：支哲1—12

購入：昭和8、8、21

按此刻卷首先附上下篇義、朱子易本義圖、五贊、筮儀等。卷內於經句後，或爲朱子本義，或爲程子傳、蓋程、朱傳義合刻者也。

周易程子傳序

易變易也隨時變易以從道也其爲書也廣大悉備將以順性命之理通幽明之故盡事物之情而示開物成務之道也聖人之憂患後世可謂至矣去古雖遠遺經尚存然而前儒失意以傳言後學誦言而忘味自秦而下蓋无傳矣予生千載之後悼斯文之湮晦將俾後人沿流而求源此傳所以作也易有聖人之道四焉以言者尚其辭以動者尚其變

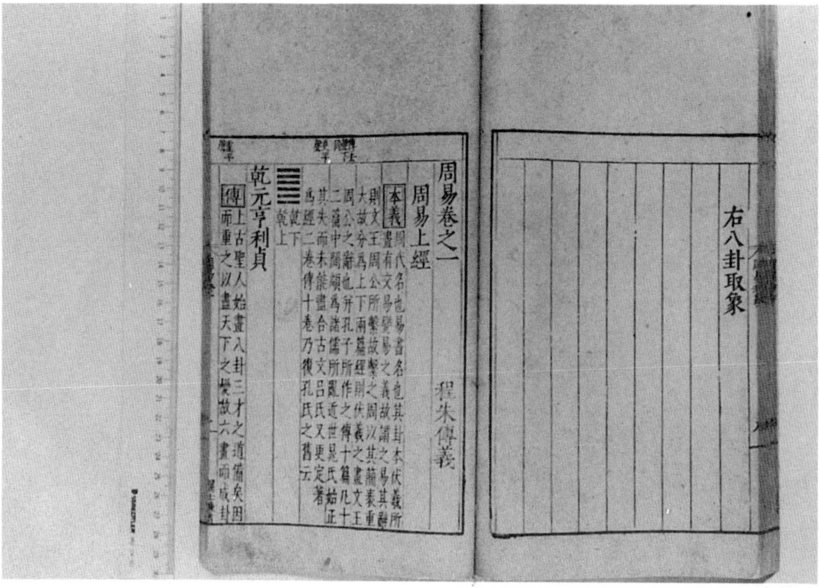
右八卦取象

周易卷之一

周易上經　程朱傳義

本義 周代名也易書名也其卦本伏羲所畫有交易變易之義故謂之易其辭則文王周公所繫故繫之周以其簡袠重大故分爲上下兩篇經則伏羲之畫文王周公之辭也并孔子所作之傳十篇凡十二篇中間頗爲諸儒所亂近世晁氏始正其失而未能盡合古文呂氏又更定著爲經二卷傳十卷乃復孔氏之舊云

☰ 乾下乾上

乾元亨利貞

傳 上古聖人始畫八卦三才之道備矣因而重之以盡天下之變故六畫而成卦

002 書名：周易傳義大全二十卷

作者：明、胡廣等奉勅撰

版式：明、清白堂刊本

23.7×13.8，半葉11行，行20字。四周單欄，花口，單魚尾。書首冠易序、易傳序、易序又一篇。次有總目，凡例。卷一首葉題「長洲明卿陳仁錫較正」。

編號：支哲1—5

購入：昭和6、3、2

按此書爲明、胡廣等奉勅撰五經大全之一，正文前另附上下篇義、朱子易本義圖、五贊、筮儀、程朱易說綱領等。全書由陳仁錫校訂，「校」字諱改作「較」，應爲明末刊本。

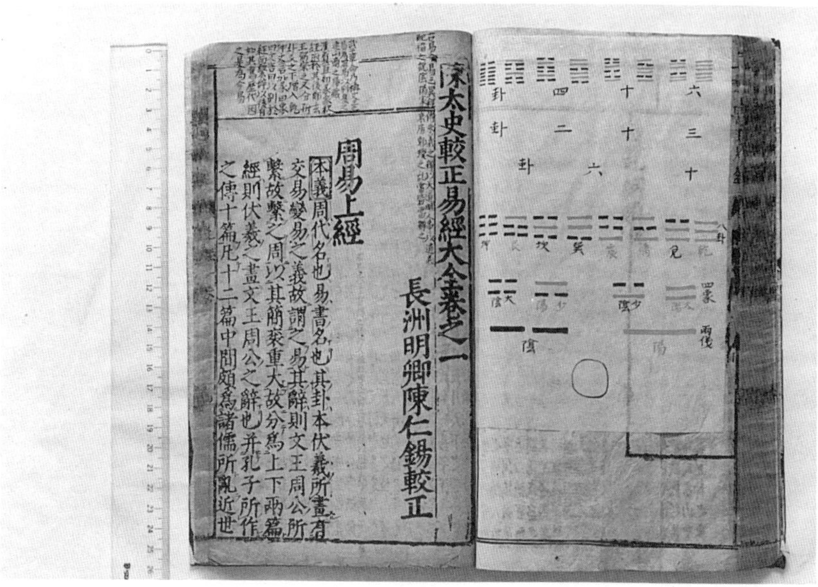

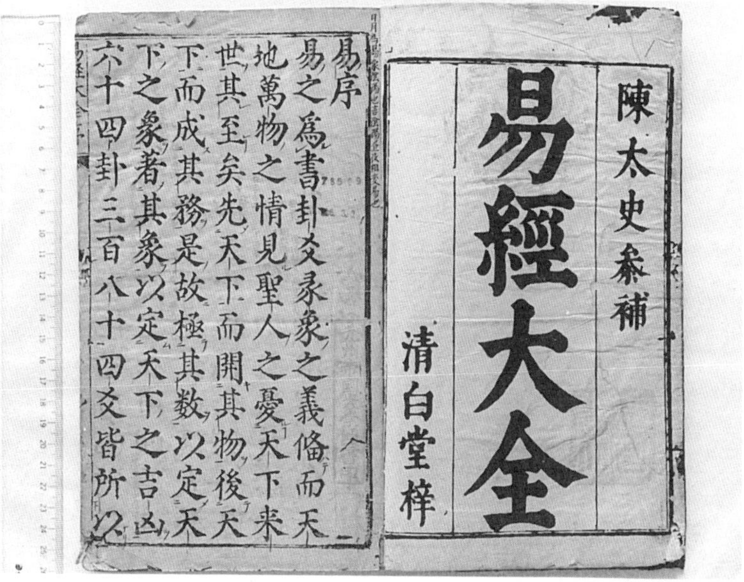

003 書名：書經大全十卷首一卷

作者：明、胡廣等奉勅撰

版式：明刊本

23.5×14，半葉11行，行20字。四周雙欄，花口，單魚尾。書首冠宋嘉定二年（1209A.D.）蔡沈序、孔安國序。次有凡例、唐虞夏商周譜系圖等書圖多幅，書說綱領。卷名題「甲學士校正古本官板書經大全」，卷一首葉題「內閣大學士瑤泉申時行校正、國子監祭酒具區馮夢禎參閱、閩芝城建邑書林余氏仝梓」。

編號：支哲3—6

購入：昭和6、3、2

按此書乃明、胡廣等奉勅撰五經大全之一。由卷一首葉題語，此刻應為福建建安余氏所刊。

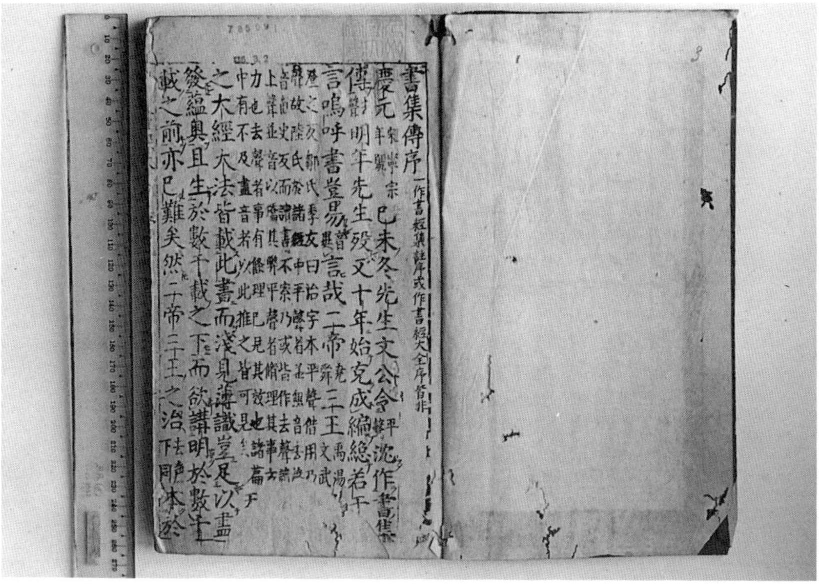
書集傳序
慶元己未冬先生文公令沈作書集
傳明年先生殁又十年始克成編總若干
言嗚呼書豈易言哉
之大經大法皆載此書而淺見薄識豈足以盡
發蘊與且生於數千載之下而欲講明於數千
載之前亦已難矣然二帝三王之治

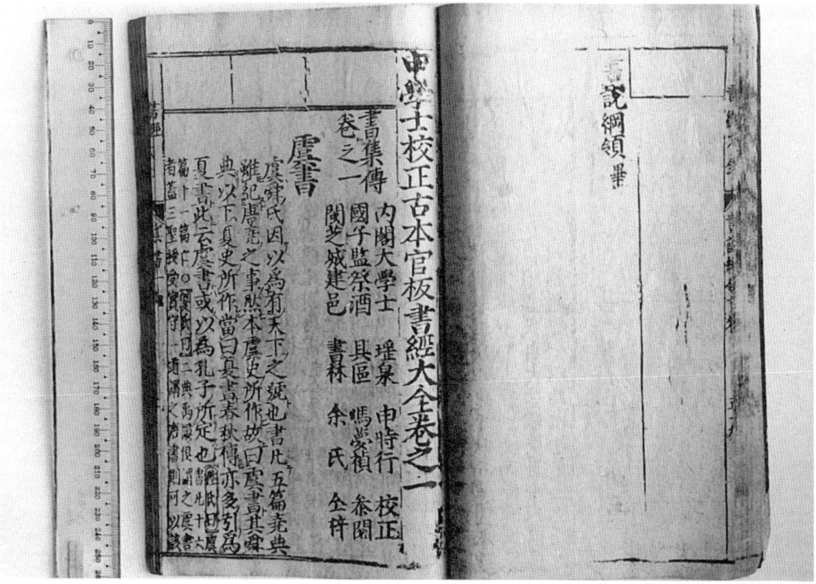
中學士校正古本官板書經大全卷之一
內閣大學士　瑆泉　申時行　校正
國子監祭酒　具區　馮夢禎　參閱
閩芝城建邑　書林　余氏　全梓
書集傳
卷之一
虞書
虞舜氏因以為有天下之號也書凡五篇堯典
雖紀唐堯之事然本虞史所作故曰虞書其舜
典以下夏史所作當曰夏書春秋傳亦多引為
夏書此云虞書或以為孔子所定也
書說綱領

004 書名：潁濱先生詩集傳十九卷

作者：宋、蘇徹撰

版式：明刊本

22.3×15.1，半葉10行，行21字。左右雙欄，花口，單魚尾。無序目。

編號：支文2—10

購入：昭和11、2、20

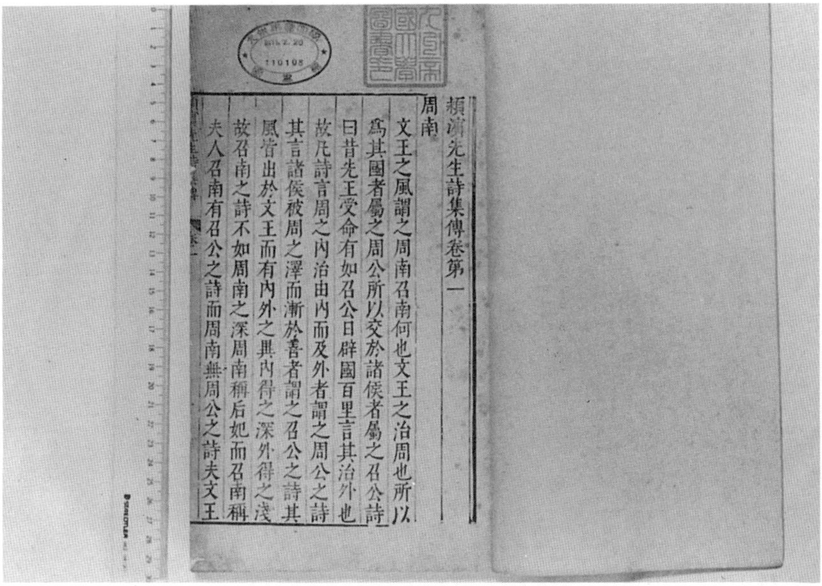
穎濱先生詩集傳卷第一
周南
文王之風謂之周南召南何也文王之治周也所以
爲其國者屬之周公所以交於諸侯者屬之召公詩
曰昔先王受命有如召公日辟國百里言其治外也
故凡詩言周之內治由內而及外者謂之周公之詩
其言諸侯被周之澤而漸於善者謂之召公之詩其
風皆出於文王而有內外之異內得之深外得之淺
故召南之詩不如周南之深周南稱后妃而召南稱
夫人召南有召公之詩而周南無周公之詩夫文王

005 書名：詩經世本古義不分卷首、末各一卷

作者：明、何楷撰

版式：崇禎十四年刊本

20.1×13.9，半葉9行，行20字。四周單欄，花口，無魚尾。書首冠崇禎十四年（1641A.D.）何楷序、無年月曹學佺序，次「參閱諸公」、「較正門人」。每卷首葉題「閩儒何楷玄子氏學」。

編號：支文2—15

購入：昭和14、5、20

按此刻「校」字諱作「較」，爲明末刊本。

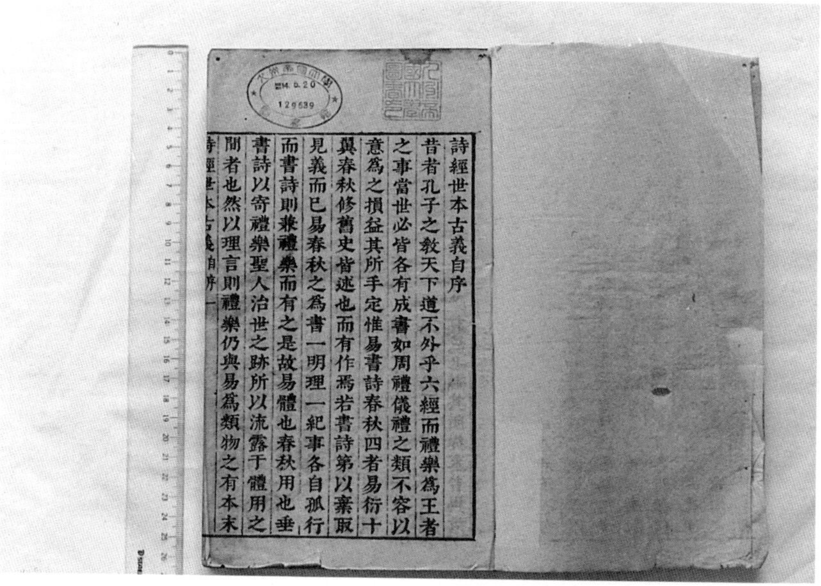

詩經世本古義自序

昔者孔子之教天下道不外乎六經而禮樂為王者之事當世必皆各有成書如周禮儀禮之類不容以意為之損益其所手定惟易書詩春秋四者易衍十翼春秋修舊史皆述也而有作焉若書詩第以橥取見義而已易春秋之為書一明理一紀事各自孤行而書詩則兼禮樂而有之是故易體也春秋用也垂書詩以寄禮樂聖人治世之跡所以流露于體用之間者也然以理言則禮樂仍與易為類物之有本末

詩經世本古義自序　一

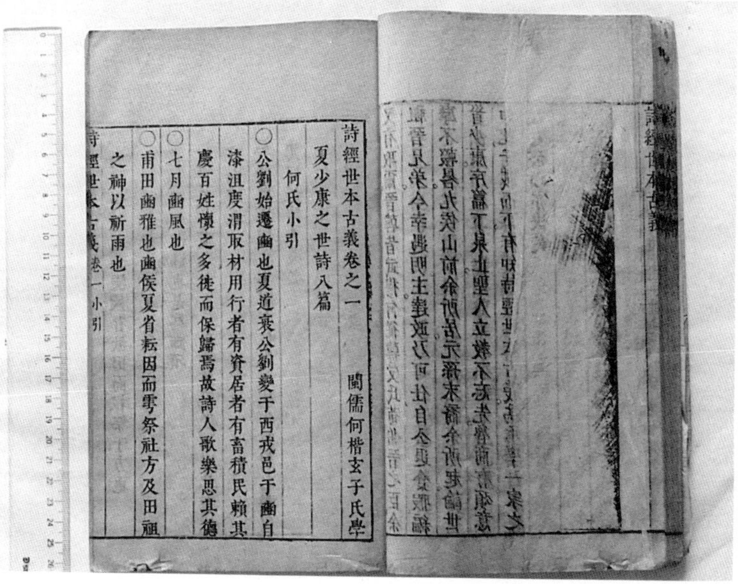

詩經世本古義卷之一　　閩儒何楷玄子氏學

夏少康之世詩八篇

何氏小引

○公劉始遷豳也夏道衰公劉變于西戎邑于豳自漆沮度渭取材用行者有資居者有畜積民賴其慶百姓懷之多徙而保歸焉故詩人歌樂思其德

○七月豳風也

○甫田豳雅也豳侯夏省耘因而雩祭社方及田祖之神以祈雨也

詩經世本古義卷一　小引

006 書名：（鍾伯敬批點）**詩經**不分卷

作者：明、鍾惺批點

版式：明吳興凌氏刊雙色套印本

20.9×14.8，半葉8行，行18字。左右雙欄，白口，無魚尾。書首冠凌濛初序、凌杜若題識，均不署年月。次附詩經大序。卷首首葉題「竟陵鍾惺伯敬父批點」。

編號：支文2—16

購入：昭和14、5、20

按此刻爲吳興凌氏家族刊本。凌氏以套色刻本聞於世，此刻圈點、批語及天頭處評語，即爲朱色套印。全刻紙墨精良，套色亦精美。

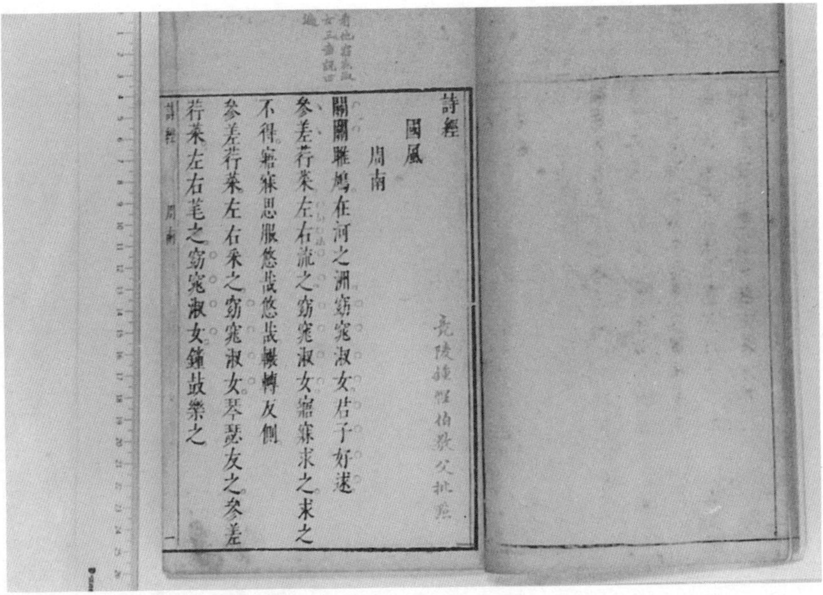

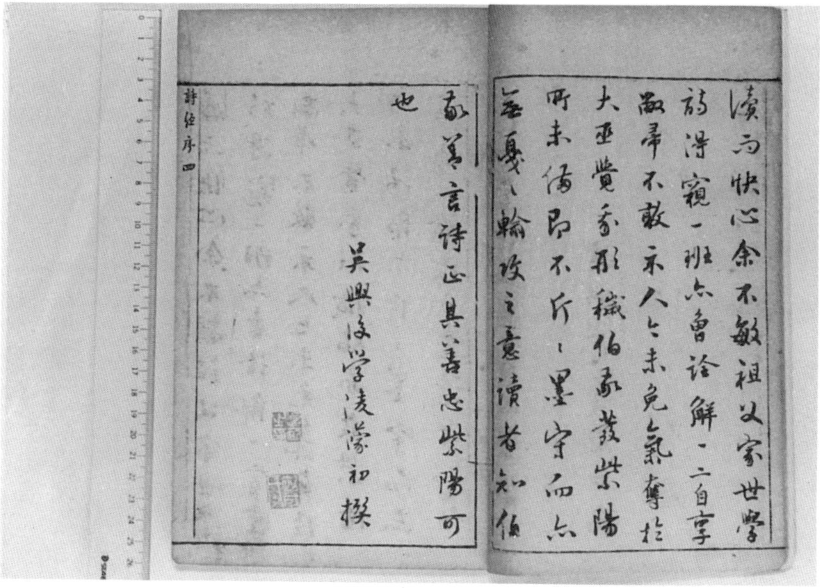
讀而快心余不敏祖父家世學
詩得窺一班亦魯詮解一二自享
敝帚不敢示人亦未免氣奪於
大巫覺黍形穢伯兄發紫陽
所未備即不斥斥墨守而亦
無褒褒輪攻之意讀者知伯
兄篤言詩正其善忠紫陽可
也
吳興後學凌濛初撰
詩經序　四

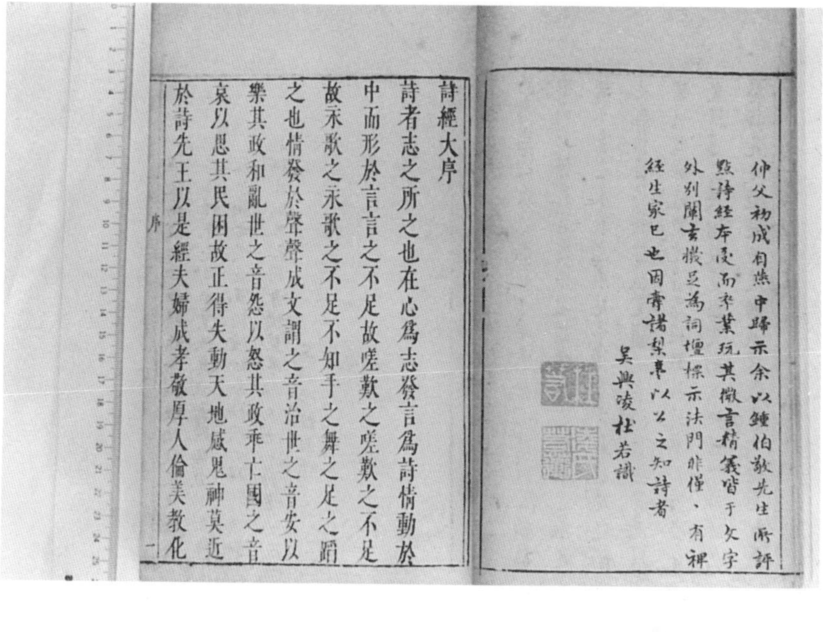
仲父初成自燕中歸示余以鍾伯敬先生所評
點詩經本度而卒業玩其微言精義皆于文字
外別闢玄機足為詞壇標示法門非僅僅有裨
經生家已也因壽諸梨棗以公之知詩者
吳興凌杜若識

詩經大序
詩者志之所之也在心為志發言為詩情動於
中而形於言言之不足故嗟歎之嗟歎之不足
故永歌之永歌之不足不知手之舞之足之蹈
之也情發於聲聲成文謂之音治世之音安以
樂其政和亂世之音怨以怒其政乖亡國之音
哀以思其民困故正得失動天地感鬼神莫近
於詩先王以是經夫婦成孝敬厚人倫美教化
序　一

007 書名：毛詩鄭箋二十卷

作者：漢、鄭玄撰

版式：萬曆二十二年玄鑒室刊本

21.8×14.6，半葉10行，行20字。左右雙欄，花口，單魚尾。書首冠萬曆二十二年（1594A.D.）程應衢序，次附唐孔穎達毛詩正義序、漢鄭玄詩譜并序。每卷首葉題「周卜商子夏敘、漢趙人毛萇傳、北海鄭玄箋、明甬東屠本畯纂疏、補協，江都陸弼、歙程應衢校」。版心下象鼻題「玄鑒室」。

編號：支文2—19

購入：昭和15、1、20

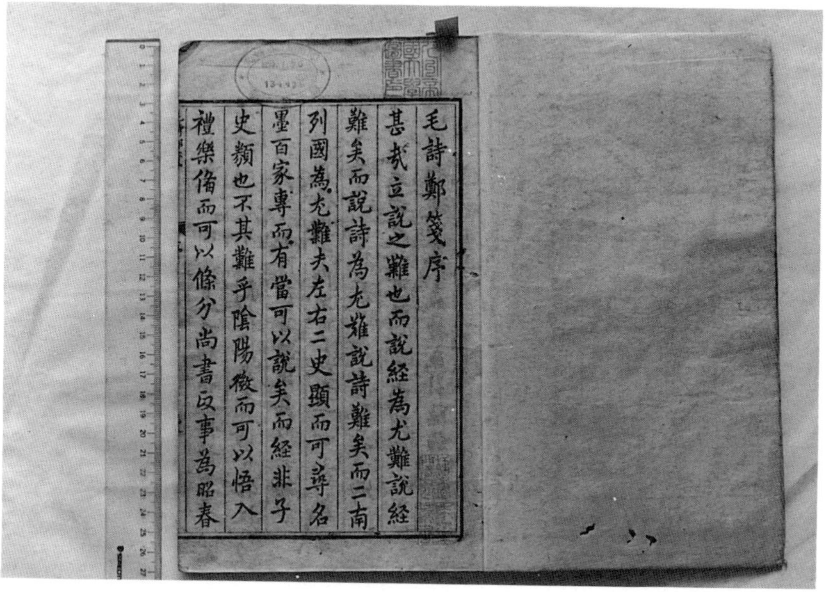
毛詩鄭箋序
甚哉立説之難也而説経為尤難説経
難矣而説詩為尤難説詩難矣而二南
列國為尤難夫左右二史顯而可尋名
墨百家專而有當可以説矣而経非子
史類也不其難乎陰陽微而可以悟入
禮樂備而可以條分尚書攷事為昭春

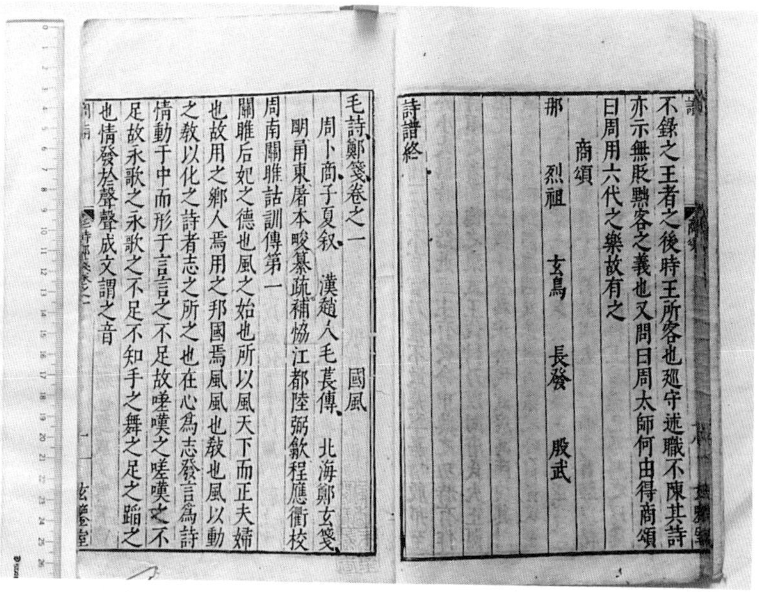
不録之王者之後時王所客也廵守述職不陳其詩
亦示無貶黜客之義也又問曰周太師何由得商頌
曰周用六代之樂故有之
商頌
那　烈祖　玄鳥　長發　殷武
詩譜終
毛詩鄭箋卷之一　國風
周卜商子夏敘　漢趙人毛萇傳　北海鄭玄箋
明甬東屠本畯纂疏補協江都陸弼斂程應衢校
周南關雎詁訓傳第一
關雎后妃之德也風之始也所以風天下而正夫婦
也故用之鄉人焉用之邦國焉風風也教也風以動
之教以化之詩者志之所之也在心為志發言為詩
情動于中而形于言言之不足故嗟嘆之嗟嘆之不
足故永歌之永歌之不足不知手之舞之足之蹈之
也情發於聲聲成文謂之音
玄鑒室

008 書名：古今大方詩經大全十五卷

作者：明、胡廣等奉勅撰

版式：明刊本

23.7×13.9，半葉11行，行20字。四周雙欄，花口，單魚尾。書首冠朱熹序，次爲「卷首」，載凡例及編纂者名氏、朱子辯說、大序、小序。次詩經大全圖、諸國世次圖、綱領。卷一首葉題「禮部左侍郎臺山葉向高編纂，翰林太史瀛海張以誠校正，閩芝城建邑書林余氏全梓」。

編號：支哲2—6

購入：昭和6、3、2

按此書爲明、胡廣等奉勅編五經大全之一。卷首題曰「葉太史參補」。蓋葉向高也。此刻亦明代建安余氏刊本，紙墨不精。

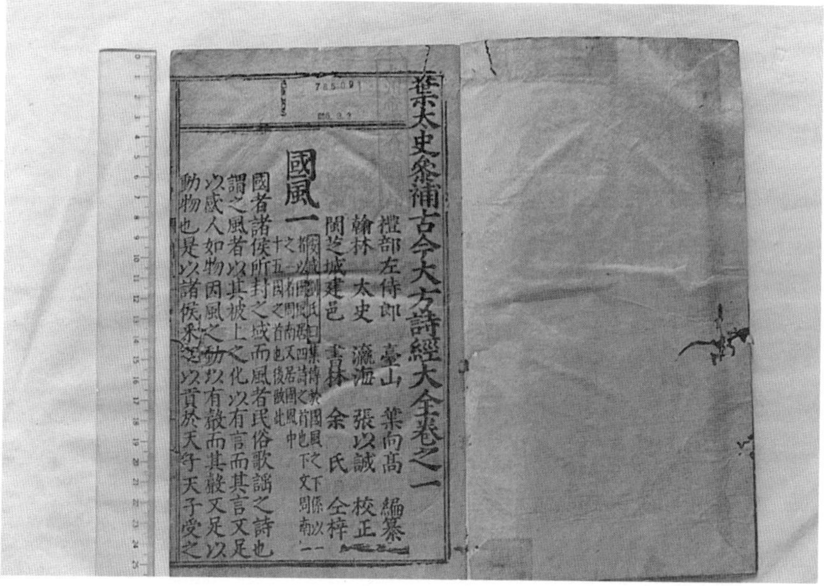

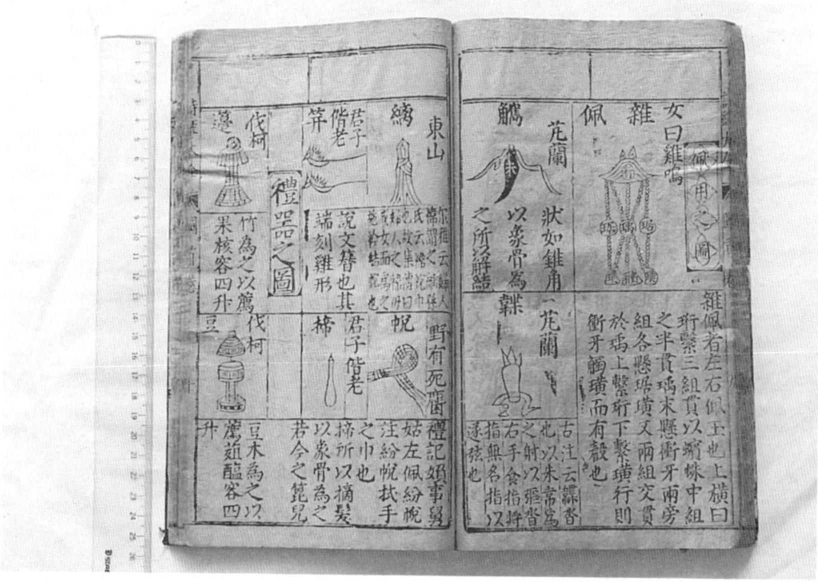

009 書名：禮記大全三十卷

作者：明、胡廣等奉勅撰

版式：明刊本

23.2×13.8，半葉11行，行20字。四周雙欄，花口，單魚尾。書首冠凡例，次無年月陳澔序，再次有總論。卷名題「張翰林校正禮記大全」，卷一首葉題「溫陵二水張瑞圖、吳江桐岡沈正宗仝校」。

編號：支哲4—5

購入：昭和6、3、2

按此書爲明、胡廣等奉勅編五經大全之一。由其紙張墨色觀之，當爲明代晩期坊間刊本。

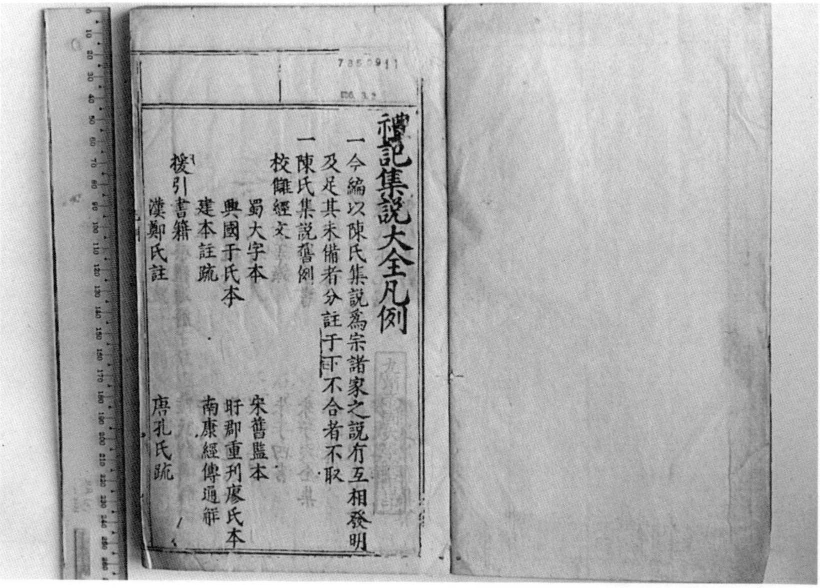

禮記集說大全凡例

一今編以陳氏集說爲宗諸家之說有互相發明及足其未備者分註于下不合者不取

一陳氏集說舊例校讎經文

蜀大字本　宋舊監本

興國于氏本　盱郡重刊廖氏本

建本註疏　南康經傳通解

援引書籍

漢鄭氏註　唐孔氏疏

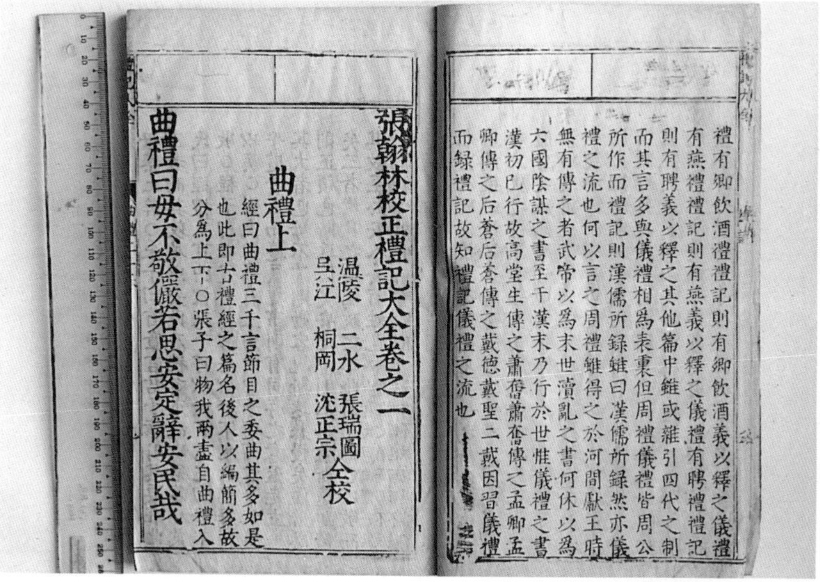

禮有鄉飲酒禮禮記則有鄉飲酒義以釋之儀禮有燕禮禮記則有燕義以釋之儀禮有聘禮禮記則有聘義以釋之其他篇中雖或雜引四代之制而其言多與儀禮相爲表裏但周禮儀禮皆周公所作而禮記則漢儒所録雖曰漢儒所録然亦儀禮之流也何以言之周禮雖得之於河間獻王時無有傳之者武帝以爲末世瀆亂之書何休以爲六國陰謀之書至于漢末乃行於世惟儀禮之書漢初已行故高堂生傳之蕭奮蕭奮傳之孟卿孟卿傳之后蒼后蒼傳之戴德戴聖二戴因習儀禮而録禮記故知禮記儀禮之流也

張翰林校正禮記大全卷之一

溫陵　二水　張瑞圖

晉江　桐岡　沈正宗　仝校

曲禮上

經曰曲禮三千言節目之委曲其多如是也此即古禮經之篇名後人以編簡多故分爲上下○張子曰物我兩盡自曲禮入

曲禮曰毋不敬儼若思安定辭安民哉

010 書名：潁濱先生春秋集解十二卷

作者：宋、蘇轍撰

版式：明刊本

22×15.1，半葉10行，行21字。左右雙欄，花口，單魚尾。書首冠宋元符二年（1099A.D.）蘇轍自序。

編號：支文5—5

購入：昭和11、2、20

按此刻無刊書序跋牌記，全刻以白棉紙刷印，紙墨精良。以版式觀之，或爲明末刊本。

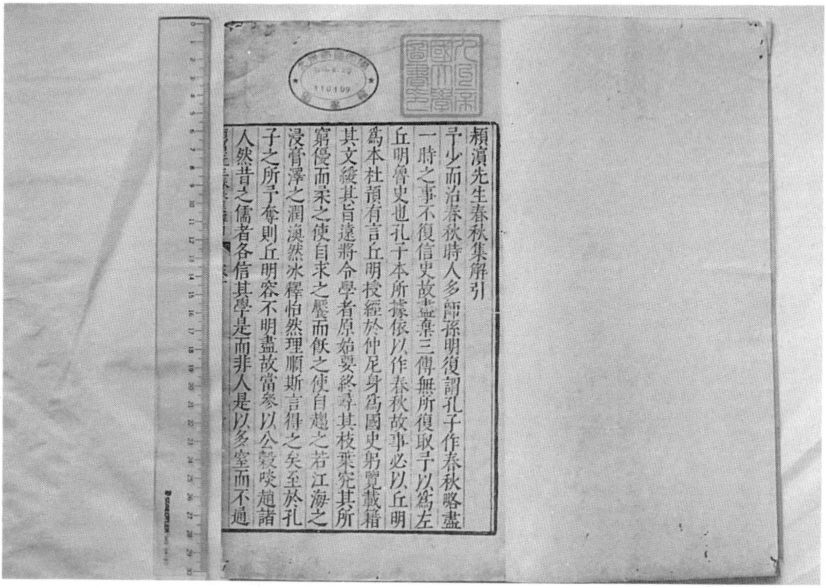

賴濱先生春秋集解引
予少而治春秋時人多師孫明復謂孔子作春秋略盡
一時之事不復信史故盡棄三傳無所復取予以爲左
丘明魯史也孔子本所據依以作春秋故事必以丘明
爲本杜預有言丘明授經於仲尼身爲國史躬覽載籍
其文緩其旨遠將令學者原始要終尋其枝葉究其所
窮優而柔之使自求之饜而飫之使自趨之若江海之
浸膏澤之潤渙然冰釋怡然理順斯言得之矣至於孔
子之所予奪則丘明容不明盡故當參以公穀啖趙諸
人然昔之儒者各信其學是而非人是以多窒而不通

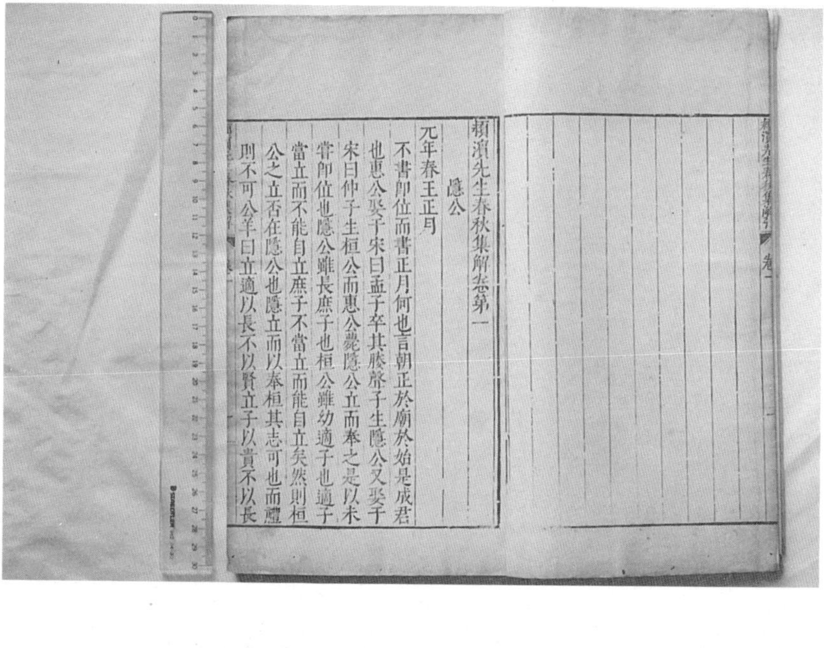

賴濱先生春秋集解卷第一
隱公
元年春王正月
不書卽位而書正月何也言朝正於廟於始是成君
也惠公娶于宋曰孟子卒其媵聲子生隱公又娶于
宋曰仲子生桓公而惠公薨隱公立而奉之是以未
嘗卽位也隱公雖長庶子也桓公雖幼適子也適子
當立而不能自立庶子不當立而能自立矣然則桓
公之立否在隱公也隱立而以奉桓其志可也而禮
則不可公羊曰立適以長不以賢立子以貴不以長

011 書名：春秋集傳大全三十七卷

作者：明、胡廣等奉勅撰

版式：明刊本

23.3×13.8，半葉11行，行20字。四周雙欄，花口，單魚尾。書首冠序論，凡例，春秋諸國興廢說、東坡指掌春秋列國圖、春秋列國東坡圖說、春秋二十國年表。卷一首葉題「會魁金壇虞大復校」

編號：支哲5—2

購入：昭和6、3、2

此刻乃明、胡廣等奉勅編纂五經大全之一。全書經虞大復校訂，紙墨不良，或爲明末坊刻本。

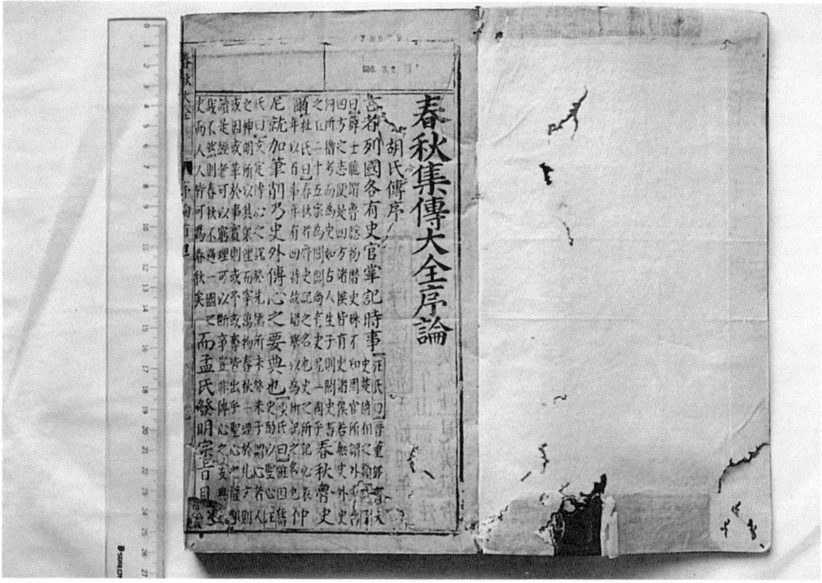
春秋集傳大全序論
胡氏傳序

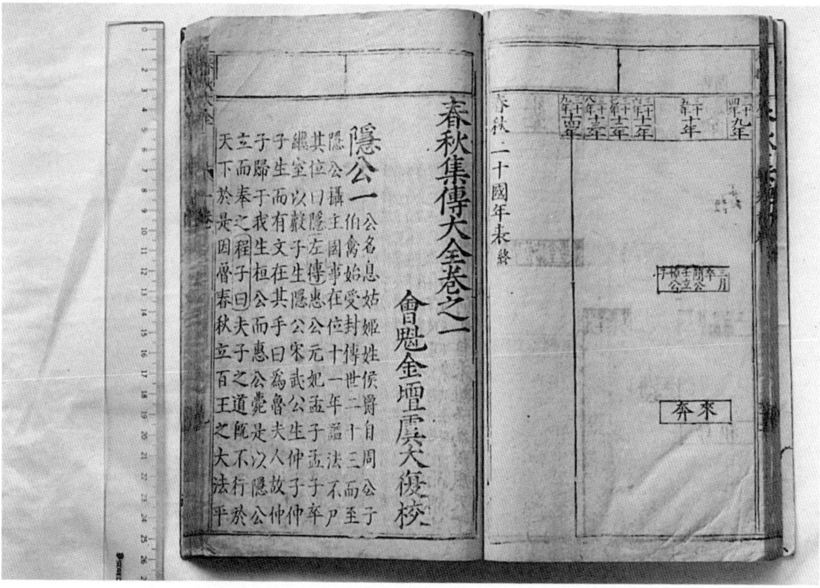
春秋集傳大全卷之一
會魁金壇虞大復校
隱公一

012 書名：春秋胡傳三十卷

作者：宋、胡安國撰

版式：明嘉靖三十五年廣東崇正堂刊本

20.5×15.4，半葉8行，每行大字14、小字18。四周雙欄，黑口，雙魚尾。書首冠無年月胡安國序，次有春秋總例、春秋周王世次圖、春秋魯公世次圖、春秋列國圖、諸國興廢說。書末有牌記，題「嘉靖丙辰歲仲秋廣東崇正堂重刊」。

編號：支哲5—3（貴重書）

購入：昭和7、12、10

按胡氏此書成於南宋紹興年間，清代收入四庫全書中。此刻牌記題爲重刊，不知所據爲何。全書以白棉紙大字精印，保存良好。

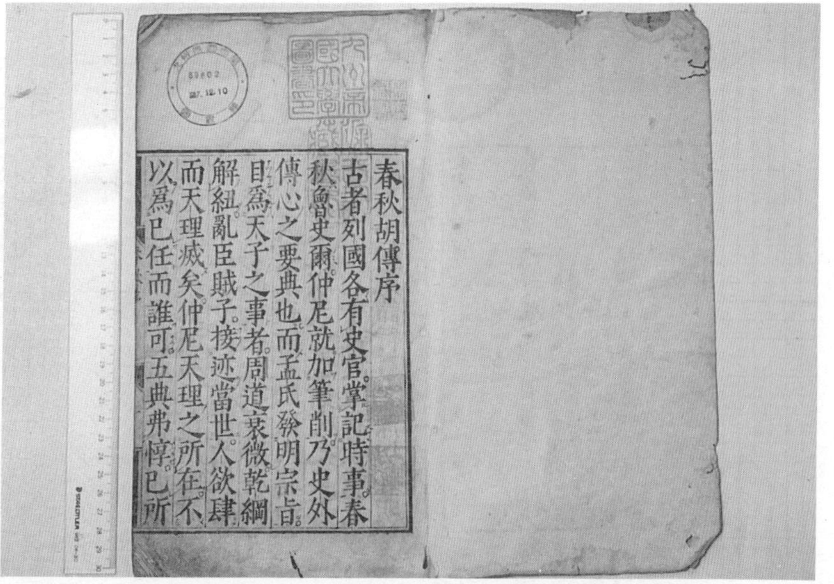
春秋胡傳序
古者列國各有史官掌記時事春
秋魯史爾仲尼就加筆削乃史外
傳心之要典也而孟氏發明宗旨
目爲天子之事者周道衰微乾綱
解紐亂臣賊子接迹當世人欲肆
而天理滅矣仲尼天理之所在不
以爲己任而誰可五典弗惇已所

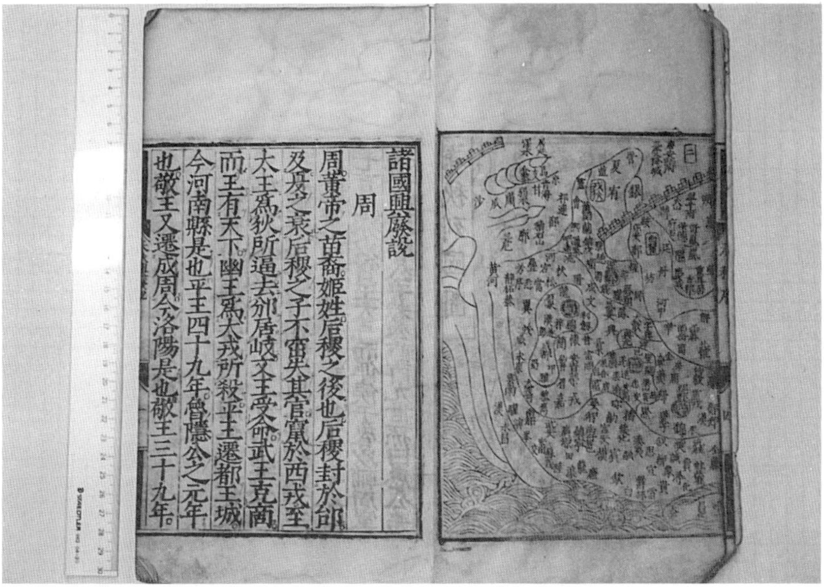
諸國興廢說

周

周黄帝之苗裔姬姓后稷之後也后稷封於邰及夏之衰后稷之子不窋失其官竄於西戎至太王爲狄所逼去邠居岐文王受命武王克商而王有天下幽王爲犬戎所殺平王遷都王城今河南縣是也平王四十九年魯隱公之元年也敬王又遷成周今洛陽是也敬王三十九年

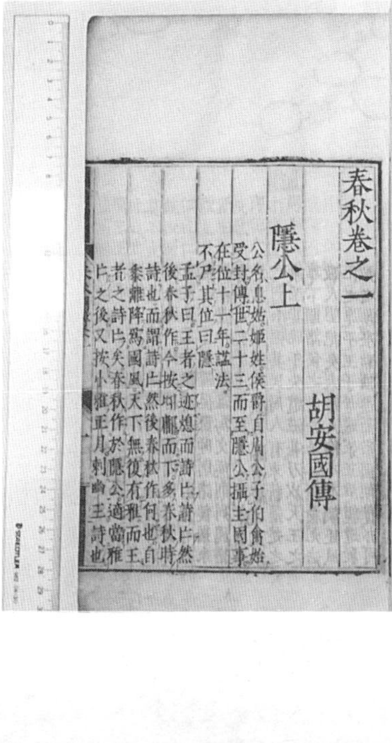
春秋卷之一

隱公上　　胡安國傳

公名息姑姬姓侯爵自周公子伯禽始受封傳世二十三而至隱公攝主國事在位十一年謚法不尸其位曰隱

孟子曰王者之迹熄而詩亡詩亡然後春秋作今按邶鄘而下多春秋時詩也而謂詩亡然後春秋作何也自黍離降爲國風天下無復有雅而王者之詩亡矣春秋作於隱公適當雅亡之後又按小雅正月刺幽王詩也

春秋卷之三十終

嘉靖丙辰歲仲秋
廣東崇正堂重刊

013 書名：十三經注疏

版式：明崇禎十三年汲古閣刊本

17.9×12.6，半葉9行，行21字。左右雙欄，花口，無魚尾。上象鼻題書名，下象鼻署「汲古閣」，書首冠崇禎十二年錢謙益撰「新刻十三經注疏序」，每經之末，均有毛晉刻書牌記題刊梓年代。

編號：支哲8—33

購入：昭和34、3、25

按據毛氏所刊牌記，各經之刊梓年代如下：

周易兼義九卷。魏王弼注，唐孔穎達正義，崇禎四年（1631A.D.）刊。

尚書注疏二十卷。漢孔安國傳，唐孔穎達疏。崇禎五年（1632A.D.）刊。

毛詩注疏二十卷。漢鄭玄箋，唐孔穎達疏。崇禎三年（1630A.D.）刊。

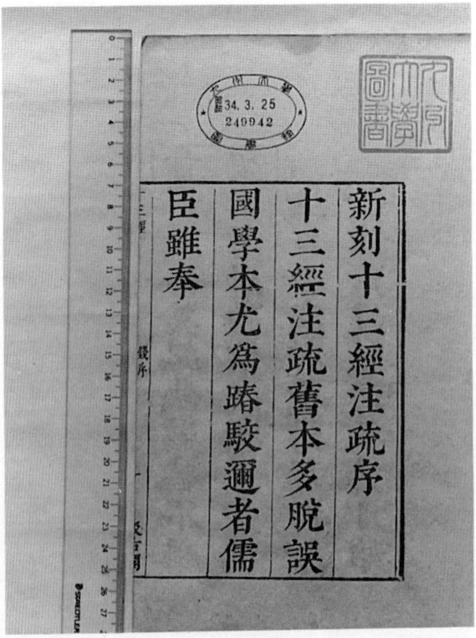

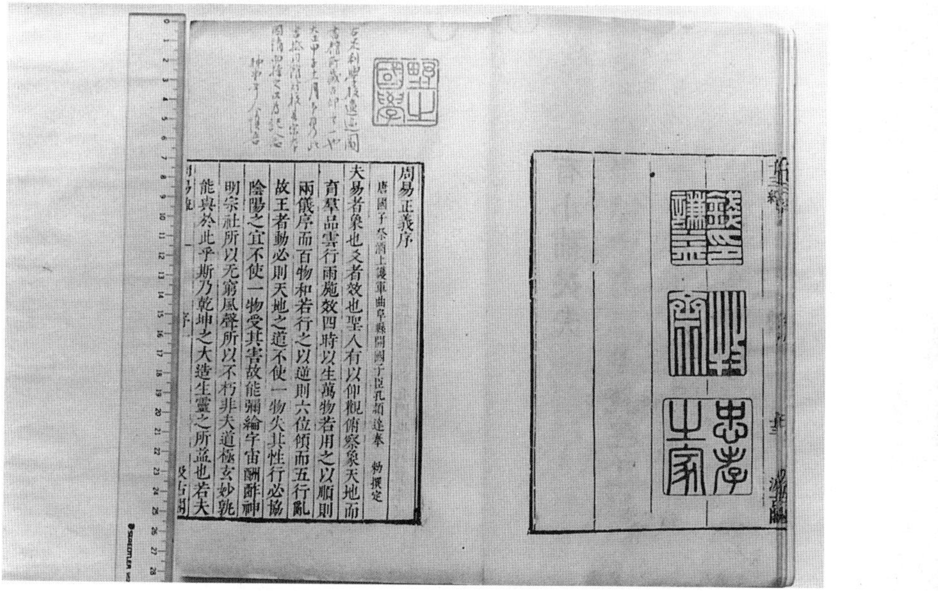
周易正義序
唐國子祭酒上護軍曲阜縣開國子臣孔穎達奉　勅撰定
夫易者象也爻者效也聖人有以仰觀俯察象天地而
育羣品雲行雨施效四時以生萬物若用之以順則
兩儀序而百物和若行之以逆則六位傾而五行亂
故王者動必則天地之道不使一物失其性行必協
陰陽之宜不使一物受其害故能彌綸宇宙酬酢神
明宗社所以无窮風聲所以不朽非夫道極玄妙孰
能與於此乎斯乃乾坤之大造生靈之所益也若夫

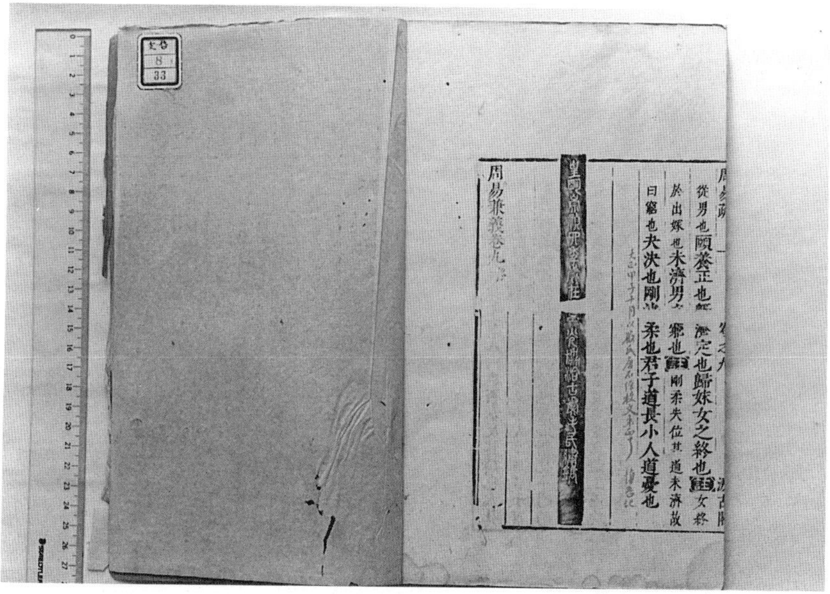
周易兼義卷九
待男也頤養正也濟定也歸妹女之終也
未濟男之窮也
夬決也剛決柔也君子道長小人道憂也

周禮注疏四十二卷。漢鄭玄注，唐賈公彥疏。崇禎元年（1628A.D.）刊。

儀禮注疏十七卷。漢鄭玄注，唐賈公彥疏。崇禎九年（1636A.D.）刊。

禮記注疏六十三卷。漢鄭玄注，唐孔穎達疏。崇禎十二年（1639A.D.）刊。

春秋左傳注疏六十卷。晉杜預注，唐孔穎達疏。崇禎十一年（1638A.D.）刊。

春秋公羊注疏二十八卷。漢何休注，唐徐彥疏。崇禎七年（1634A.D.）刊。

春秋穀梁注疏二十卷。晉范寧集解，唐楊士勛疏。崇禎八年（1635A.D.）刊。

爾雅注疏十一卷。晉郭璞注，宋邢昺疏。崇禎十三年（1640A.D.）刊。

論語注疏十一卷。魏何晏集解，宋邢昺疏。崇禎十年（1637A.D.）刊。

孝經注疏九卷。唐玄宗注，宋邢昺疏。崇禎二年（1629A.D.）刊。

孟子注疏十四卷。漢趙岐注，宋孫奭疏。崇禎六年（1633A.D.）刊。

汲古閣此刻是根據明萬曆間北京國子監刊本刻成。明末北監本版片散佚，至清乾隆間武英殿版問世以前，士林間僅有汲古閣此刻流傳，校勘略欠精審，但頗有傳承之功。

014 書名：學庸或問：大學或問一卷、中庸或問一卷

作者：不著編人

版式：明新賢堂刊本

16.6×12.8，半葉12行，行22字。四周雙欄，白口，無魚尾。書首冠康熙三十六年（1697A.D.）狄億手書題記。無序目。全書之末有「戊午年孟冬新賢堂新刊」牌記

編號：支哲6—38

購入：昭和15、5、18

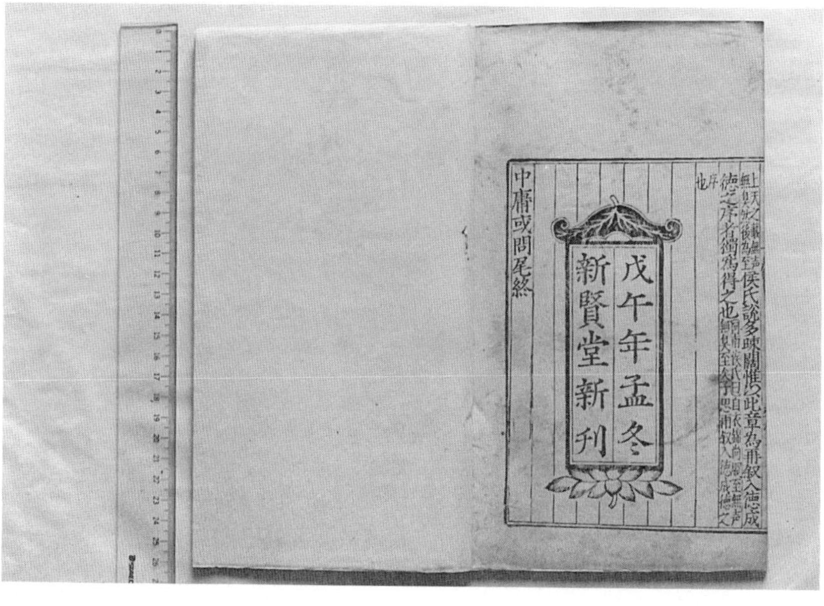

按此書分大學或問及中庸或問各一卷，皆以問答體編纂而成，故名，惟不知編纂、注解者何人。書首有康熙三十六年狄億手書題記云：

……一日偶撿行篋，得宋刻善本，字跡完好，楮墨如新，因附題數語……。

按此刻注解所引，有馬氏文獻通考，且以紙墨觀之，當非宋刻。書末牌記題「戊午年」，亦不詳是何年代。全刻無避諱字，以白棉紙刷印，或爲明初刊本，待考。

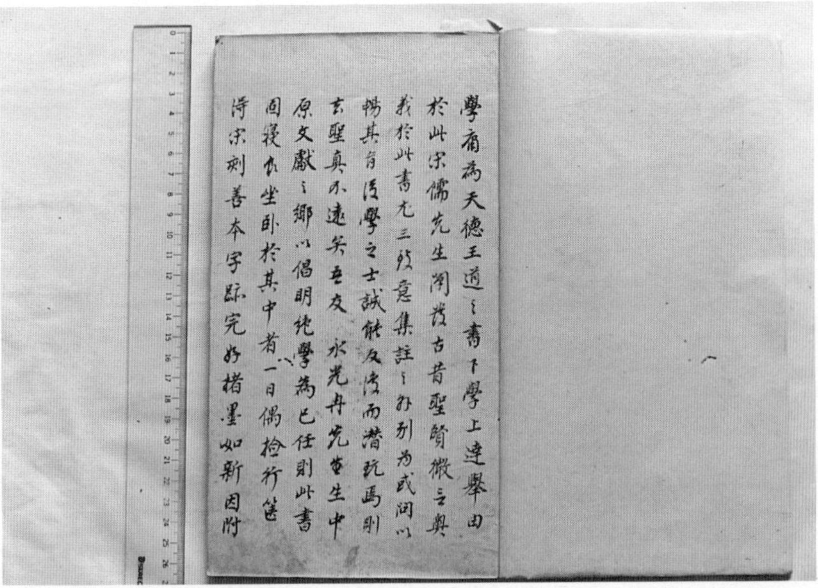
學庸爲天德王道之書下學上達舉由
於此宋儒先生闡發古昔聖賢微言奧
義於此書尤三致意集註之外列為或問以
暢其旨後學之士誠能反復而潛玩焉則
去聖賢不遠矣吾友永光丹先生生中
原文獻之鄉以倡明絕學為己任則此書
固寢食坐臥於其中者一日偶撿行篋
得宋刻善本字跡完好楮墨如新因附

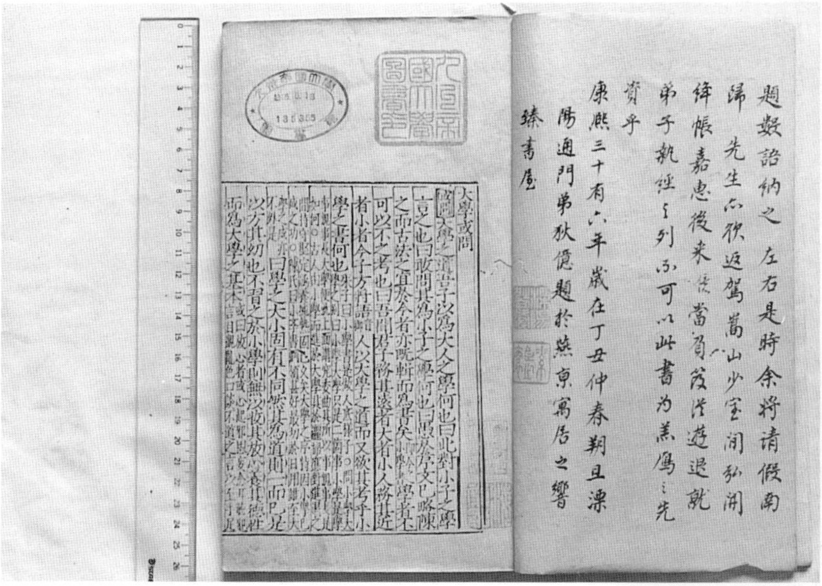
大學或問

015 書名：四書湖南講不分卷

作者：明、葛寅亮撰

版式：明末刊本

23.3×14.8，半葉10行，行25字。四周單欄，花口，無魚尾，無序目。「論語」卷卷首題「錢塘葛寅亮講、仁和柴世埏錄測、錢塘施惟中錄演、錢塘徐時泰錄商」。

編號：支哲6—29

購入：昭和8、9、25

按此書將四書章句，分測、演、商三層，逐步論說，當係明末理學家著述。

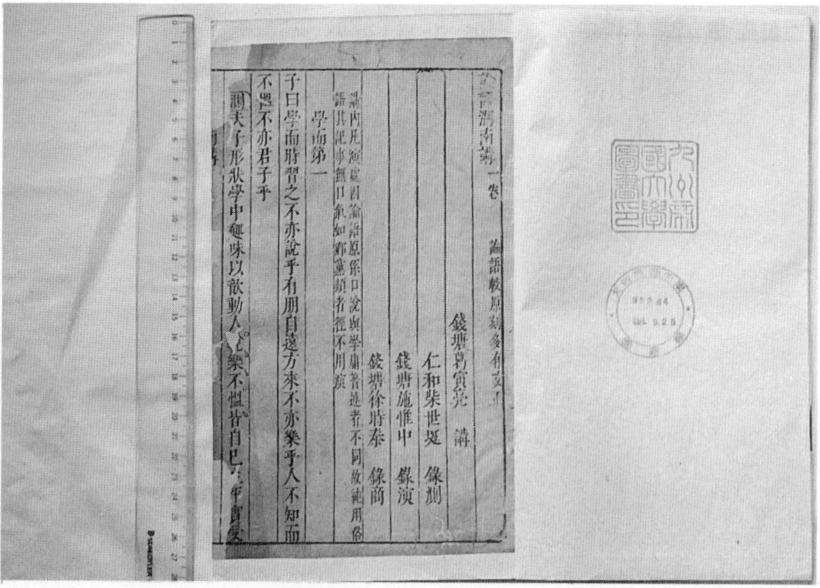

016 書名：說文長箋一百卷首二卷

作者：明、趙宧光撰

版式：崇禎四年刊本

21.3×14.5，半葉10行，行20字。左右雙欄，花口，單魚尾。書首冠萬曆三十四年（1606A.D.）趙宧光自序，崇禎四年（1631A.D.）趙均撰刊書序，次有總目，及趙宧光撰解題，凡例、題辭、六書漢義。每卷前各有卷目，每卷首葉題「漢太尉祭酒許慎說文、唐校書郎徐鉉韻譜、明祭酒諸生趙宧光長箋、男趙均書篆字、明大司徒李宗延刊定、郎官劉闞應遇效刊」。

編號：文文7—30

購入：昭和12、3、15

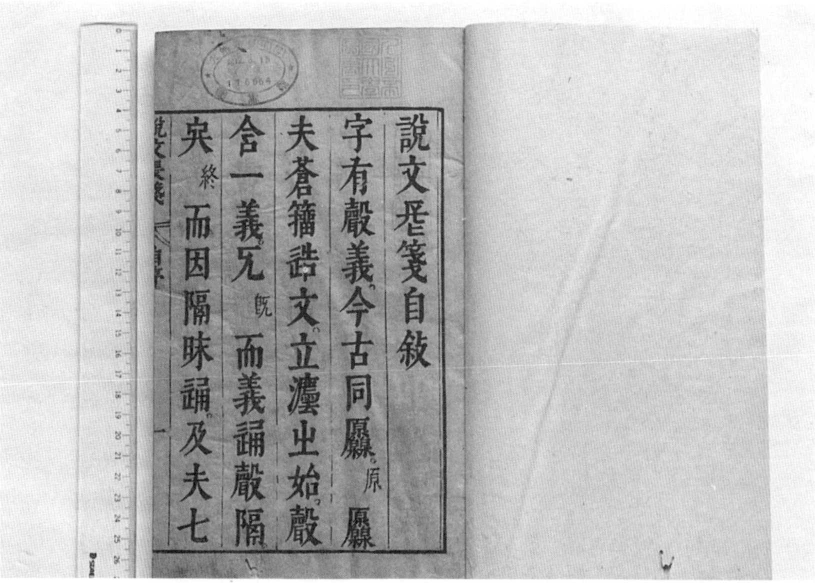

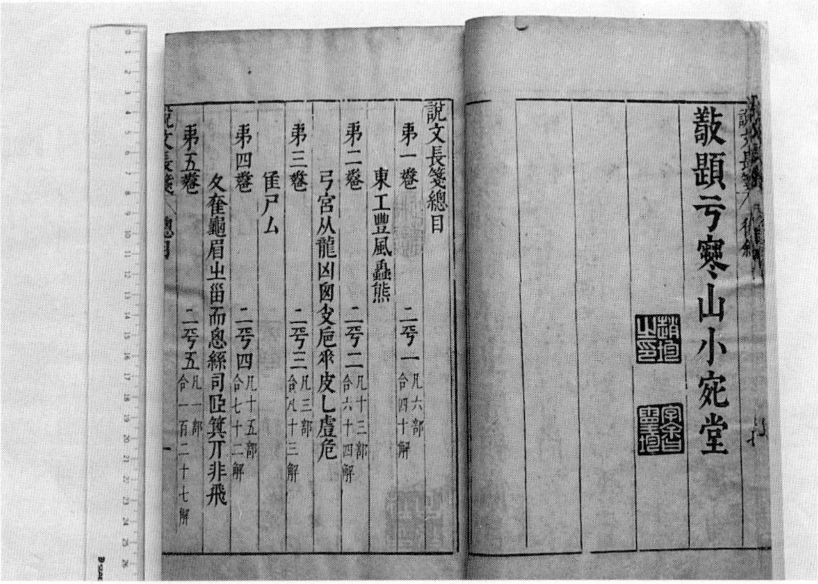
散䫜亏寒山小宛堂

說文長箋總目

第一卷 二亏一 凡六部 合四十解

東工豐風蟲熊

第二卷 二亏二 凡十三部 合六十四解

弓宮从龍凶囪夋卮釆皮乚虗危

第三卷 二亏三 凡三部 合十三解

隹尸厶

第四卷 二亏四 凡十五部 合七十二解

夂奞龜眉屮甾而息絲司臣箕丌非飛

第五卷 二亏五 凡一部 合一百二十七解

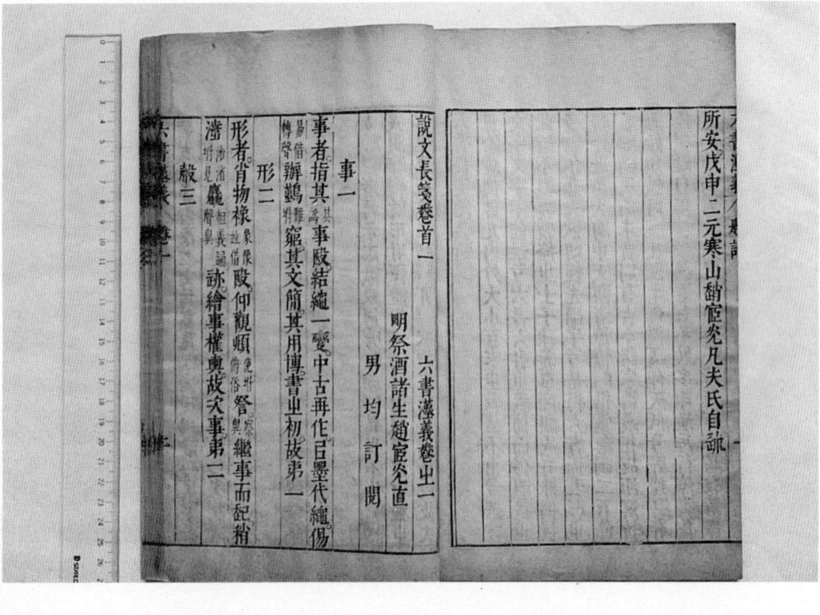
所安戊申二元寒山趙宧光凡夫氏自記

說文長箋卷首一 六書𣶒義卷之一

明祭酒諸生趙宧光直

男 均 訂閱

事一

事者指其事段結繩一變中古再作目墨代繩傷

辨鶵窮其文簡其用博書之初故弟一

形二

形者肖物象段仰觀頫察繼事而起稍

𣶒麤跡繪事權輿故次事弟二

散三

017 書名：許氏說文解字五音韻譜十二卷

作者：宋、徐鉉撰

版式：天啓七年世裕堂刊本

19.5×14.8，半葉7行，行20字。左右雙欄，白口，單魚尾。書首冠許愼說文解字序、徐鉉進表等。書末題「天啓七年世裕堂重刊」（1627A.D.）。

編號：支文7—22

購入：昭和10、12、10

按此刻書名冠以「重刊」二字或是據宋版重刊者。待考。

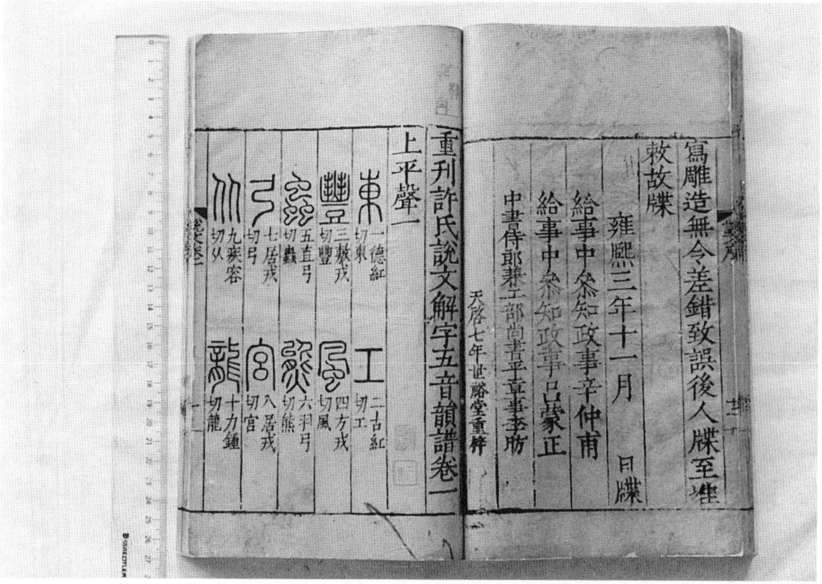

018 書名：洪武正韻十六卷

作者：明、宋濂等奉勅撰

版式：明刊本

22.1×14.8，半葉8行，行24字。四周雙欄，黑口，雙魚尾。書首冠洪武八年（1375A.D.）宋濂序，次有凡例、總目。

編號：支文7—27

購入：昭和11、2、10

按此刻猶是明初版式，紙墨雖不及後代經廠本之精美，但亦頗佳，疑爲明初官府刊本。

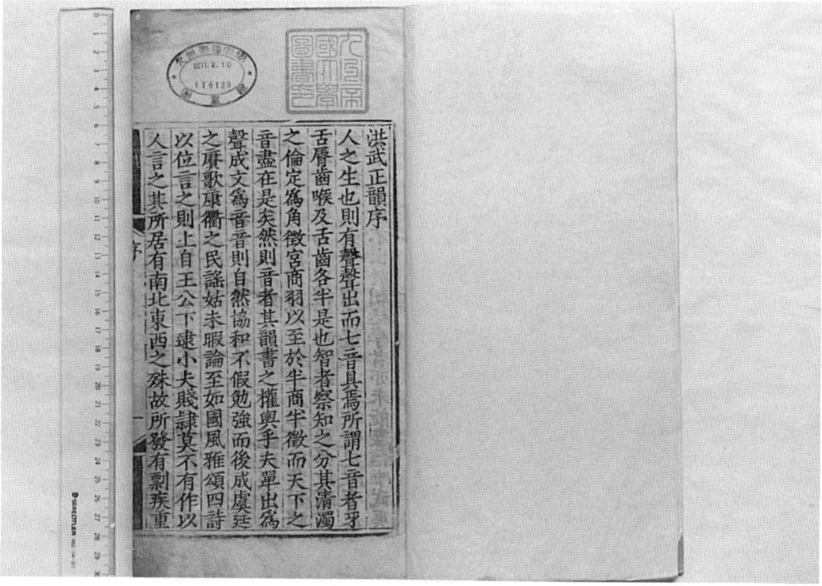

洪武正韻序

人之生也則有聲聲出而七音具焉所謂七音者牙舌脣齒喉及舌齒各半是也智者察知之分其清濁之倫定爲角徵宮商羽以至於半商半徵而天下之音盡在是矣然則音者其韻書之權輿乎夫單出爲聲成文爲音音則自然協和不假勉强而後成虞廷之賡歌康衢之民謠姑未暇論至如國風雅頌四詩以位言之則上自王公下逮小夫賤隷莫不有作以人言之其所居有南北東西之殊故所發有剽疾重

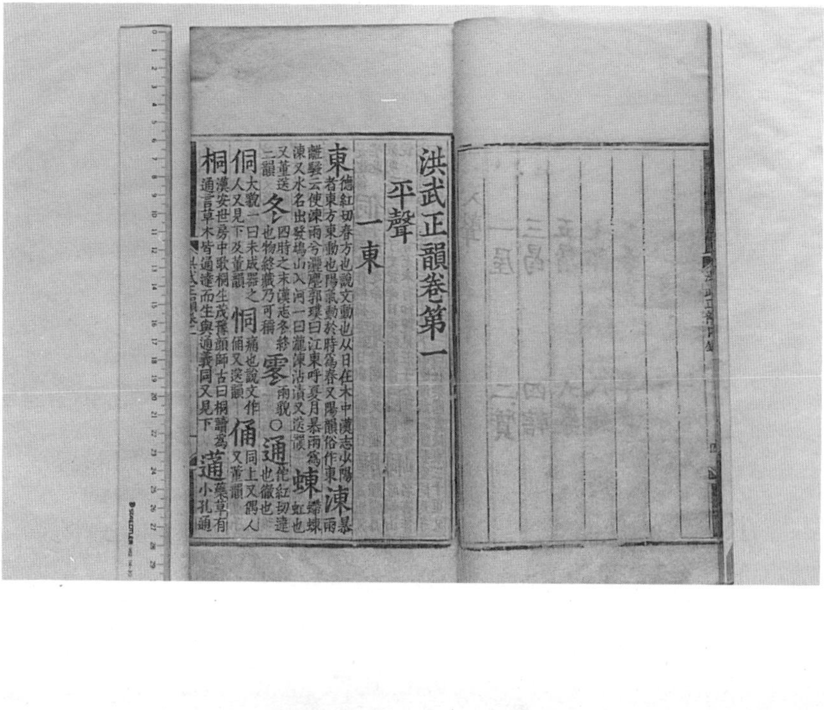

洪武正韻卷第一

平聲

一東

東 德紅切春方也說文動也从日在木中漢志少陽者東方東動也陽氣動於時爲春又陽韻俗作東 涷 暴雨離騷云使涷雨兮灑塵郭璞曰江東呼夏月暴雨爲涷又水名出發鳩山入河一曰瀧涷沾漬又送韻 蝀 螮蝀虹也又董送二韻 冬 四時之末漢志冬終也物終藏乃可稱 零 雨貌 ○ 通 他紅切達也徹也 侗 大貌一曰未成器之人又見下及董韻 恫 痛也說文作侗又送韻 俑 同上又偶人又董韻 桐 漢安世房中歌桐生茂豫顏師古曰桐讀爲通言草木皆通達而生與通義同又見下 蓪 蓪草藥草有小孔通

史　部

019 書名：班馬異同三十五卷

作者：宋、倪思撰

版式：明末刊本

20.7×14.1，半葉9行，行20字。四周單欄，花口，單魚尾。書首冠無年月韓敬、永樂二十年（1422A.D.）楊士奇序。次有總目。卷一首葉題「宋倪思編」、「劉辰翁評」。

編號：東史10—10

座春風文庫48

購入：昭和3、3、15

昭和33、4、9

按此書作者向來頗有疑義，文獻通考云爲宋代倪思撰，永樂二十年楊士奇序此書則云：

> 此書……相傳作於須溪（按即劉辰翁），而編內不載。觀其評論批點、臻極精妙，信非須溪不能。然文獻通考倪思撰云班馬異同三十五卷……豈非書作於倪而評論批點出於須溪耶？

此刻天頭處刻有批點，即劉辰翁所評。文內以大小字分別異同，凡史記、漢書相同者爲大字，相異者以小字抄錄。全書以長型仿宋字刻成，不避清諱，當爲明末刊本。

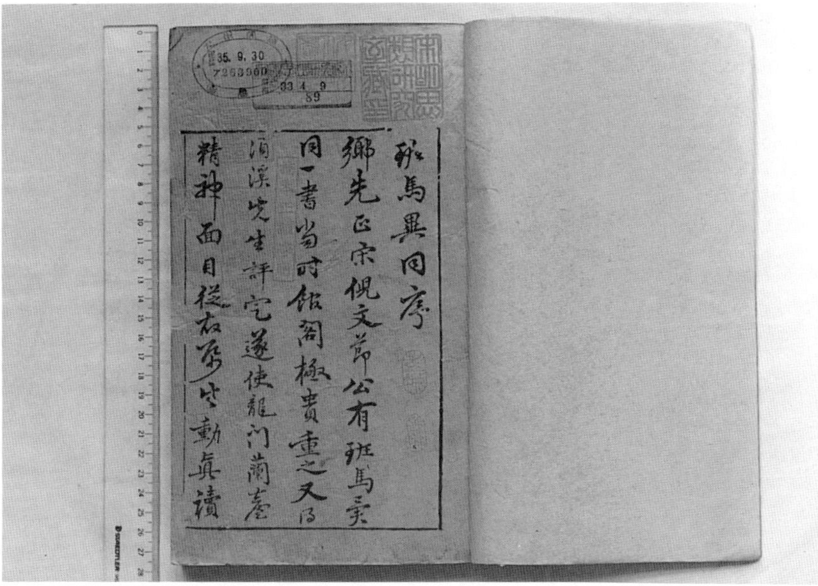
班馬異同序
鄉先正宋倪文節公有班馬異
同一書當時館閣極貴重之又得
須溪先生評定遂使龍門蘭臺
精神面目從右發出動真讀

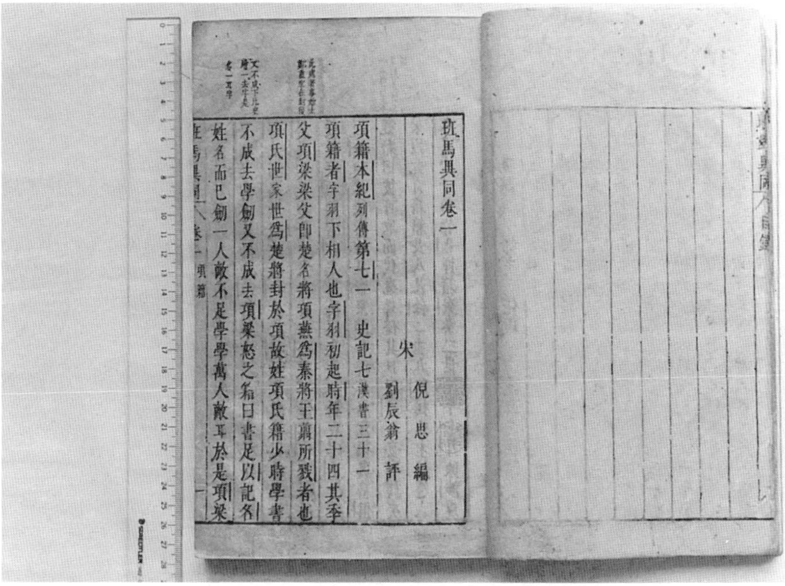
班馬異同卷一
宋　倪　思　編
劉辰翁　評
項籍本紀列傳第七一　史記七　漢書三十一
項籍者字羽下相人也字羽初起時年二十四其季
父項梁梁父即楚名將項燕為秦將王翦所戮者也
項氏世世為楚將封於項故姓項氏籍少時學書
不成去學劍又不成去項梁怒之籍曰書足以記名
姓名而已劍一人敵不足學學萬人敵耳於是項梁
班馬異同　卷一　項籍

020 書名：稽古錄二十卷

作者：宋、司馬光撰

版式：明末清初間刊本

19.8×14.5，半葉9行，行19字。四周單欄，花口，單魚尾。書首冠司馬光「進稽古錄表」，次附「朱文公與鄭知院書」。次有總目。

編號：東史14—11

購入：昭和3、3、15

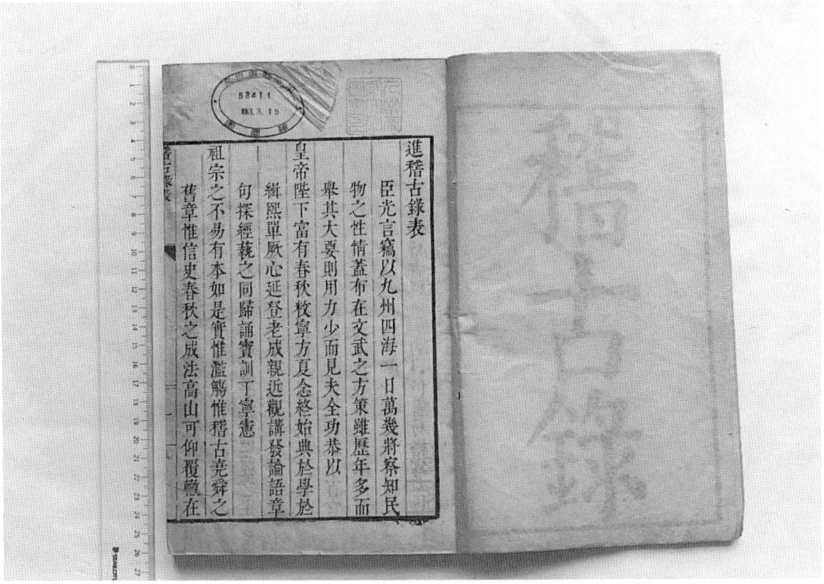
稽古錄
進稽古錄表
臣光言竊以九州四海一日萬幾將察知民
物之性情蓋布在文武之方策雖歷年多而
舉其大要則用力少而見夫全功恭以
皇帝陛下富有春秋牧寧方夏念終始典於學於
緝熙單厥心延登老成親近觀講發論語章
句探經藝之同歸誦寶訓丁寧憲
祖宗之不易有本如是實惟濫觴惟稽古堯舜之
舊章惟信史春秋之成法高山可仰覆轍在

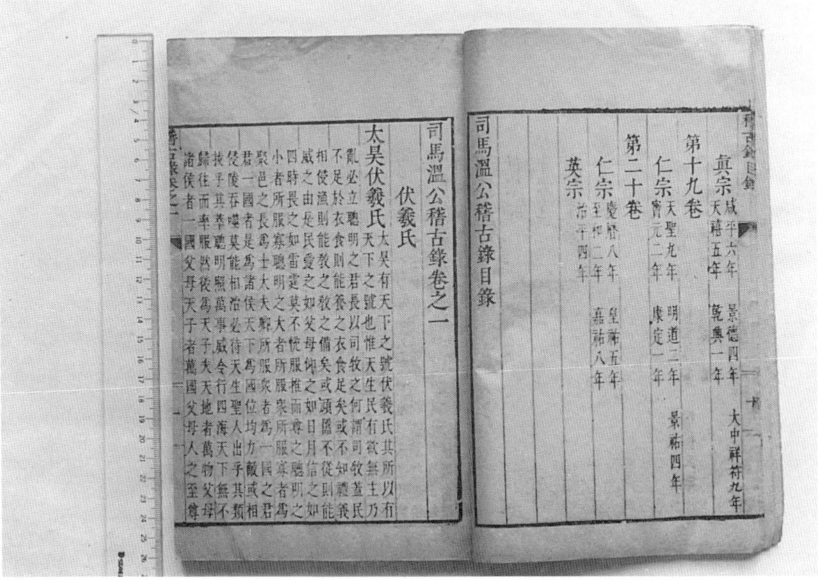
真宗 咸平六年 景德四年 大中祥符九年
天禧五年 乾興一年
第十九卷
仁宗 天聖九年 明道二年 景祐四年
寶元二年 康定一年
第二十卷
仁宗 慶曆八年 皇祐五年
至和二年 嘉祐八年
英宗 治平四年
司馬溫公稽古錄目錄
司馬溫公稽古錄卷之一
伏羲氏
太昊伏羲氏 太昊有天下之號伏羲氏其所以有
天下之號也惟天生民有欲無主乃
亂必立聰明之君長以司牧之何謂司牧蓋民
不足於衣食則能養之衣食足矣或不知禮義
相侵逾則能教之教之備矣或頑嚚不從則能
威之由是民愛之如父母仰之如日月信之如
四時畏之如雷霆莫不悅服推而尊之聽明之
小者所服寡聽明之大者所服衆所服寡者爲
聚邑之長爲士大夫卿所服衆者爲一國之君
君一國者是爲諸侯天下爲國位均力敵或相
侵陵吞噬莫能相治必待天生聖人出乎其類
拔乎其萃聰明照萬事威令行四海天下無不
歸往而率服然後爲天子夫天地者萬物父母
諸侯者一國父母天子者萬國父母人之至尊

021 書名：宋元通鑑一百五十七卷

作者：明、薛應旂撰

版式：天啓六年刊本

21.2×14.9，半葉10行，行20字。四周單欄，花口，單魚尾。書首冠天啓六年（1626 A.D.）陳仁錫序。次有總目。每卷首葉題「明賜進士前中憲大夫浙江按察司提學副使兩京吏禮郎中武進薛應旂編集、長洲陳仁錫評閱」。

編號：東史11—6

購入：昭和3、3、15

按此書體例倣資治通鑑，分宋紀、元紀兩部分。卷一至卷一百二十八爲宋紀，卷一百二十九至卷一百五十七爲元紀，書內有圈點、批語，天頭處有評語，即陳仁錫所撰。

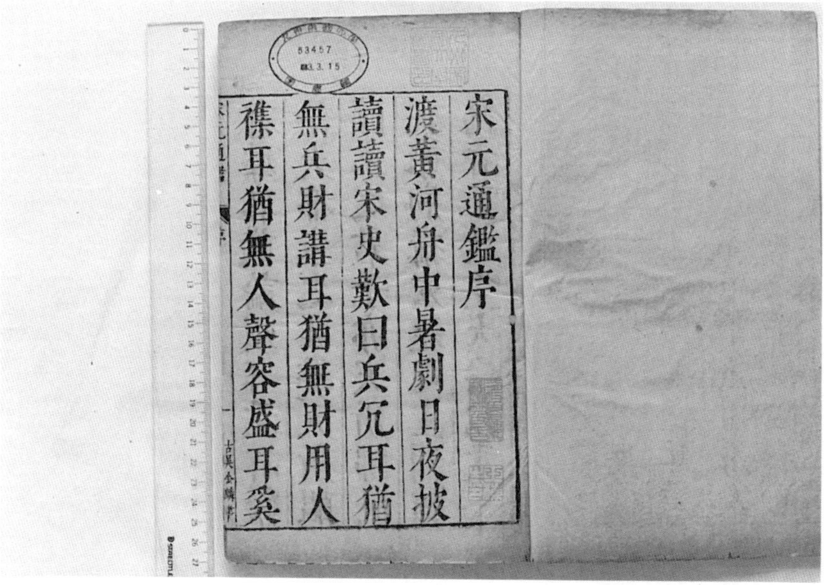

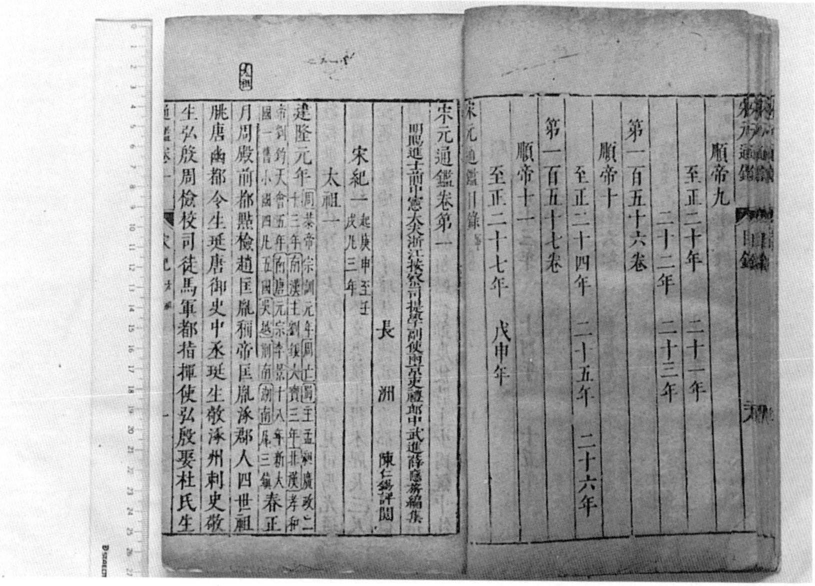

022 書名：宋元資治通鑑六十四卷

作者：明、王宗沐撰

版式：明刊本

19.7×13.9，半葉10行，行20字。左右雙欄，花口，單魚尾。書首有義例，無序目。卷一首葉題「皇明中奉大夫都察院右副都御史臨海王宗沐編、後學新安吳勉學校」。

編號：東史11—15

購入：昭和9、8、10

按此書倣資治通鑑體例，分宋資治通鑑與元資治通鑑兩部分。其中宋代五十二卷，元代十二卷，合爲六十四卷。

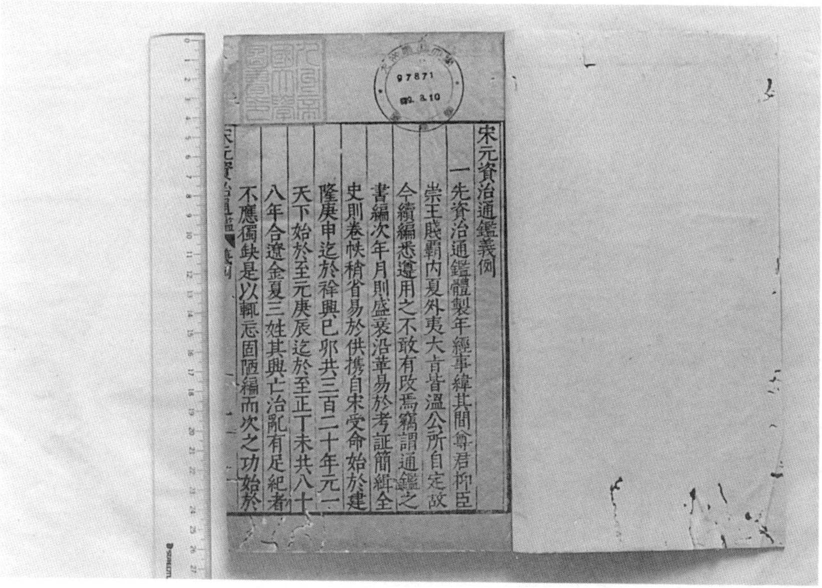
宋元資治通鑑義例
一先資治通鑑體製年經事緯其間尊君抑臣
崇王賤霸内夏外夷大旨皆温公所自定故
今續編悉遵用之不敢有改焉竊謂通鑑之
書編次年月則盛衰沿革易於考証簡袠全
史則卷帙稍省易於供携自宋受命始於建
隆庚申迄於祥興己卯共三百二十年元一
天下始於至元庚辰迄於至正丁未共八十
八年合遼金夏三姓其興亡治亂有足紀者
不應獨缺是以輒忘固陋編而次之功始於
宋元資治通鑑　義例

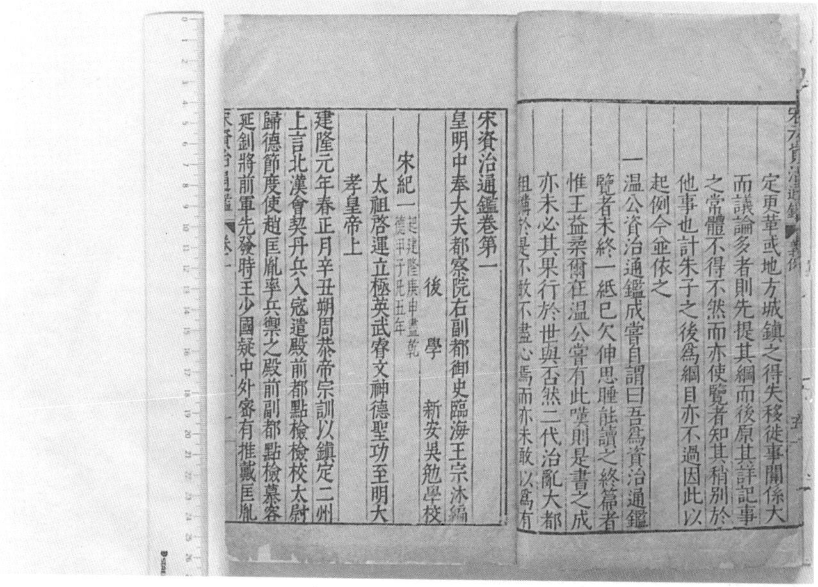
宋資治通鑑卷第一
皇明中奉大夫都察院右副都御史臨海王宗沐編
後學　新安吳勉學校
宋紀一 起建隆庚申盡乾德甲子凡五年
太祖啓運立極英武睿文神德聖功至明大
孝皇帝上
建隆元年春正月辛丑朔周恭帝宗訓以鎮定二州
上言北漢會契丹兵入寇遣殿前都點檢檢校太尉
歸德節度使趙匡胤率兵禦之殿前副都點檢慕容
延釗將前軍先發時王少國疑中外咨有推戴匡胤
宋資治通鑑　卷一

定更革或地方城鎮之得失移徙事關係大
而議論多者則先提其綱而後原其詳記事
之常體不得不然而亦使覽者知其稍別於
他事也計朱子之後爲綱目亦不過因此以
起例今並依之
一温公資治通鑑成嘗自謂曰吾爲資治通鑑
睠者未終一紙已欠伸思睡能讀之終篇者
惟王益柔爾在温公嘗有此嘆則是書之成
亦未必其果行於世與否然二代治亂大都
粗備於是不敢不盡心焉而亦未敢以爲有
宋元資治通鑑　義例

023 書名：續資治通鑑鋼目二十七卷

作者：明、商輅等奉勅編

版式：明刊本

19.8×13.3，半葉10行，行22字。四周單欄，花口，雙魚尾。書首冠成化十二年（1476 A.D.）明憲宗御製序。次有「進續資治通鑑綱目表文」，次總目。卷一首葉題「後學餘杭周德恭發明、後學雲間張時泰廣義」。

編號：東史11—10

購入：昭和3、3、15

按此書起自庚申後周恭帝元年，即太祖建隆元年，迄丁未元順帝至正二十七年，即宋、元兩朝之通鑑鋼目。此刻刊年不詳，以紙墨及版式觀之，或爲明末刊本。

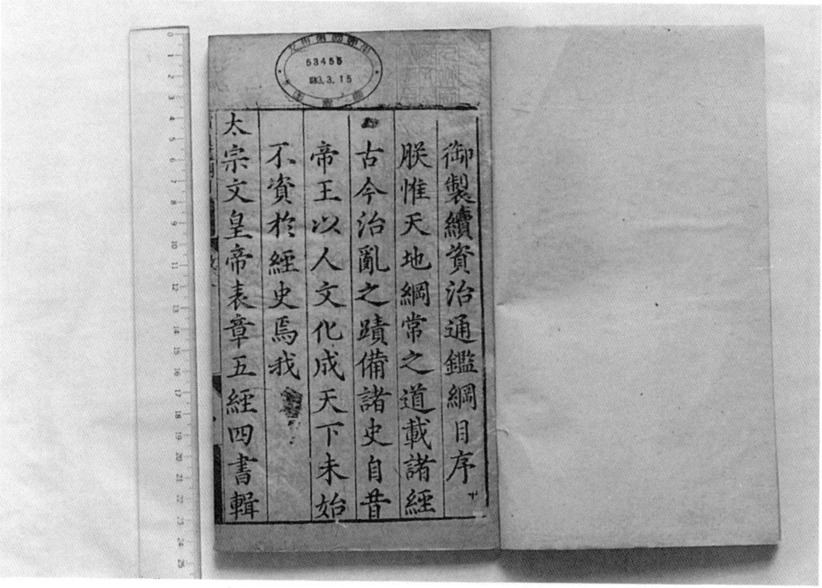
御製續資治通鑑綱目序
朕惟天地綱常之道載諸經
古今治亂之蹟備諸史自昔
帝王以人文化成天下未始
不資於經史焉我
太宗文皇帝表章五經四書輯

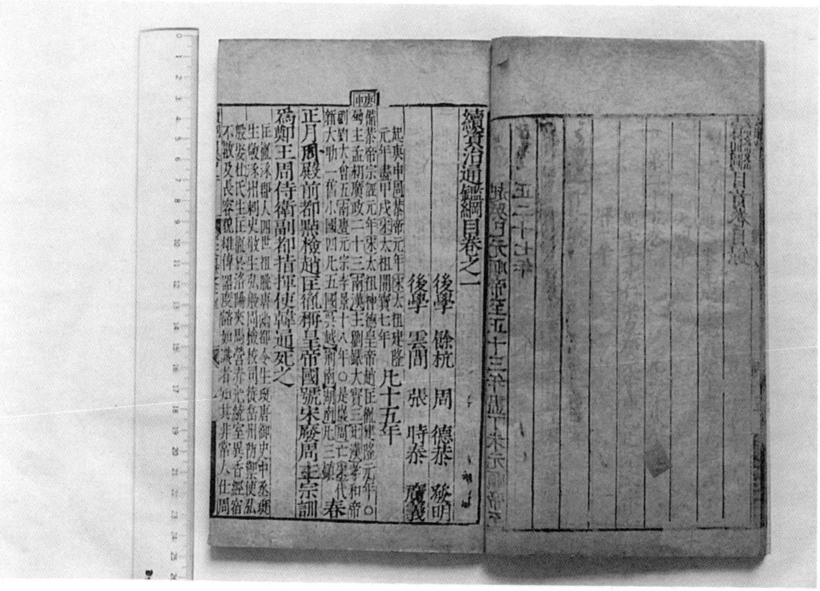
續資治通鑑綱目卷之一
後學 餘杭 周 禮 發明
後學 雲間 張 時泰 廣義

024 書名：皇明大政記三十六卷

作者：明、朱國禎撰

版式：崇禎五年刊本

21.6×14.8，半葉10行，行21字。左右雙欄，花口，單魚尾。書首冠無年月朱國禎自序，次有「皇明大政記引」，再次爲總目。卷一首葉題「少師建極殿大學士臣朱國禎謹輯」。

編號：東史13—15

購入：昭和16、6、6

按此書亦私人所纂國史，以編年體輯成。上起明太祖出生，下迄隆慶六年。所載均軍政大事，故名。

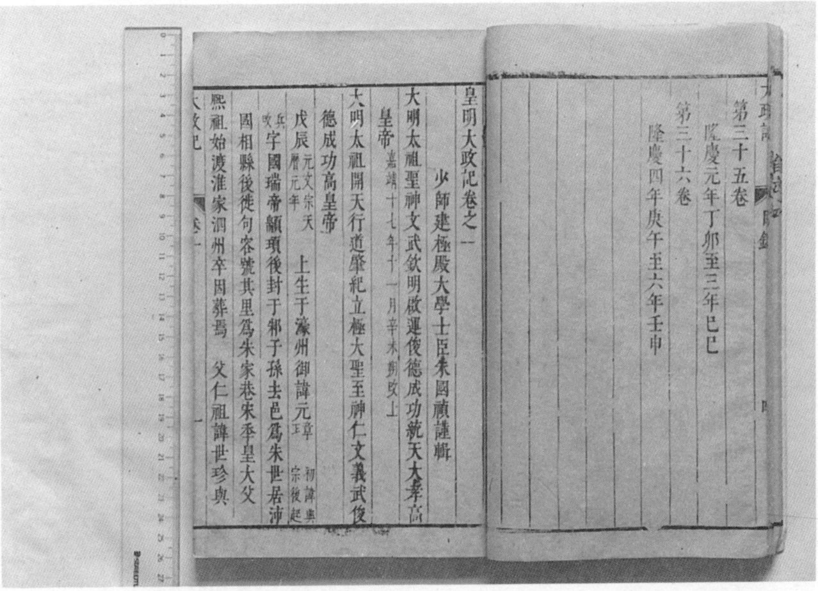
第三十五卷
隆慶元年丁卯至三年己巳
第三十六卷
隆慶四年庚午至六年壬申

皇明大政記卷之一
少師建極殿大學士臣朱國禎謹輯
大明太祖聖神文武欽明啓運俊德成功統天大孝高
皇帝嘉靖十七年十一月辛未朔改上
大明太祖開天行道肇紀立極大聖至神仁文義武俊
德成功高皇帝
戊辰元文宗天曆元年　上生于濠州御諱元璋初諱興宗後起兵改字國瑞帝顓頊後封于邾子孫去邑爲朱世居沛
國相縣後徙句容號其里爲朱家巷宋季皇大父
熙祖始渡淮家泗州卒因葬焉　父仁祖諱世珍與

025 書名：甲子會紀五卷

作者：明、薛應旂撰

版式：嘉靖三十八年刊本

21.5×15，半葉8行，行18字。四周單欄，花口，單魚尾。書首冠嘉靖三十八年（1559A.D.）許穀序。次有總目。卷一首葉題「明賜進士前中憲大夫浙江按察司提學副使兩京吏禮郎中武進薛應旂編集、史官長洲陳仁錫評閱」。

編號：支文14—45

購入：昭和6、12、5

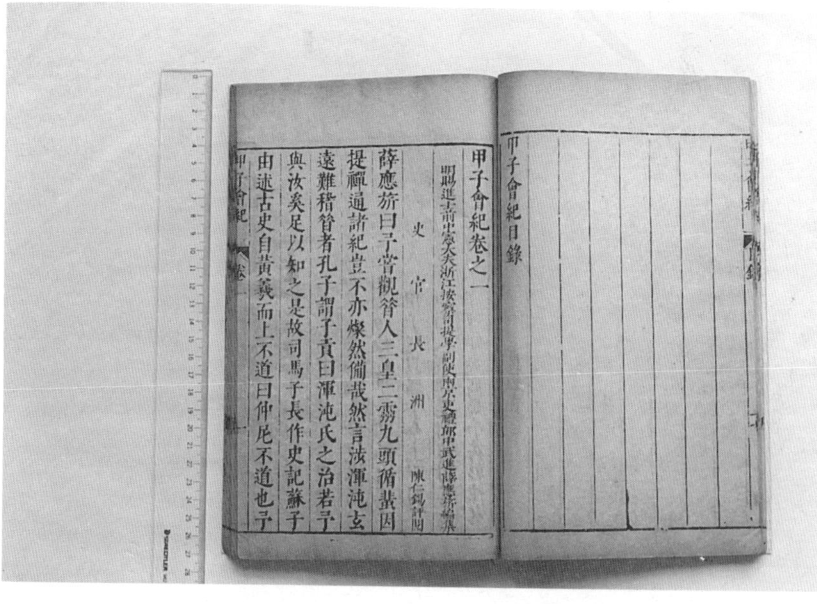

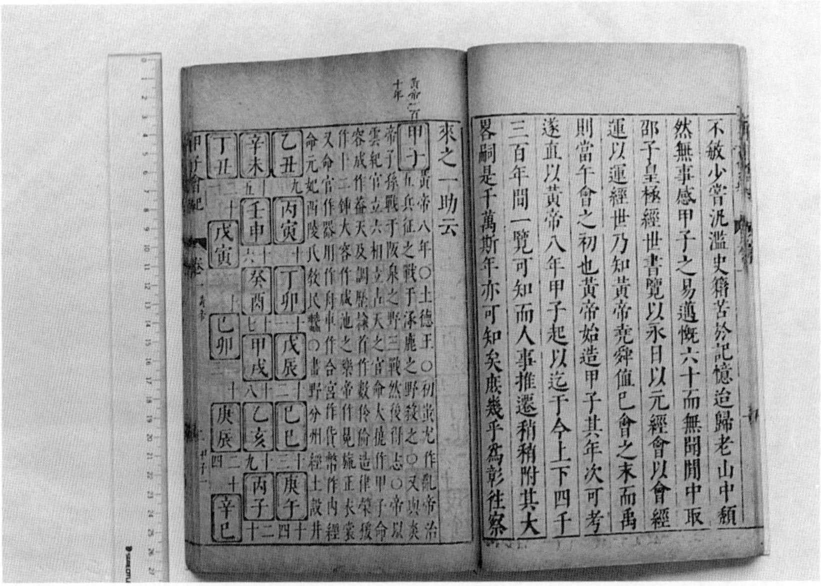

026 書名：昭代典則二十八卷

作者：明、黃光昇編

版式：明萬曆二十八年萬卷樓刊本

21.9×13.5，半葉11行，行22字。四周單欄，花口，單魚尾。扉頁題「皇明十二朝正史」、「萬曆庚子歲、萬卷樓刊行」。書首冠萬曆庚子（二十八年，1600A.D.）祝世祿序，次有總目。每卷首葉題「賜進士太子少保刑部尙書晉江黃光昇編輯」、「吳郡陸翀之校閱」、「金陵周日校刊行」。

編號：支文17—22

購入：昭和6、12、5

按此書以編年體裁，載明太祖起兵至明穆宗隆慶六年止諸軍國大事，爲雜史之屬。

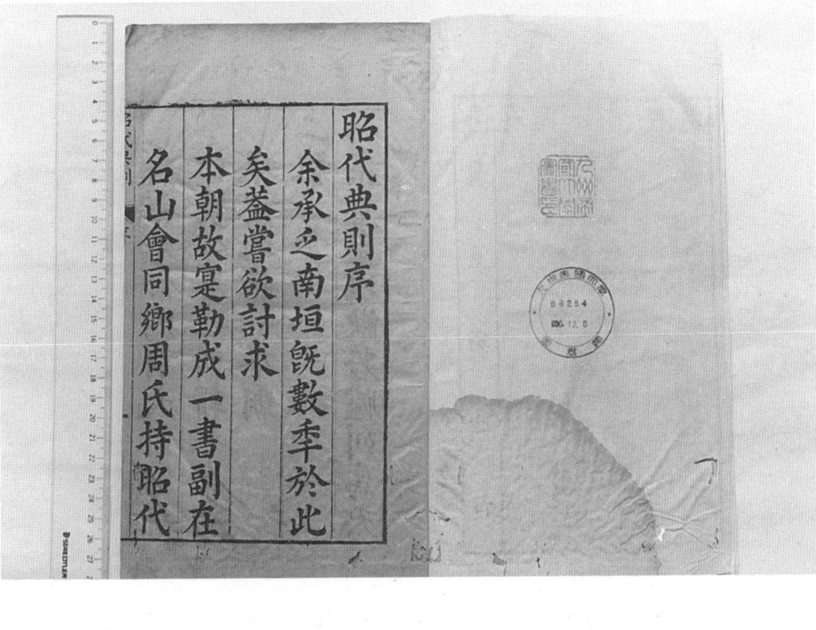
昭代典則序
余承乏南垣旣數季於此
矣蓋嘗欲討求
本朝故寔勤成一書副在
名山會同鄉周氏持昭代

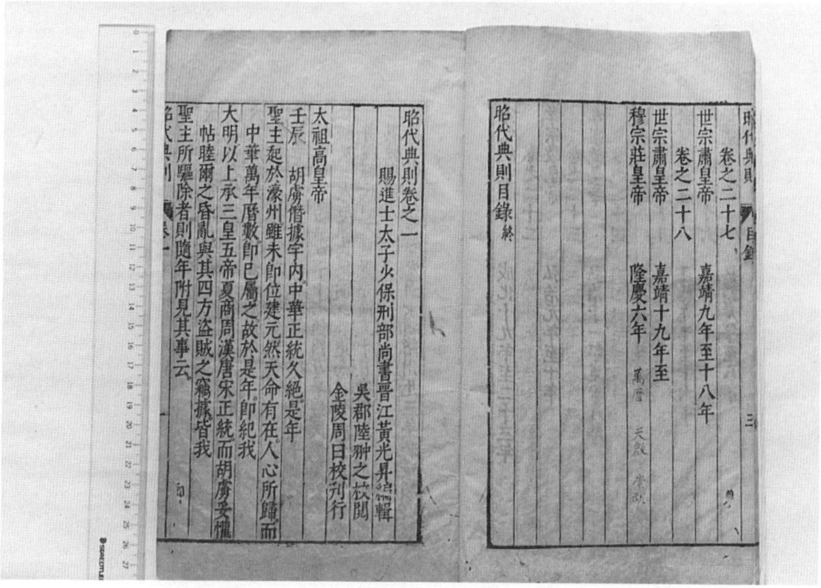

昭代典則目錄 三

世宗肅皇帝 卷之二十七 嘉靖九年至十八年

世宗肅皇帝 卷之二十八 嘉靖十九年至

穆宗莊皇帝 隆慶六年 萬曆 天啟 崇禎

昭代典則目錄終

昭代典則卷之一

賜進士太子少保刑部尚書晉江黃光昇編輯

吳郡陸翀之校閱

金陵周日校刊行

太祖高皇帝

壬辰 胡虜僭據宇内中華正統久絶是年

聖主起於濠州雖未即位建元然天命有在人心所歸而

中華萬年曆數即已屬之故於是年即紀我

大明以上承三皇五帝夏商周漢唐宋正統而胡虜妄據

帖睦爾之昏亂與其四方盜賊之竊據皆我

聖主所驅除者則隨年附見其事云

昭代典則 卷一

027 書名：季漢書六十卷

作者：明、謝陛撰

版式：明末刊本

20.8×13.8，半葉10行，行22字。四周單欄，花口，單魚尾。書首有總目。每卷首葉題「歙、謝陛撰，長興臧懋循訂」。

編號：東史13—24

購入：昭和3、3、15

按此書起自漢獻帝，以紀傳體記漢末三國間事。其書以蜀漢承漢獻帝帝統，列入本紀，蜀漢諸臣入內傳；而以曹魏、孫吳爲世家、爲外傳。蓋謝氏以此寓褒貶，舉蜀漢爲正統之義。

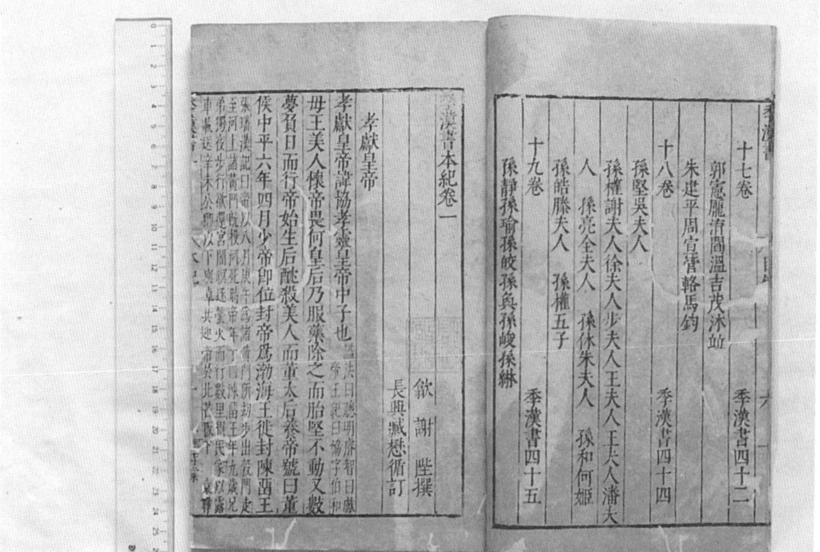

028 書名：名山藏不題卷數

作者：明、何喬遠撰

版式：崇禎十三年刊本

21.5×14.7，半葉10行，行20字。四周單欄，花口，單魚尾。書首冠崇禎十三年（1640A.D.）錢謙益序，次無年月李建泰、王邵序。次有「較刻名山藏姓氏」，次目錄。每卷首葉題「臣何喬遠恭輯」。

編號：東史13—36

購入：昭和5、9、15

按此書乃私人修撰國史，然不敢公然冒國史名，遂變體例，分全書爲三十七記：典謨、坤則、開聖、繼體、分藩、勳封、天因、天毆、輿地、典禮、樂舞、刑法、河漕、漕運、錢法、兵制、馬政、茶馬、鹽法、臣林、臣林外、關柝、儒林、文苑、俘賢、宦者、列女、臣林雜、宦者雜、高道、本士、本行、藝妙、貨殖、方技、方外、王享。其中輿地記未全，典禮記、樂舞記未刻、宦者雜、高道、本士、本行、藝妙、貨殖、方技、方外記闕。此刻「檢」諱作「簡」，「校」諱作「較」，爲明末刊本。

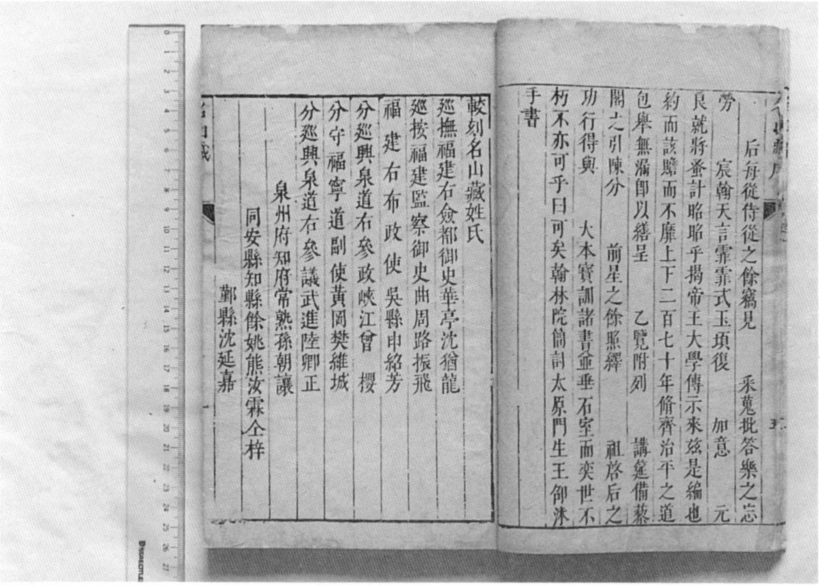
后每從侍從之餘竊見　禾蒐批答樂之忘
勞　宸翰天言霏霏式玉頊復　加意　元
良就將蚕計聕聕乎揭帝王大學傳示來兹是編也
約而該贍而不靡上下二百七十年脩齊治平之道
包舉無漏卽以繕呈　乙覽附列　講筵備蔡
閣之引陳分　前星之餘照繹　祖啓后之
功行得與　大本寶訓諸書並垂不室而奕世不
朽不亦可乎曰可矣翰林院簡討太原門生王御沐
手書

較刻名山藏姓氏
巡撫福建右僉都御史華亭沈猶龍
巡按福建監察御史曲周路振飛
福建右布政使吳縣申紹芳
分巡興泉道右參政峽江曾櫻
分守福寧道副使黃岡樊維城
分巡興泉道右參議武進陸卿正
泉州府知府常熟孫朝讓
同安縣知縣餘姚熊汝霖仝梓
鄞縣沈延嘉

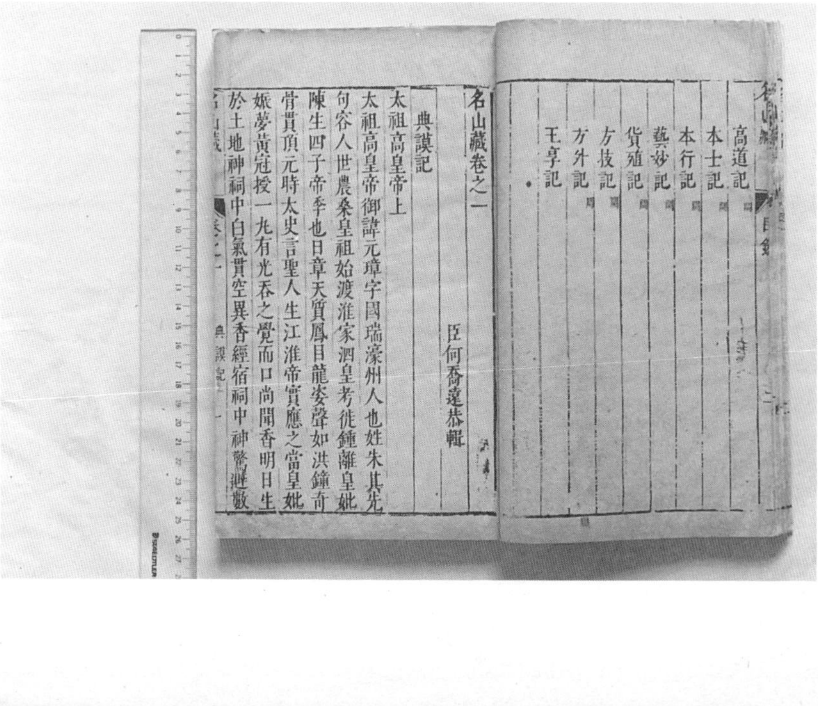
高道記
本士記
本行記
藝妙記
貨殖記
方技記
方外記
王享記

名山藏卷之一　臣何喬遠恭輯
典謨記
太祖高皇帝上
太祖高皇帝御諱元璋字國瑞濠州人也姓朱其先
句容人世農桑皇祖始渡淮家泗皇考徙鍾離皇妣
陳生四子帝季也日章天質鳳目龍姿聲如洪鐘奇
骨貫頂元時太史言聖人生江淮帝實應之當皇妣
娠夢黃冠授一丸有光吞之覺而口尚聞香明日生
於土地神祠中白氣貫空異香經宿祠中神驚避數

029 書名：李氏藏書

作者：明、李贄撰

版式：明、萬曆間刊本

23.5×15.1，半葉9行，行20字。四周單欄，花口，單魚尾。書首冠「衡鑑紀傳總目論」，次爲「遺史世紀目錄」、「遺史列傳目錄」、「遺史紀傳總目後論」。版心上方題「遺史世紀」或「遺史列傳」。

編號：東史14—46

購入：昭和6、7、6

按此書李氏總其名曰藏書，其於「衡鑑紀傳總目論」中釋之曰：

> 老來無事，爰覽前目，起自春秋，訖於宋元，分爲紀、傳，總類別目，用以自怡，名之曰藏書。藏書者何？言此書但可自怡，不可示人，故名曰藏書也。

全書分世紀、列傳兩部分，蓋亦紀傳體之變體。李氏著作明末以來即禁行，此刻或成於萬曆末尙未禁版之時。書內有「李印鬱林」、「開美」兩印記，不知屬誰。

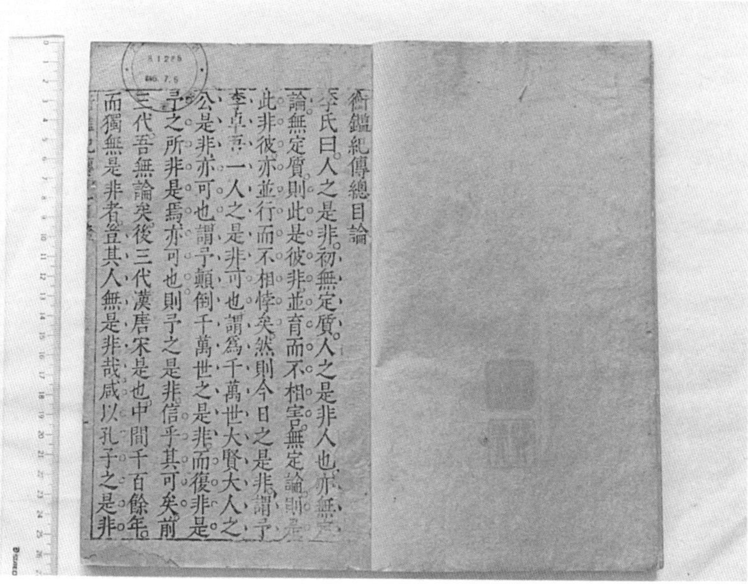

衡鑑紀傳總目論

李氏曰人之是非初無定質人之是非人也亦無定論無定質則此是彼非並育而不相害無定論則是此非彼亦並行而不相悖矣然則今日之是非謂予李卓吾一人之是非可也謂為千萬世大賢大人之公是非亦可也謂予顛倒千萬世之是非而復非是予之所非是焉亦可也則予之是非信乎其可矣前三代吾無論矣後三代漢唐宋是也中間千百餘年而獨無是非者豈其人無是非哉咸以孔子之是非

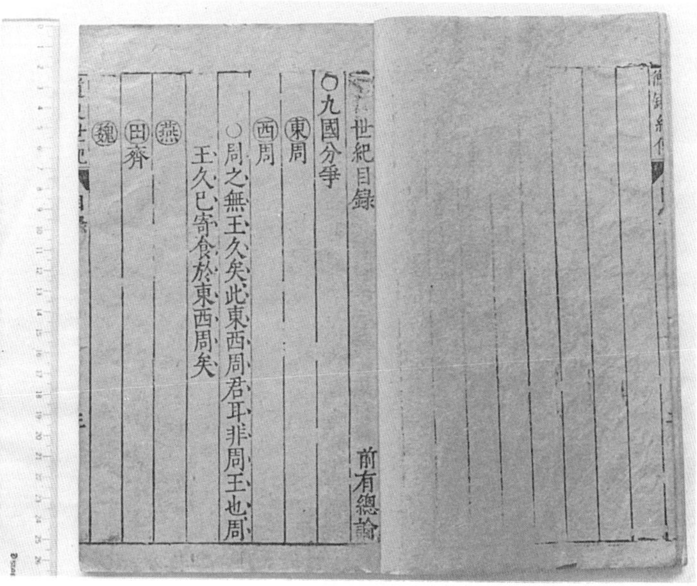

世紀目錄　前有總論

○九國分爭

東周

西周

○周之無王久矣此東西周君耳非周王也周王久已寄食於東西周矣

燕

田齊

魏

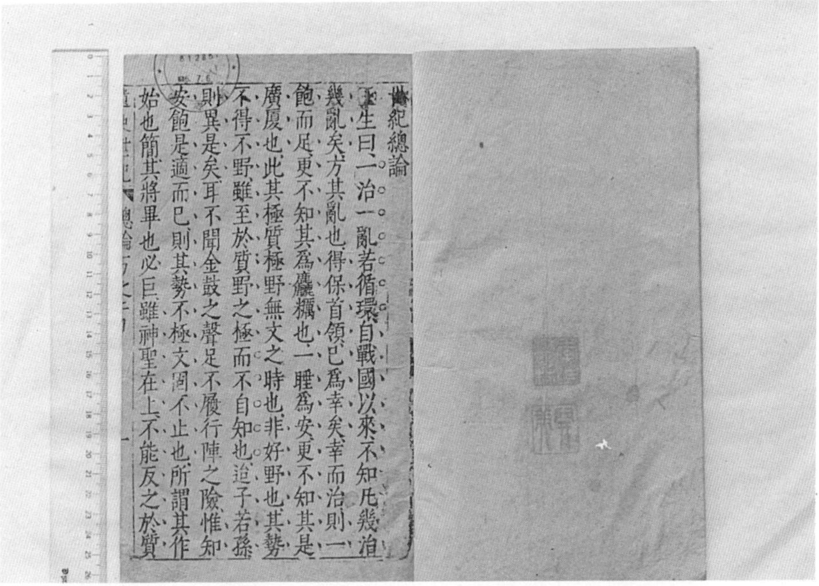

世紀總論

王生曰一治一亂若循環自戰國以來不知凡幾治幾亂矣方其亂也得保首領已爲幸矣幸而治則一飽而足更不知其爲覊縻也一睡爲安更不知其是廣厦也此其極質極野無文之時也非好野也其勢不得不野雖至於質野之極而不自知也迨子若孫則異是矣耳不聞金鼓之聲足不履行陣之險惟知安飽是適而已則其勢不極文罔不止也所謂其作始也簡其將畢也必巨雖神聖在上不能反之於質

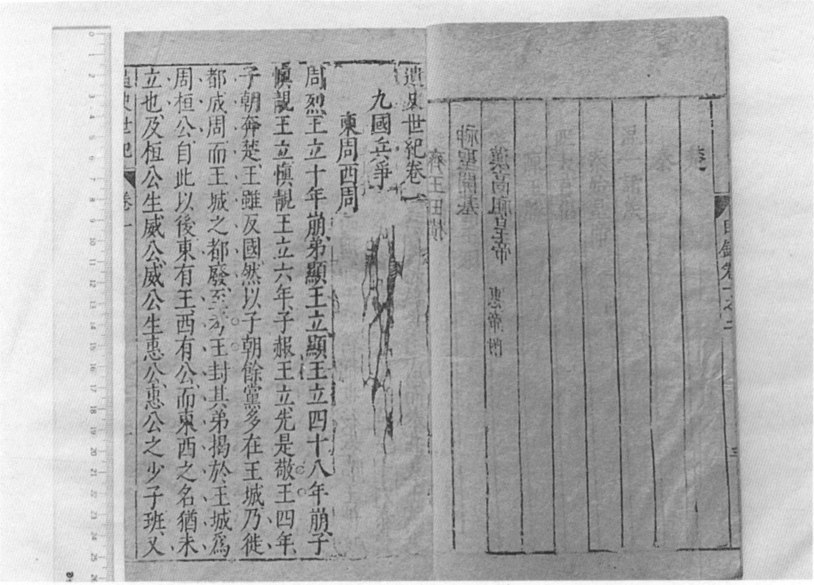

遺史世紀卷一

九國兵爭

東周西周

周烈王立十年崩弟顯王立顯王立四十八年崩子慎靚王立慎靚王立六年子赧王立先是敬王四年子朝奔楚王雖反國然以子朝餘黨多在王城乃徙都成周而王城之都廢至考王封其弟揭於王城爲周桓公自此以後東有王西有公而東西之名猶未立也及桓公生威公威公生惠公惠公之少子班又

030 書名：五代史補五卷附五代史闕文一卷
作者：宋、陶岳撰，闕文宋、王禹偁撰
版式：明末毛晉汲古閣刊本
21.5×15.2，半葉12行，行25字。左右雙欄，白口，單魚尾，魚尾下題書名及卷數，惟每卷首末兩葉魚尾下改題「汲古閣」及「毛氏正本」，再下記葉數。每卷首行及末行下有「琴川毛鳳苞氏審定宋本」牌記。扉頁題「宋本校正」及「汲古閣藏板」，書首均冠作者自序，卷末有毛晉跋語。
編號：東史10—16
購入：昭和3、3、15

按宋代陶岳所撰五代史補，每代各一卷，每卷內以事爲主，分條羅列，性質頗近筆記小說。其中梁二十一條、後唐二十條、晉二十條、漢二十條、周二十三條，共一百零四條。據晁公武郡齋讀書志及陳振孫直齋書錄解題所載，陶氏所撰應共一百零七條；宋代王明清揮麈錄中，稱陶氏此書中載有毋邱裔貧賤時借文選事，現在亦不得見，可見毛晉汲古閣在刊刻此書時，所據已非完足之本。毛氏在此刻每卷首尾刻有「審定宋本」牌記，似乎意指毛氏所據之底本是宋版，但因毛氏在跋語中並未言明，現在又未見宋本傳世，所以毛氏所據究竟爲何，已無法得知。

又毛晉在卷尾跋語中論及此書之成書原因時說：

宋開寶中，詔宰相薛居正監修梁、唐、晉、漢、周五代史一百五十卷。久不傳于世，六一居士病其繁猥，汰卷帙之半；潯陽陶介立復病其闕略，爲之補，先輩

稱爲嘉史。第墮小說家習，恐難免六籍奴婢之誚……。

陶岳於宋太宗雍熙二年（985A.D.）中進士，其在書首序文中自署年月爲「皇宋祀汾陰之後，歲在壬子」，依陶氏之生存年代推斷，壬子應是宋眞宗大中祥符五年（1012A.D.），下距六一居士歐陽修編撰新五代史尚有數十年之久。所以陶氏所補，當是薛氏舊史，而非歐陽氏新史，毛晉跋語所述有誤。

書後所附五代史闕文，據毛晉跋尾，王禹偁乃「採諸實錄三百六十卷中，撰進一十七篇」而成此書。但據卷首王氏自序說：

臣讀五代史，總三百六十卷，記五十三年行事。其書固亦多矣，然自梁至周，君臣事迹傳於人口而不載史筆者，往往有之……因補一十七篇，集爲一卷，皆聞於耆舊者也……。

毛氏於卷末跋語中，云王氏此書乃「採諸實錄三百六十卷中」，所述略有偏差，此闕文一卷，應是實錄之外，傳於耆舊之口之口述史料，而非自實錄中採出者。此十七事，亦以筆記小說體分條排比而成，其中梁史三篇、後唐史七篇、晉史一篇、漢史二篇、周史四篇，都爲一卷。

上述二書，現在傳世之刻本僅有汲古閣本，彌足珍貴。

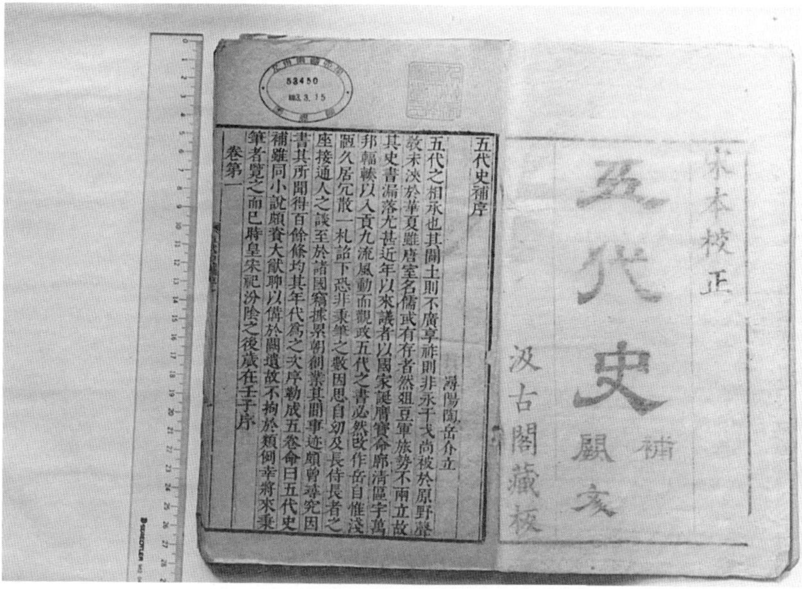
宋本校正
五代史補
闕文
汲古閣藏板
五代史補序
潯陽陶岳介立
五代之相承也其闘土則不廣享祚則非永干戈尚被於原野聲
教未浹於華夏雖唐室名儒或有存者然俎豆軍旅勢不兩立故
其史書漏落尤甚近年以來議者以國家誕膺實命廓清區宇萬
邦輻輳以入貢九流風動而觀政五代之書必然改作岳自惟淺
陋久居冗散一札詔下恐非秉筆之數因思自㓜及長侍長者之
座接通人之議至於諸國竊據累朝創業其間事迹頗曾尋究因
書其所聞得百餘條均其年代爲之次序勒成五卷命曰五代史
補雖同小說頗資大猷聊以備於闕遺故不拘於類例幸將來秉
筆者覽之而已時皇宋祀汾陰之後歲在壬子序
卷第一

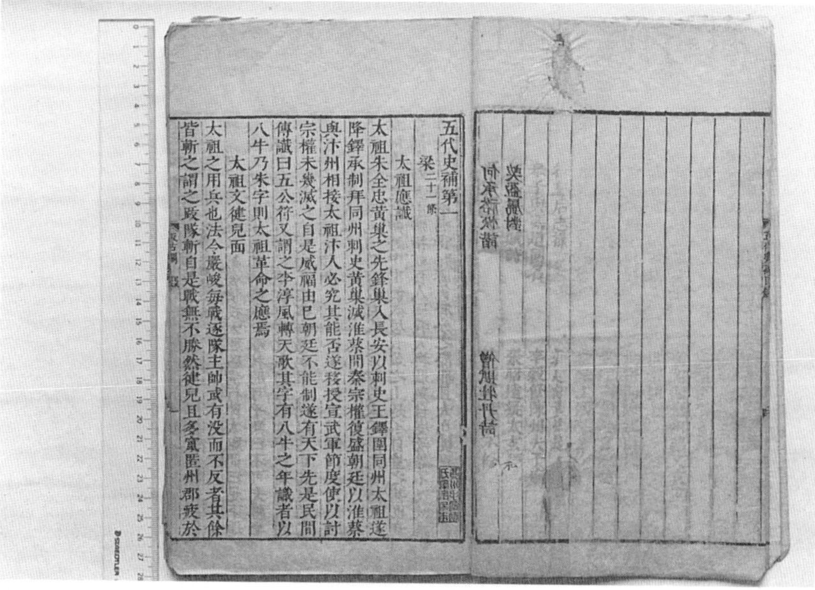
五代史補第一
梁二十一條
太祖應讖
太祖朱全忠黃巢之先鋒巢入長安以刺史王鐸圍同州太祖遂
降鐸承制拜同州刺史黃巢滅淮蔡間秦宗權復盛朝廷以淮蔡
與汴州相接太祖汴人必究其能否遂移授宣武軍節度使以討
宗權未幾滅之自是威福由己朝廷不能制遂有天下先是民間
傳讖曰五公符又謂之李淳風轉天歌其字有八牛之年識者以
八牛乃朱字則太祖革命之應焉
太祖文徙兒面
太祖之用兵也法令嚴峻每戰逐隊主帥或有没而不反者其餘
皆斬之謂之䟦隊斬自是戰無不勝然徙兒且多竄匿州郡疲於

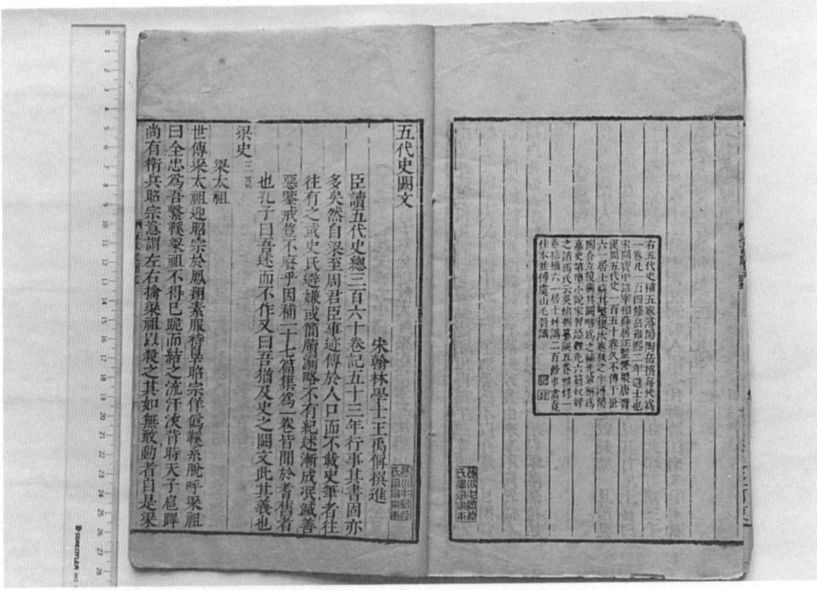

五代史闕文
宋翰林學士王禹偁撰進
臣讀五代史總三百六十卷記五十三年行事其書固亦多矣然自梁至周君臣事迹傳於人口而不載史筆者往往有之或史氏避嫌或簡牘漏略不有紀述漸成泯滅善惡鑒戒豈不廢乎因補一十七篇集為一卷皆聞於耆舊者也孔子曰吾述而不作又曰吾猶及史之闕文此其義也
梁史 三篇
梁太祖
世傳梁太祖迎昭宗於鳳翔素服待罪昭宗佯為鞵系脫呼梁祖曰全忠為吾繫鞵梁祖不得已跪而結之流汗浹背時天子扈蹕尚有衛兵昭宗意謂左右擒梁祖以殺之其如無敢動者自是梁

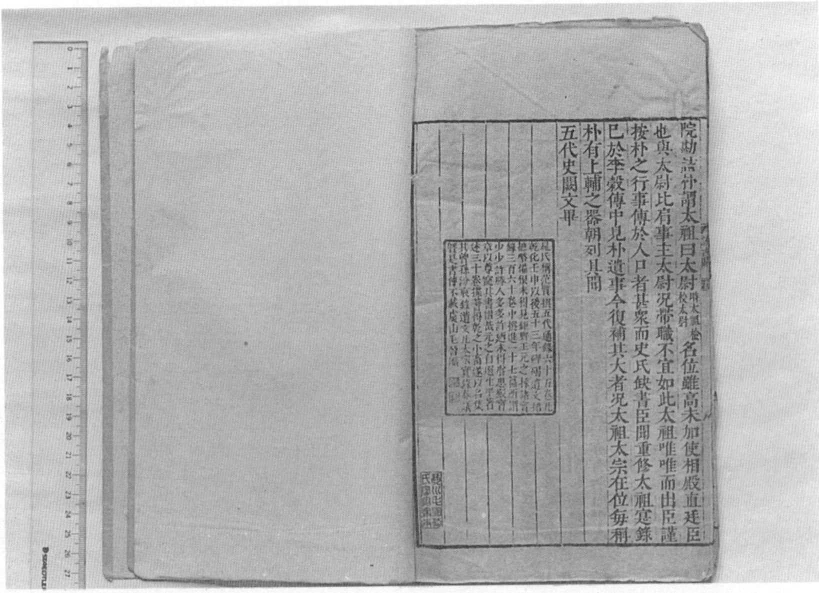

院勘詰朴謂太祖曰太尉時太祖檢校太尉名位雖高未加使相殿直廷臣也與太尉比肩事主太尉況帶職不宜如此太祖唯唯而出臣謹按朴之行事傳於人口者甚衆而史氏缺書臣聞重修太祖實錄已於李穀傳中見朴遺事今復補其大者況太祖太宗在位每稱朴有上輔之器朝列具聞
五代史闕文畢

031 書名：弇州史料一百卷

作者：明、王世貞撰、董復表輯

版式：萬曆四十二年刊本

21.3×14.2，半葉9行，行18字。四周單欄，花口，單魚尾。書首冠無年月楊鶴、李維楨序，萬曆四十二年（1614A.D.）陳繼儒序，次有董復表撰「纂弇州史料引」，次前集總目，每卷首葉題「瑯琊王世貞纂撰、華亭後學董復表彙次」。後集首亦有董氏撰「纂弇州史料後集意」，其餘體例同前。

編號：東史13—38

購入：昭和9、3、10

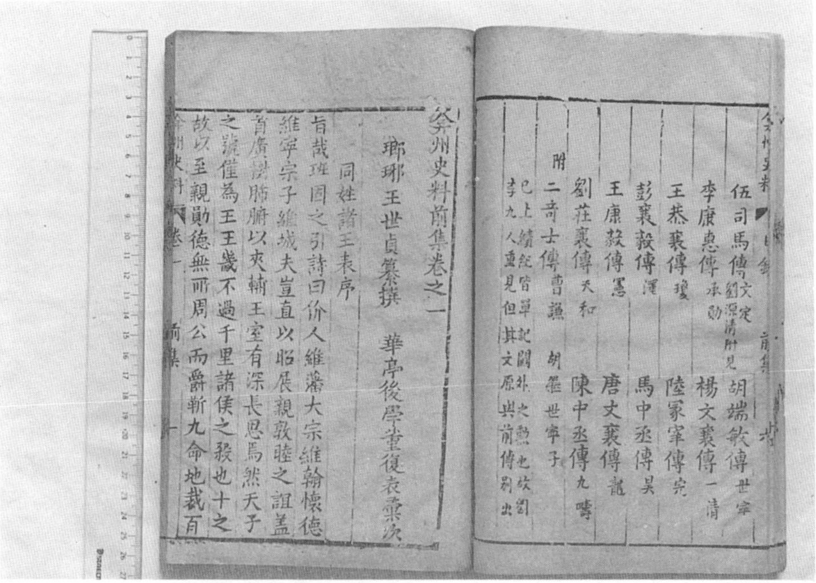

按此書分前、後集，前集三十卷，後集七十卷，合爲百卷。至於前、後集之分野，據編纂者董復表「纂弇州史料後集意」云：

> 若前集所纂，略具千百世下，知先生綿蕞一代史矣！茲後集之纂，則旁及志狀碑表，即先生集琬琰錄之意也。蓋先生特不爲諛墓，假借筆下衮鉞，皆足信史千古。至於敘贊紀事，咸屬小傳；劄記題辭，無非史義，或慷慨時事，有疏有策，又史牘中得之，生色者矣；故節採而列之。若叢記筆記觚錄三述考誤之屬，何渠史材，乃紫陽之遺意乎……。

蓋亦私人所修國史也。前集所載有序，有考，有志，有世家及傳記，頗似紀傳體，但體例不純。後集則傳、狀、贊等各體皆有。故全書只爲一史料性之雜史書，由後人自王世貞著作中輯出編成，而非王氏系統性之著作。

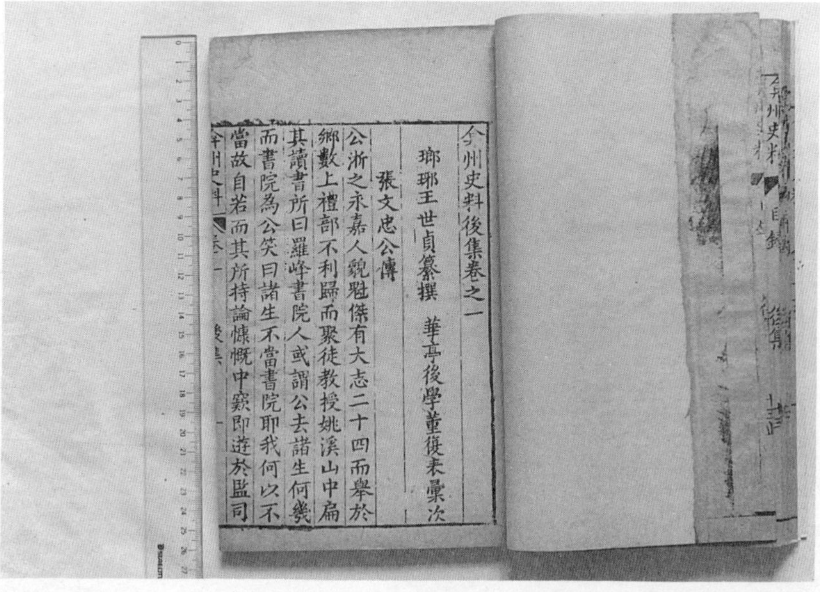
弇州史料後集卷之一
琅琊王世貞纂撰　華亭後學董復表彙次
張文忠公傳
公浙之永嘉人魁梧有大志二十四而舉於
鄉數上禮部不利歸而聚徒教授姚溪山中扁
其讀書所曰羅峰書院人或謂公去諸生何幾
而書院為公笑曰諸生不當書院耶我何以不
當故自若而其所持論慷慨中竅即遊於監司
弇州史料　卷一　後集

032 書名：陸宣公奏議二十二卷

作者：唐、權德輿編

版式：萬曆三十四年光裕堂刊本

21.5×14.5，半葉10行，行20字。四周單欄，花口，單魚尾。上象鼻題書名，下象鼻署「光裕堂梓」。扉頁除書名、作者名氏外，題「映旭齋藏板」、「步月樓發兌」。書首冠無年月權德輿撰敘、「宋朝名臣進奏議劄子」、明永樂十四年（1416A.D.）齊政撰後敘、萬曆三十四年（1606A.D.）陸基忠重梓跋、萬曆九年（1581A.D.）李懋檜、劉垓重刻跋，「淳熙講筵劄子」、宋紹興二年（1132A.D.）進唐陸宣公奏議表，宣德三年（1428A.D.）金寔敘、天順元年（1457A.D.）項忠敘、弘治十五年（1502A.D.）錢福敘、嘉靖十六年（1537A.D.）沈伯咸敘、萬曆九年葉逢春敘、及無年月王世貞撰「讀宣公奏議說」。次有總目，卷一次行題「明繡谷肖川吳繼武校刊」。

編號：東史17—31

購入：昭和3、3、15

按陸宣公名贄，字敬輿，唐人。其奏議集則權德輿所編。據書首諸敘跋，知此書於明永樂十四年時嘉興府知府齊政曾據元至大間刊本重梓，嗣後宣德三年、天順元年、弘治十五年、嘉靖十六年、萬曆九年均有重梓；至萬曆三十四年時，陸贄二十七世孫陸基忠又「用舊板校正重梓」，惟所據何版，實不可考。

此刻首附諸序跋中，凡遇明代帝王廟號等，均隔行頂格而書；且全刻不避清諱，當爲明刊本。然卷一首葉題「明繡谷肖川吳繼武校刊」，不知是否爲坊肆又據陸基忠本重梓，姑存疑。

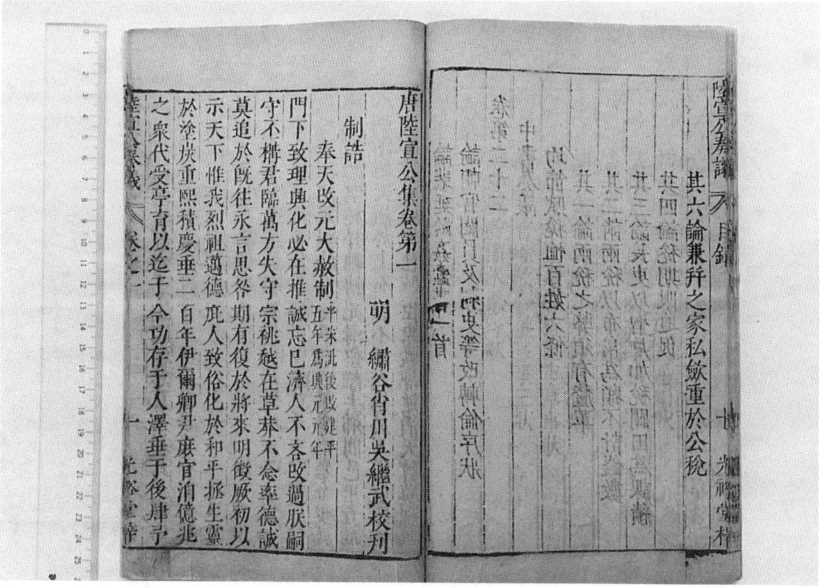
其六論兼幷之家私斂重於公稅

唐陸宣公集卷第一
明　繡谷肖川吳繼武校刊
制誥
奉天改元大赦制（平朱泚後改建中五年爲興元元年）
門下致理興化必在推誠忘已濟人不吝改過朕嗣
守丕構君臨萬方失守宗祧越在草莽不念率德誠
莫追於既往永言思咎期有復於將來明徵厥初以
示天下惟我烈祖邁德庇人致俗化於和平拯生靈
於塗炭重熙積慶垂二百年伊爾卿尹庶官洎億兆
之衆代受亭育以迄于今功存于人澤垂于後肆予
陸宣公集　卷之一　一　光裕堂梓

033 書名：歷代名臣奏議三百十九卷

作者：明、陳明卿編

版式：崇禎八年刊本

20.5×14.5，半葉9行，行18字。左右雙欄，花口，單魚尾。書首冠崇禎八年（1635A.D.）陳明卿序，次總目。每卷首葉題「吳郡張溥刪正」。扉頁除書名外，題「陳明卿太史刪正」、「本衙藏板、菁華樓發兌」。

編號：東史17—17

購入：昭和3、3、15

按據書首陳序，此書原爲永樂間欽命儒臣黃淮、楊士奇等編，然此書「雖詔頒學宮，世無其板」，陳氏偶得此書，遂「依原卷標指詳略，踰二年成刻」。是此本乃陳氏訂正重刊者。扉頁題「本衙藏板」，或是某官府刻本。

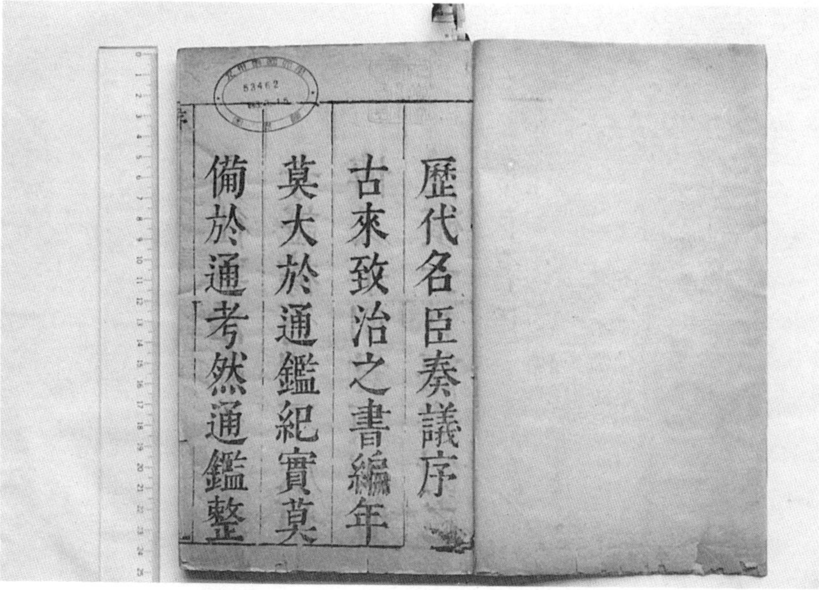
歷代名臣奏議序
古來致治之書編年
莫大於通鑑紀實莫
備於通考然通鑑整

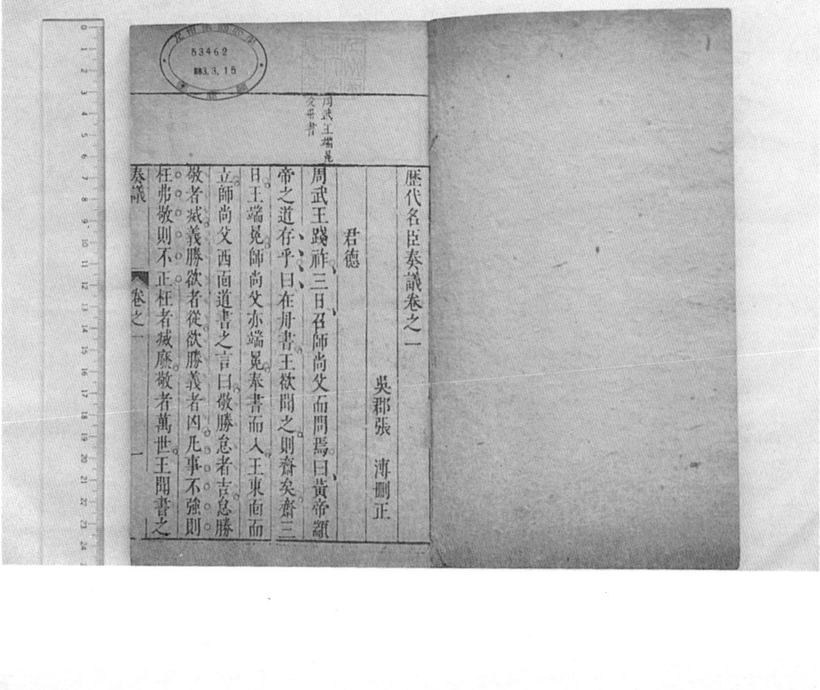
周武王端冕受丹書
歷代名臣奏議卷之一
吳郡張溥刪正
君德
周武王踐祚三日召師尚父而問焉曰黃帝顓
帝之道存乎曰在丹書王欲聞之則齊矣齊三
日王端冕師尚父亦端冕奉書而入王東面而
立師尚父西面道書之言曰敬勝怠者吉怠勝
敬者滅義勝欲者從欲勝義者凶凡事不強則
枉弗敬則不正枉者滅廢敬者萬世王聞書之
奏議　卷之一　一

034 書名：紫陽文公先生年譜五卷

作者：明、朱淩撰

版式：嘉靖四十一年刊本

20.4×15，半葉7行，行18字。四周單欄，白口，無魚尾。書首冠嘉靖三十一年（1552A.D.）李默序、嘉靖四十一年（1562A.D.）張時徹序。次附朱子像、贊等。書末有嘉靖三十一年朱淩跋。

編號：支哲51—39

購入：昭和5、8、25

按此刻九大藏本前序錯亂倒置，不可卒讀。全書僅前二卷爲年譜，餘爲附錄傳狀等。

卷末朱淩跋曰：

嘉靖王子春仲，大巡侍御元山翁曾老先生按閩之暇，淩以年末胥見于建溪行臺，時元翁紀肅度貞，右文崇教，比詢家世，間出年譜求正。公披覽一盡，嘆字跡多漫滅，亟欲修訂，且概舊本之未盡善也。遂檄郡貳楊侯節推操，侯介守謝侯敦，請于大冢宰古沖翁李老先生重加參訂，校閱纂輯之勤，歷三時焉……。

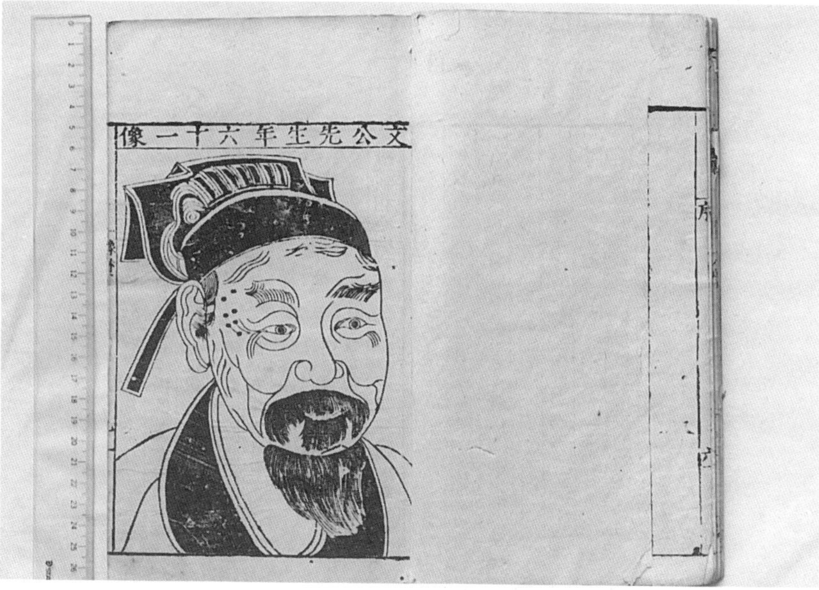

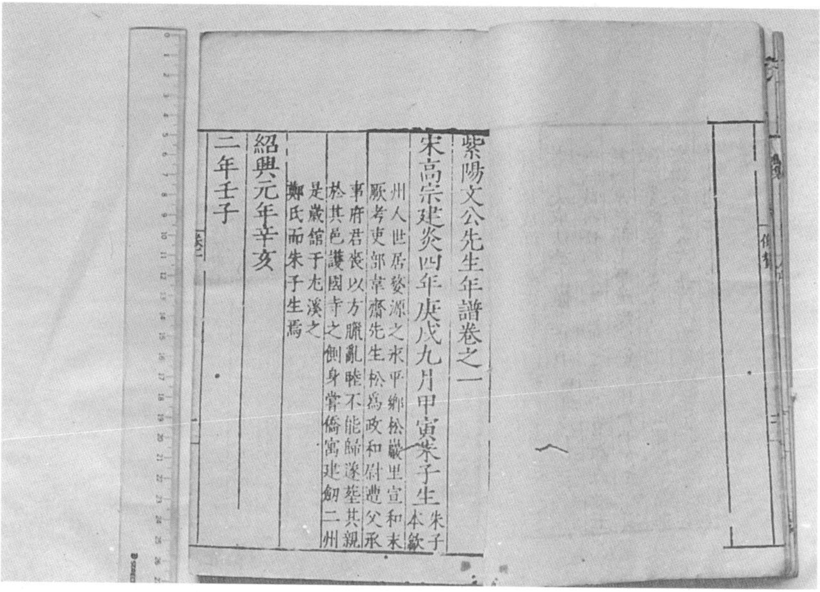
紫陽文公先生年譜卷之一

宋高宗建炎四年庚戌九月甲寅朱子生 朱子本歙州人世居婺源之永平鄉松巖里宣和末厥考吏部韋齋先生松爲政和尉遭父承事府君喪以方臘亂睦不能歸遂葬其親於其邑護國寺之側身嘗僑寓建劍二州是歲館于尤溪之鄭氏而朱子生焉

紹興元年辛亥

二年壬子

035 書名：涑水司馬氏源流集略八卷**附溫公家範**十卷**溫公年譜**六卷

作者：明、司馬晰編，家範宋、司馬光撰，年譜明、馬巒編

版式：明刊本

19.3×13.8，半葉9行，行20字。四周雙欄，花口，單魚尾。年譜則四周單欄。源流集書首冠萬曆十五年（1587A.D.）羅萬化序，同年司馬晰引。每卷首葉題「溫公十六世孫祉校梓、十七世孫晰編輯」。家範前冠無年月吳時亮序，次天啓六年（1626A.D.）司馬露跋識，並署「十九世孫嘌嵩嶧巖崙岐校梓」，每卷首再題「十八世孫露十九世孫嘌嵩嶧巖崙岐梓」。年譜首冠萬曆四十六年（1618A.D.）王遠宜序，次有凡例，再次嘉靖十一年（1532A.D.）馬巒序，每卷首葉題「涑水鄉後學馬巒編輯、溫公十八世孫露校梓」，末有萬曆四十六年司馬露跋。

編號：支哲28—27

購入：昭和15、3、16

按此刻各集字體各異，應是陸續刊成，版存司馬氏家，由司馬氏後代一併刷印者。由紙張墨色觀之，應爲明刊本。全刻不避明諱，「校」字不改，或爲萬曆末年刊本。

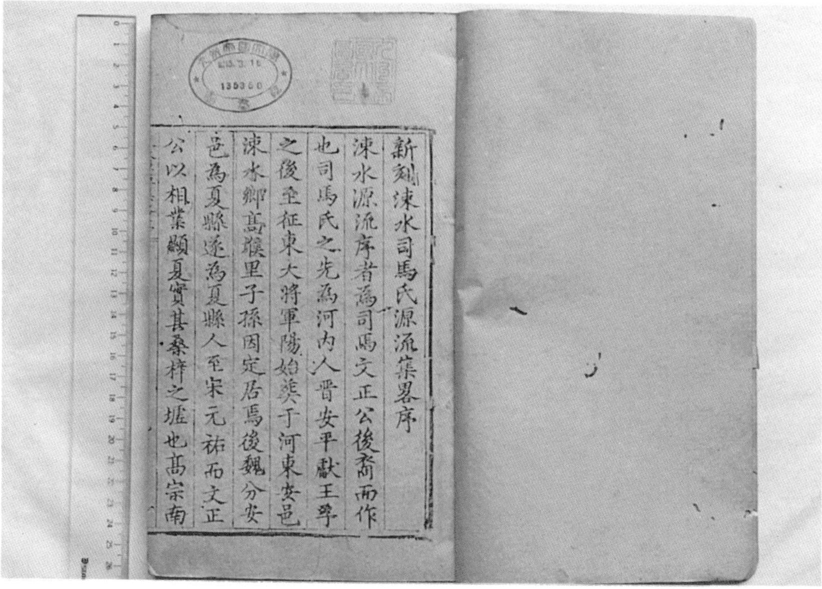

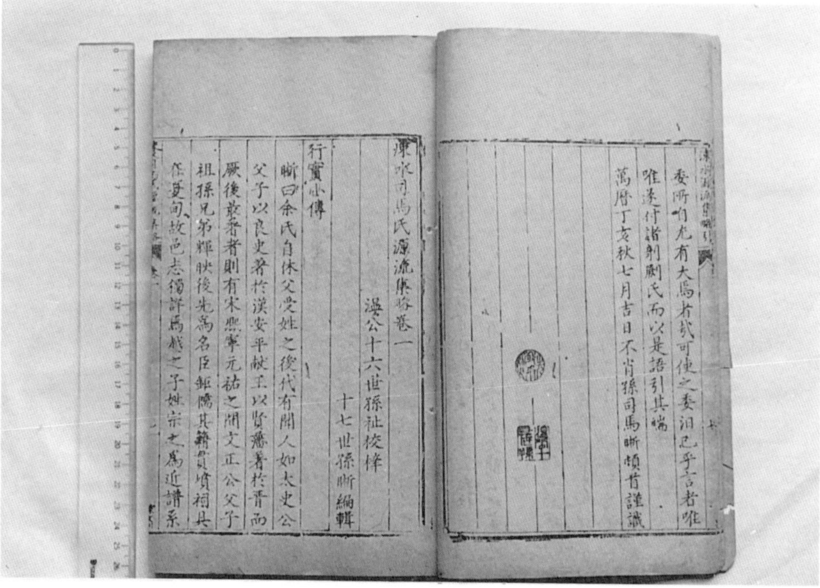

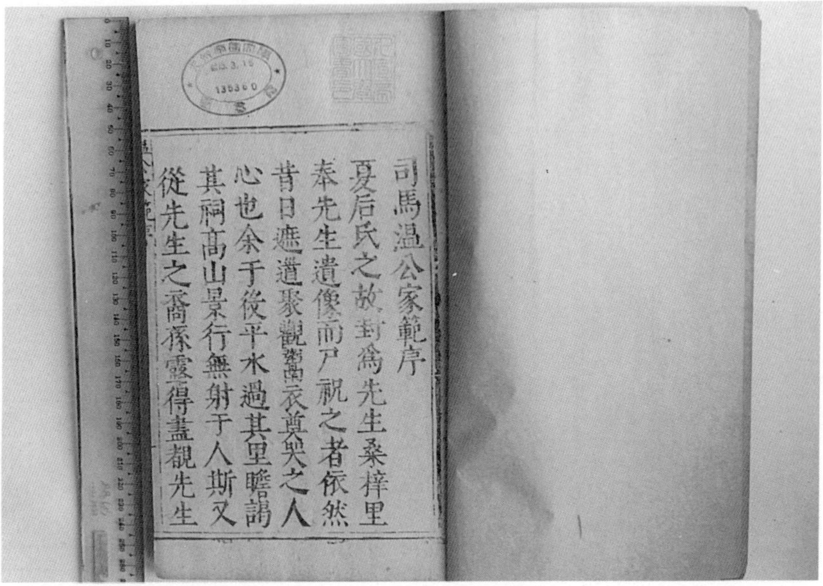

司馬溫公家範序
夏后氏之故封為先生桑梓里
奉先生遺像而尸祝之者依然
昔日遮遺聚觀罽衣冠之人
心也余于役平水過其里瞻謁
其祠高山景行無射于人斯又
從先生之裔孫露得盡覩先生

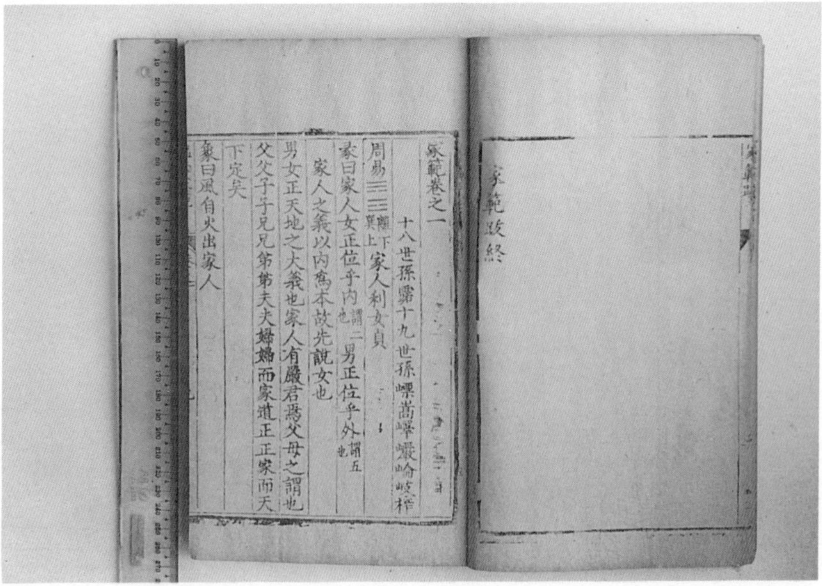

家範卷之一
十八世孫露十九世孫嶸嵩嶧巘岭岐梓
周易☲☴ 離下巽上 家人利女貞
彖曰家人女正位乎內 謂二也 男正位乎外 謂五也
家人之義以內為本故先說女也
男女正天地之大義也家人有嚴君焉父母之謂也
父父子子兄兄弟弟夫夫婦婦而家道正正家而天
下定矣
象曰風自火出家人

家範跋終

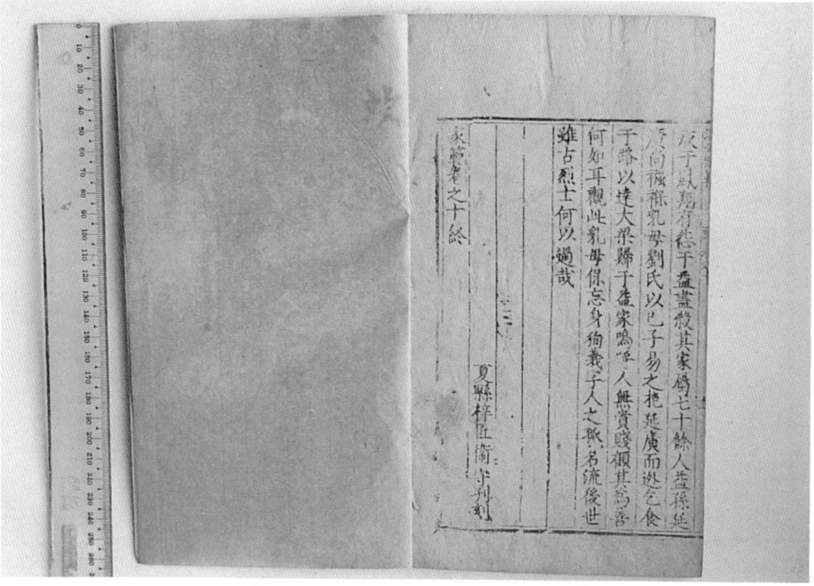

攻于以易有德于盎盡殺其家屬七十餘人盎孫延
年尚襁褓乳母劉氏以己子易之抱延廣而逃乞食
于路以達大梁歸于盎家嗚呼人無貴賤顧其爲吾
何如耳觀此乳母保忘身徇義子人之孫名流後世
雖古烈士何以過哉

夏縣梓匠衛[illegible]刊刻

家範卷之十終

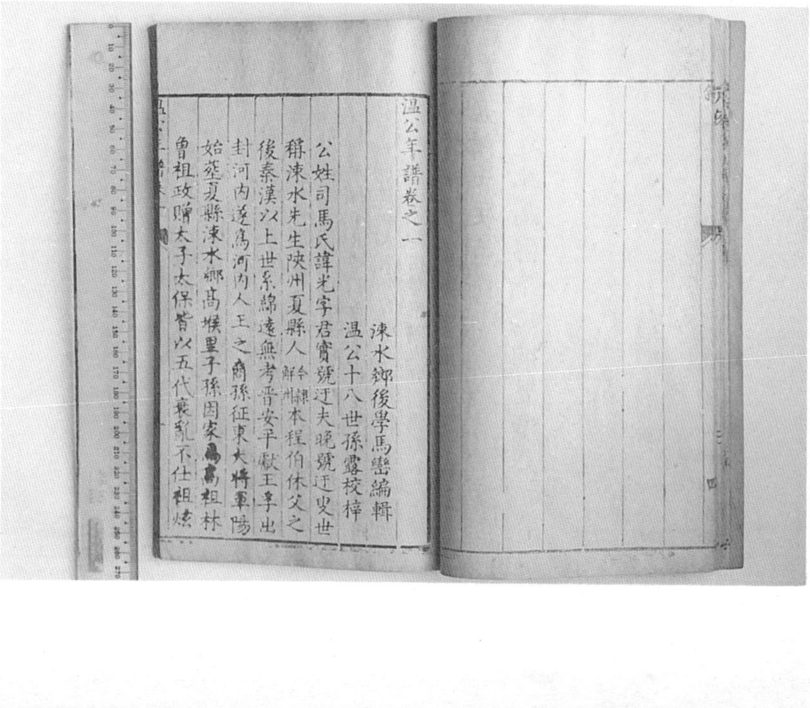

温公年譜卷之一

涑水鄉後學馬巒編輯
温公十八世孫露校梓

公姓司馬氏諱光字君實號迂夫晚號迂叟世
稱涑水先生陝州夏縣人今解州本程伯休父之
後秦漢以上世系綿遠無考晉安平獻王孚出
封河內遂爲河內人王之裔孫征東大將軍陽
始塋夏縣涑水鄉高堠里子孫因家焉高祖林
曾祖政贈太子太保皆以五代衰亂不仕祖炫

036 書名：三教會編九卷

作者：明、林兆恩編

版式：萬曆十六年刊本

20.6×13.6，半葉9行，行19字。四周單欄，花口，單魚尾。書首冠萬曆十六年（1588A.D.）林兆恩自序，無年月題辭，及嘉靖四十二年（1563A.D.）林兆恩自序又一篇。再次有無年月木子壽小序。正文及版心上象鼻題爲「林子全集」，卷一首葉題「門人林鳴陽編輯、涂繼林重閱」。

編號：東史14—54

購入：昭和3、5、19

按此書乃依時代爲序，彙編儒、釋、道三教人物之傳略而成，上起盤古氏，下迄元末。原書或名林子全集，或名三教原編，或名三教會編要略。

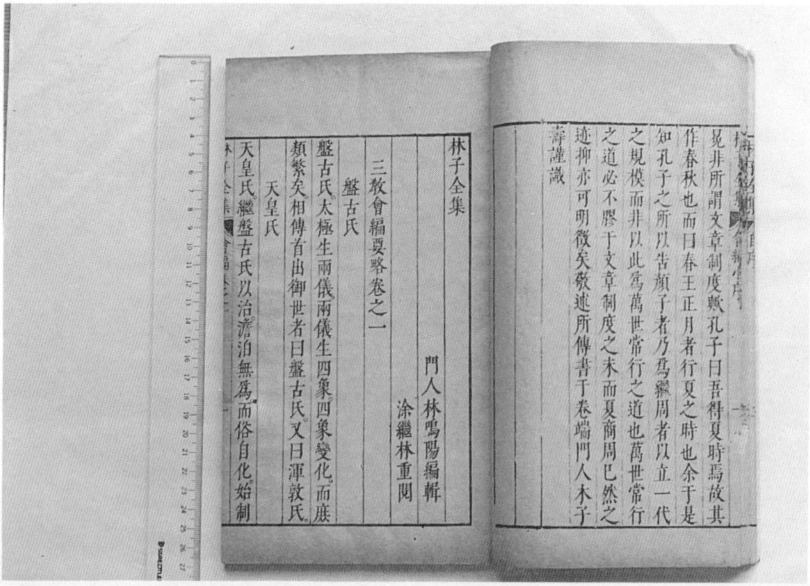
見非所謂文章制度歟孔子曰吾得夏時焉故其
作春秋也而曰春王正月者行夏之時也余于是
知孔子之所以告顏子者乃爲繼周者以立一代
之規模而非以此爲萬世常行之道也萬世常行
之道必不膠于文章制度之末而夏商周已然之
迹抑亦可明徵矣敬述所傳書于卷端門人木子
壽謹識

林子全集
門人林鳴陽編輯
涂繼林重閱
三教會編要略卷之一
盤古氏
盤古氏太極生兩儀兩儀生四象四象變化而庶
類繁矣相傳首出御世者曰盤古氏又曰渾敦氏
天皇氏
天皇氏繼盤古氏以治澹泊無爲而俗自化始制

037 書名：南唐書十八卷附音釋一卷

作者：宋、陸游撰，元、戚光音釋

版式：明胡震亨刊秘冊彙函本

19.4×13.8，半葉9行，行18字。左右雙欄，白口，單魚尾。書首冠沈士龍、胡震亨題辭，均不署年月。次有總目。每卷首葉題「宋陸游撰、明沈士龍、胡震亨同校」。

編號：東史13—16

購入：昭和3、3、15

按陸游所撰南唐書，歷來即有十五卷本、十八卷本之分。此刻書首沈士龍題辭曰：「陸游新修南唐書，止十五卷，今合三紀，得十八卷」。則十五卷本、十八卷本所差在於烈祖、元宗、後主三本紀。

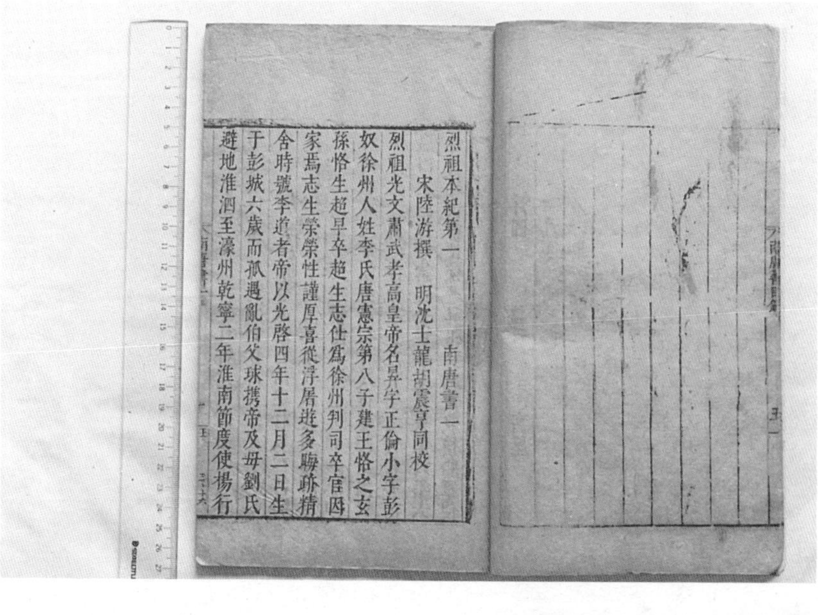

此書以明末毛晉所刻汲古閣刊本最爲通行。毛氏跋其汲古閣本曰：

> 是書凡馬令、胡恢、陸游三本……今馬本盛行，胡本不傳，放翁書一十八卷，僅見於鹽官胡孝轅秘冊彙函中，又半燼於武林之火。庚午（崇禎三年，1630A.D.）仲夏，購其焚餘板一百有奇，斷蝕不能讀，因簡家藏抄本，訂正付梓於全集逸稿之末……。

是十八卷未至明末已甚罕見。毛晉所刊亦十八卷本，惟所據乃胡氏秘冊彙函本之燼餘殘板。今九大所藏此刻，應即胡氏秘冊彙函原本，明末時即已罕傳，甚可寶也。

此刻書首冠沈氏、胡氏題辭，爲毛本所闕。書內偶有缺葉，已有墨筆補足，不知誰人手澤。

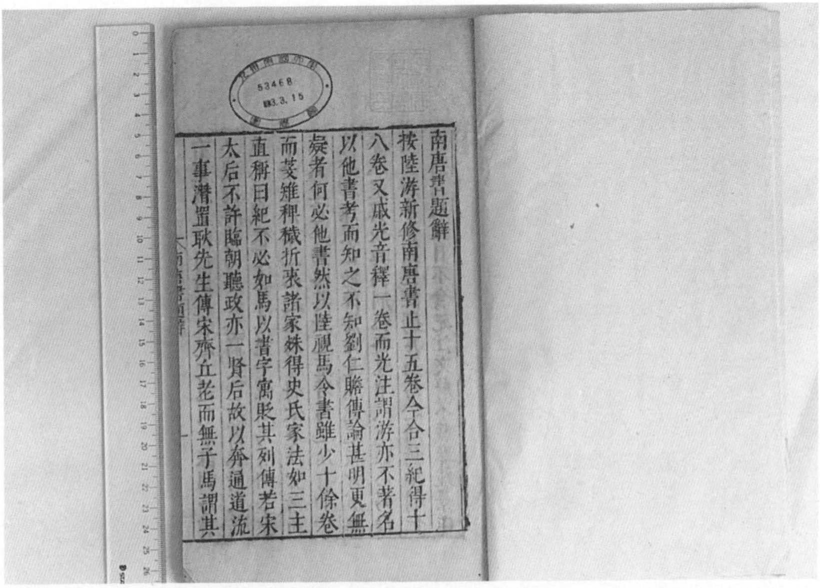
南唐書題辭
按陸游新修南唐書止十五卷今合三紀得十
八卷又戚光音釋一卷而光注謂游亦不著名
以他書考而知之不知劉仁贍傳論甚明更無
疑者何必他書然以陸視馬令書雖少十餘卷
而芟雜穢折衷諸家姝得史氏家法如三主
直稱曰紀不必如馬以書字寓貶其列傳若宋
太后不許臨朝聽政亦一賢后故以弁通道流
一事潛置耿先生傳宋齊丘老而無子焉謂其

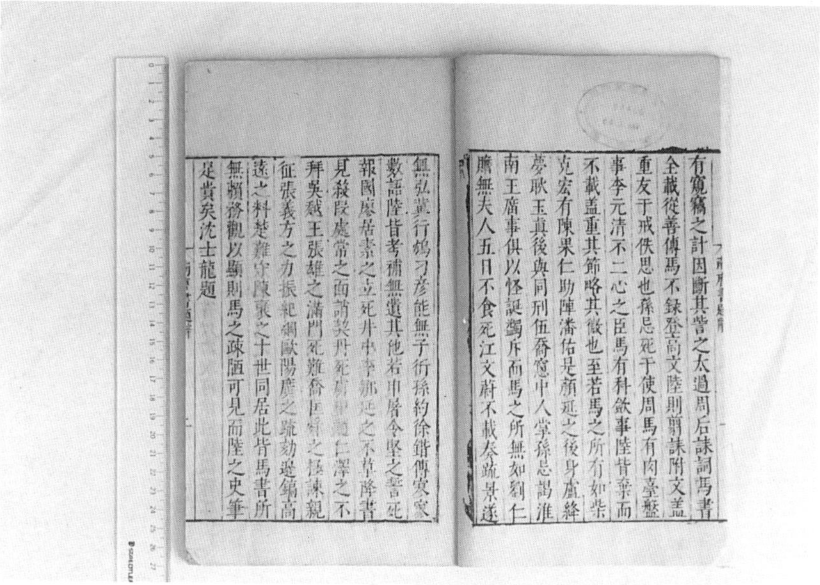

有寬窮之計因斷其營之太過周后誄詞馬書
全載從善傳馬不録登高文陸則翦誄附文盖
重友于戒佚思也孫忌死于使周馬有肉臺盤
事李元清不二心之臣馬有科斂事陸皆棄而
不載盖重其節略其微也至若馬之所有如柴
克宏有陳果仁助陣潘佑是顏延之後身盧絳
夢耿玉真後與同刑伍喬寫中人掌孫忌謁淮
南王廟事俱以怪誕黜斥而馬之所無如劉仁
贍無夫人五日不食死江文蔚不載奏疏景遂

無弘冀行鴆刁彥能無子衍孫約徐鍇傳安家
數語陸皆考補無遺其他若申屠令堅之誓死
報國廖居素之立死井中李郁延之不草降書
見殺段處常之面詰契丹死虜中趙仁澤之不
拜吳越王張雄之滿門死難喬匡舜之極諫親
征張義方之力振紀綱歐陽廣之疏劾邊鎬高
遠之料楚難守陳褒之十世同居此皆馬書所
無賴務觀以顯則馬之疏陋可見而陸之史筆
足貴矣沈士龍題

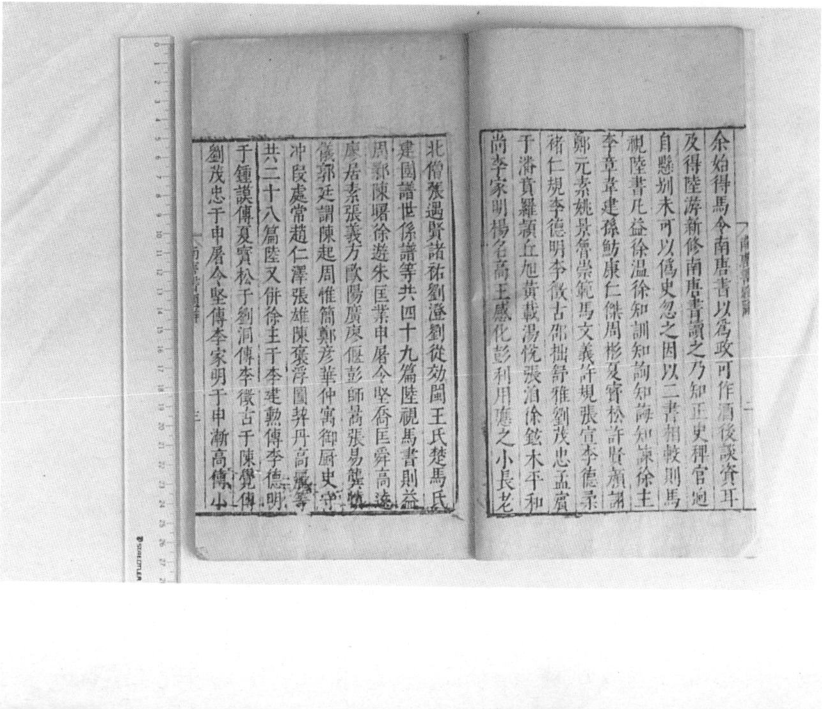

余始得馬令南唐書以為政可作酒後談資耳
及得陸游新修南唐書讀之乃知正史稗官迥
自懸別未可以僞史忽之因以二書相較則馬
視陸書凡益徐溫徐知訓知詢知誨知諫徐主
李章韋建孫魴康仁傑周彬夏寶松許賢顏詡
鄭元素姚景詹崇範馬文義許規張宣李德柔
褚仁規李德明李徵古邵拙舒雅劉茂忠孟賓
于潘貫羅穎丘旭黃載湯悅張洎徐鉉木平和
尚李家明楊名高王感化彭利用應之小長老

北僧張遇賢諸祐劉澄劉從效閩王氏楚馬氏
建國譜世係譜等共四十九篇陸視馬書則益
周鄴陳曙徐遊朱匡業申屠令堅喬匡舜高遠
廖居素張義方歐陽廣[illegible]偃彭師暠張易龔慎
儀郭廷謂陳起周惟簡鄭彥華仲寓御廚史守
冲段處常趙仁澤張雄陳褒浮圖契丹高麗等
共二十八篇陸又併徐主于李建勳傳李德明
于鍾謨傳夏寶松于劉洞傳李徵古于陳覺傳
劉茂忠于申屠令堅傳李家明于申漸高傳小

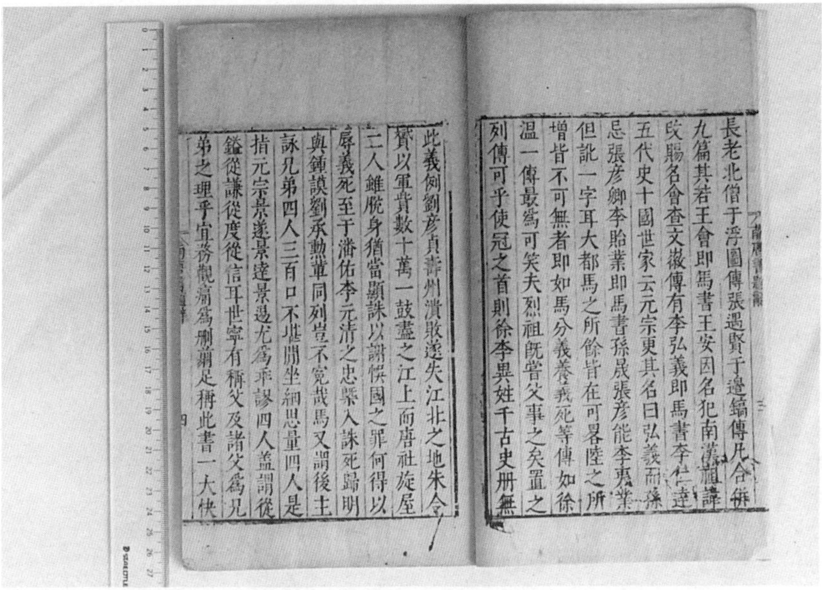

長老北僧于浮圖傳張遇賢于邊鎬傳凡合併
九篇其若王會即馬書王安因名犯南漢祖諱
改賜名會查文徽傳有李弘義即馬書李仁達
五代史十國世家云元宗更其名曰弘義而孫
忌張彥卿李貽業即馬書孫晟張彥能李貽業
但訛一字耳大都馬之所餘皆在可畧陸之所
增皆不可無者即如馬分義養義死等傳如徐
溫一傳最為可笑夫烈祖既嘗父事之矣置之
列傳可乎使冠之首則徐李異姓千古史冊無

此義例劉彥貞壽州潰敗遂失江北之地朱令
贇以軍貲數十萬一鼓盡之江上而唐社旋屋
二人雖僨身猶當顯誅以謝誤國之罪何得以
辱義死至于潘佑李元清之忠繫入誅死歸明
與鍾謨劉承勳輩同列豈不寃哉馬又謂後主
詠凡弟四人三百口不堪閒坐細思量四人是
指元宗景遂景達景逿尤為乖謬四人蓋謂從
鎰從謙從度從信耳世寧有稱父及諸父為兄
弟之理乎宜務觀痛為刪削足稱此書一大快

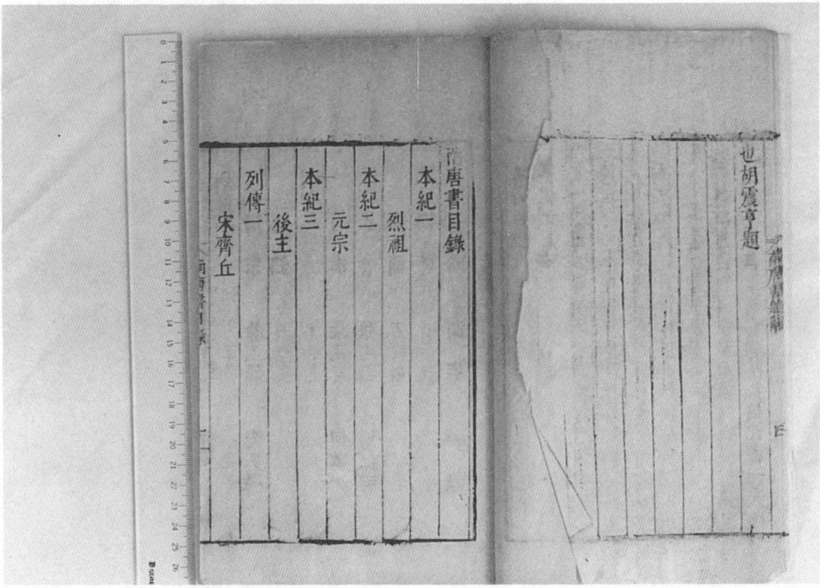

也胡震亨題

南唐書目錄

本紀一　烈祖

本紀二　元宗

本紀三　後主

列傳一　宋齊丘

038 書名：恩縣志六卷附恩縣續志五卷

作者：明、孫居相編，續志清、陳學海編

版式：明萬曆二十七年刊，續志清雍正元年刊，皆爲乾隆間刷印。

21.8×15.5，半葉10行，行22字。四周雙欄，花口，無魚尾。版心上題書名，中記卷數，下載頁數。書首冠萬曆二十七年于愼行序，目錄後有孫居相撰卷頭語，未署年月。續志首則有雍正元式陳學海序。

編號：支文16—254

634—オ—1

購入：昭和18、11、30

昭和8、11、30

按此志六卷，卷一輿地、卷二建置、卷三貢賦、卷四人物、卷五雜志、卷六詞翰。孫居相在卷頭語中述及此志遞修過程曰：

> 恩志創於天順庠博丁君琰，嘉靖丁酉（16年，1537A.D.）始繕成之。粵萬曆乙亥（3年，1575A.D.）、己丑（17年，1589A.D.），韓、吳二公咸有事增輯，各以陟秩登朝去，未臻厥成，志之新豈固有待乎哉？歲癸巳（萬曆二十一年，1593A.D.），余受命綰符茲土……益舊裒新，訂爲六卷五十三目……。

孫氏所謂韓、吳二公，據續志所載恩縣歷代知縣名錄，乃前代知縣韓屛、吳永裕，則孫氏已是第三次重修，但卻是首次付梓。

九大所藏此志，乃與恩縣續志共同裝成一帙，所用紙、

墨及裝訂裁切完全相同；而且續志內容乃銜續前志而成，故前、續兩志當係同時刷印行世。今考續志，所載資料以雍正元年（1723A.D.）爲下限，且陳學海於雍正元年自序中，有編成即授梓人之語，故續志刊於雍正元年，當無疑義。又續志編刊時，曾增補部分萬曆二十七年以後至清初之資料入前志中，此本內凡頁碼上加一「又」字，而頁碼又與上頁重複者，均爲雍正年所補刻。

雍正元年續志刊成時，想必曾與前志同時刷印發行過。但九大現存此志兩部，弘皆剜去末筆作弘，曆皆剜改成曆，且前志亦不例外，故此兩部恩縣志當爲乾隆時取舊版一併刷印發行者。大清會典事例卷三四四又載：乾隆三十年（1765A.D.）時，曾頒行凡刷印舊版，不必剜改新諱之令。此兩部恩縣志均有剜改，故當刷印於乾隆元年至乾隆三十年之間。

九大所藏兩部中，有一部表紙正面有「恩縣之印」漢滿文對照印記，當是該縣故物。前、續兩志同時併行之例亦罕，故在內容上亦頗有保存價值。

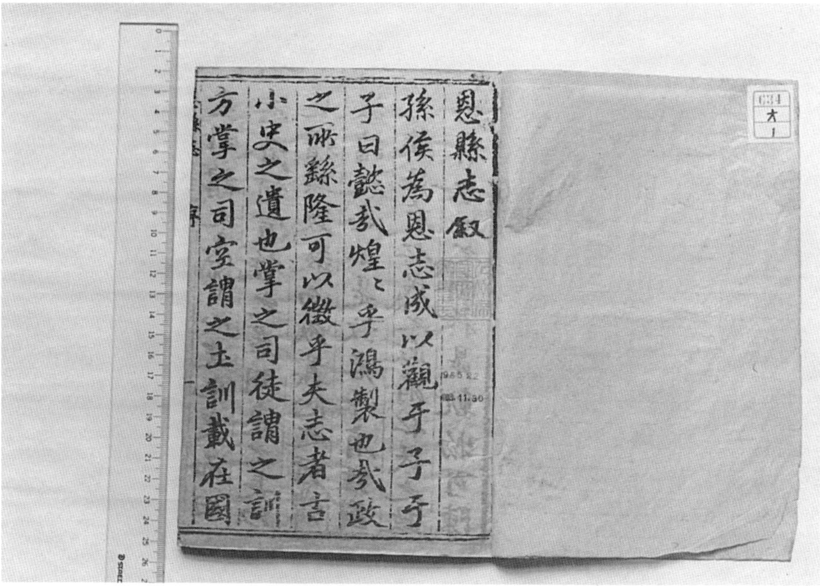
恩縣志敘
孫侯爲恩志成以觀予予予
予曰懿哉煌煌乎鴻製也哉政
之所繇隆可以徵乎夫志者古
小史之遺也掌之司徒謂之訓
方掌之司空謂之土訓載在國

039 書名：天下一統志九十卷

作者：明、李賢等奉勅編

版式：明、文林閣刊本

21.4×14.7，半葉10行，行22字。四周單欄，花口，單魚尾。書首冠天順五年（1461A.D.）御製序，次修書官員職名，李賢等進書表，次序文一篇，不署年月撰人。次總目，正文前有地圖。版心下象鼻或題「萬壽堂刊」。扉頁題「一統志」、「文林閣梓行」。

編號：東史16—9

購入：昭和3、3、15

按此書爲天順五年官方所編，然以此刻所用竹紙，及萬壽堂、文林閣等題名觀之，此刻當爲萬曆年以後坊間所刊。書首有「黃印彭年」、「子壽」兩印記。按黃彭年字子壽，清道光間進士，官至湖北布政使，此本殆其舊藏。

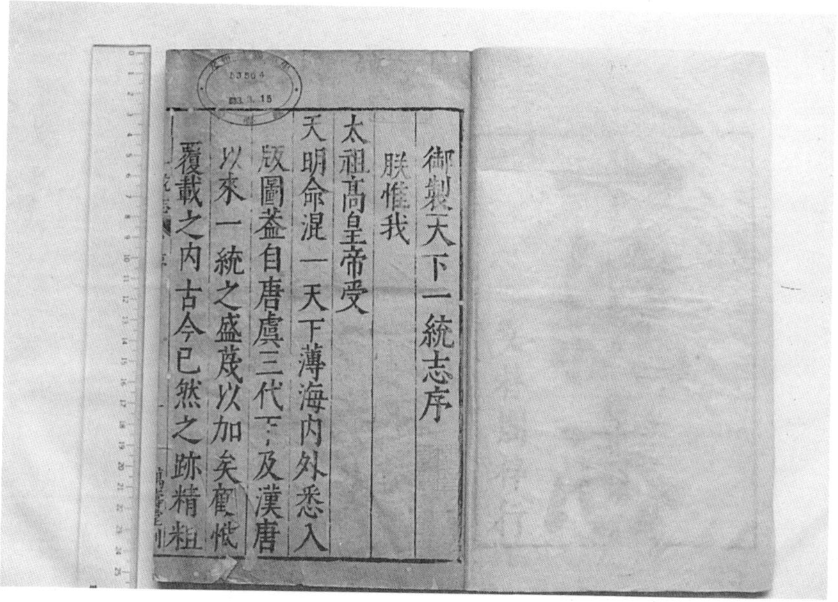

御製天下一統志序

朕惟我

太祖高皇帝受

天明命混一天下薄海内外悉入

版圖蓋自唐虞三代下及漢唐

以來一統之盛蔑以加矣顧惟

覆載之内古今已然之跡精粗

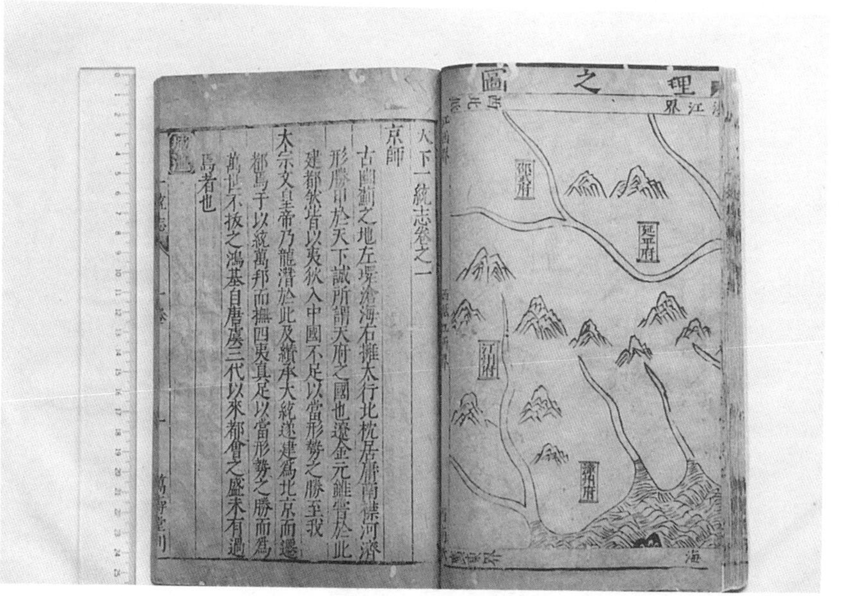

天下一統志卷之一

京師

古幽薊之地左環滄海右擁太行北枕居庸南襟河濟

形勝甲於天下誠所謂天府之國也遼金元雖嘗於此

建都然皆以夷狄入中國不足以當形勢之勝至我

太宗文皇帝乃龍潛於此及纘承大統遂建為北京而遷

都焉于以統萬邦而撫四夷真足以當形勢之勝而為

萬世不拔之鴻基自唐虞三代以來都會之盛未有過

焉者也

040 書名：華陰縣志九卷

作者：明、王九疇編

版式：明萬曆四十二年刊，清康熙末年補刻并印行

21.7×14.7，半葉9行，行20字。四周單欄，花口，單魚尾，上象鼻題書名，魚尾下載卷數。書首冠萬曆甲寅（42年，1614A.D.）王九疇序、同年馮從吾序、同年張毓翰序。次有御撰遊記、邑境圖等。卷一正文前有編纂者題名：邑令古穰王九疇總訂、錢萊山人張毓翰刪次、邑庠諸生石承息、陳纘虞、張桂芳、陳可績纂錄。卷末附無年月雷霖、趙儒撰舊志序各一篇。

編號：支文16—330

購入：昭和19、3、18

按據王九疇氏自序，王氏乃於萬曆三十九年（1611A.D.）來華陰縣任縣令，取嘉靖年間所修舊志，重加修訂而成此志。則此志卷末所附雷霖、趙儒二序，當即嘉靖間舊志原序。

據卷首目錄所載，此志共八卷：輿地第一、山川第二、建置第三、食貨第四、官師第五、人物第六、叢談第七、藝文第八。今考此志，卷八第五十七頁下，有康熙四十一年（1702A.D.）知縣董盛祚撰「嚴落村西三楊村東望華橋記」一文；卷八後又有第九卷，載郡守韓奕撰「澮河記略」、及郡丞塔爾禪撰「開河記」二文。其中塔氏所撰有康熙癸未歲（42年，1703A.D.）事。但不諱雍正帝御名，「禛」字不缺筆。故董氏、韓氏、塔氏所撰，應是康熙末年所補刻。取此三文與前後頁相較，字體差異極大，甚易分辨。

九大所藏此本，原刻部分與康熙末補刻部分之紙張、墨

色皆一致，故當係康熙末年時取舊版補刊後重新刷印者。

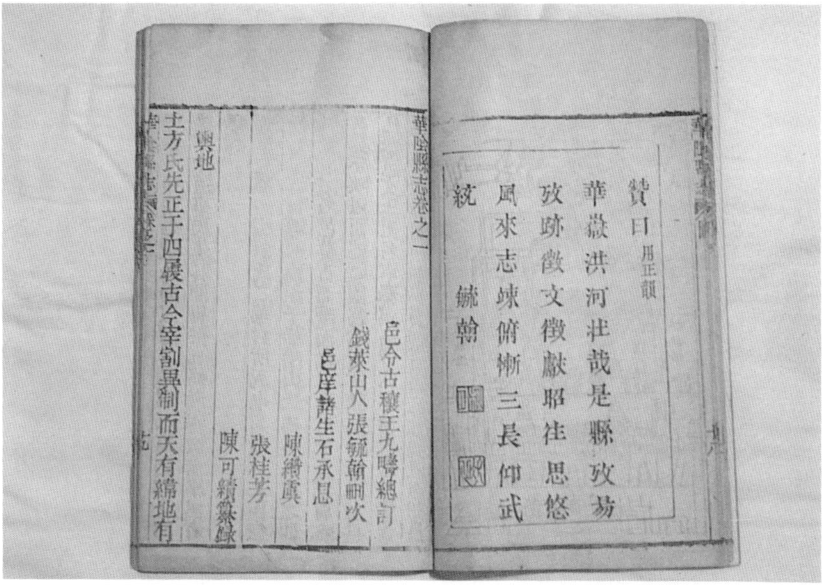

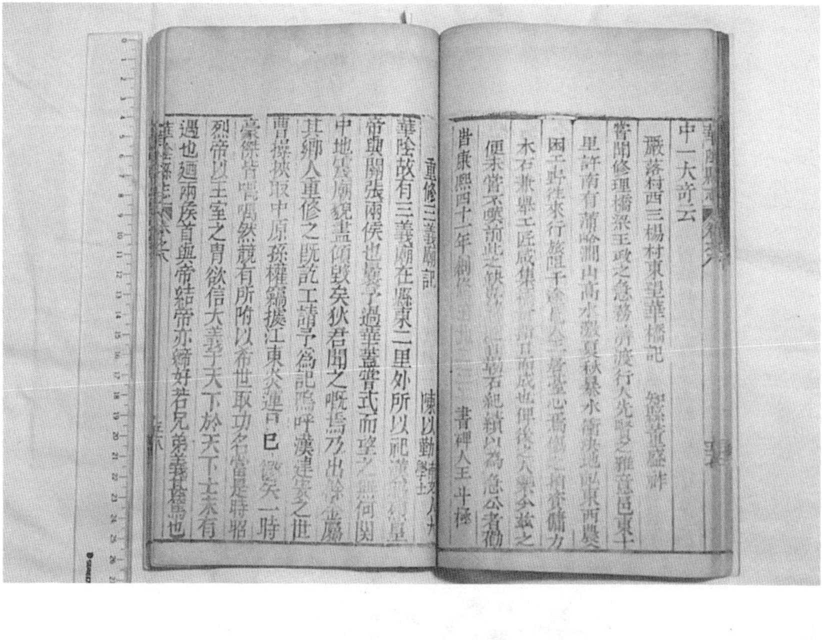

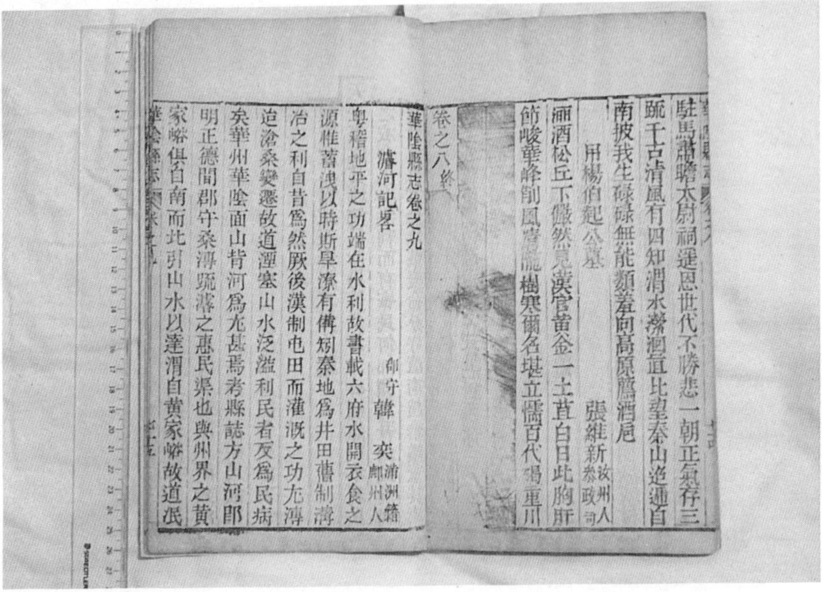
駐馬嘶瞻太尉祠遲恩世代不勝悲一朝正氣存三
疏千古清風有四知渭水縈洄直比皇秦山迢遞百
南披我生碌碌無能類羞向高原薦酒巵

用楊伯起公墓　張維新汝州人參政

灑酒松丘下儼然見漢官黃金一土直白日此胸肝
飭峻華峰削風霜爬樹寒爾名堪立儒百代竭重川

卷之八終

華陰縣志卷之九

濬河記畧　郡守　韓奕　蒲洲籍鄜州人

粵稽地平之功端在水利故書載六府水開衣食之
源惟蓄洩以時斯旱潦有備矧秦地爲井田舊制溝
洫之利自昔爲然厥後漢制屯田而灌溉之功尤溥
迨滄桑變遷故道湮塞山水泛溢利民者反爲民病
矣華州華陰面山背河爲尤甚焉考縣誌方山河郎
明正德間郡守桑溥疏濬之惠民渠也與州界之黃
家峪俱自南而北引山水以達渭自黃家峪故道泯

041 書名：帝京景物略五卷

作者：明、劉侗、于奕正合撰

版式：崇禎八年刊本

19.3×14.1，半葉8行，行19字。四周單欄，白口，無魚尾。書首冠于奕正撰略例，次有崇禎八年（1635A.D.）劉侗序。每卷前各有卷目，首葉題「遂安方逢年定，麻城劉侗、宛平于奕正修」。

編號：東史16—416

購入：昭和40、9、11

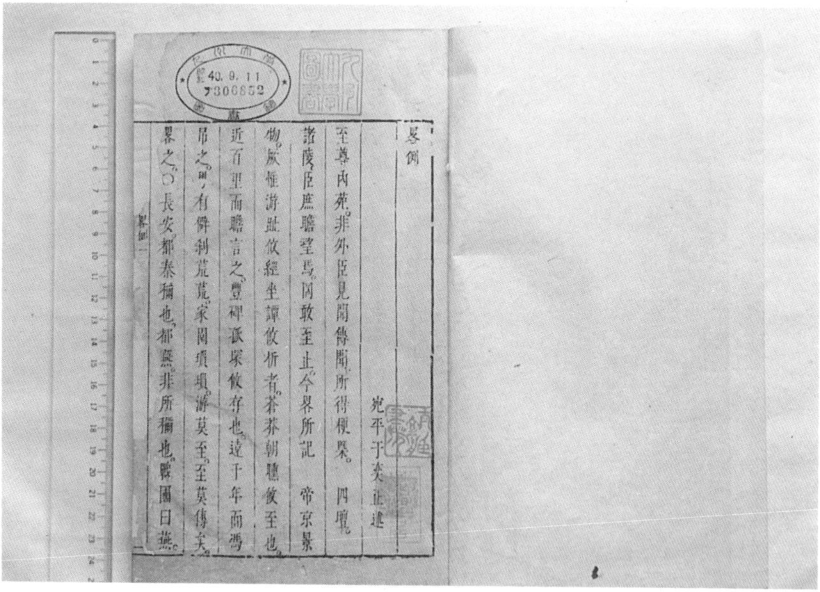

按書首劉侗序曰：

……侗北學而燕游者五年，侗之友于奕正，燕人也，

> 二十年燕山水間。各不敢私所見聞……侗之友周損職之，三人揮汗屬草，研冰而成書。其卷八，其目百三十有奇……。

此刻卷首又題「方逢年定」，不知何所指。書首有「息踵居」、「息踵居士」等印記。

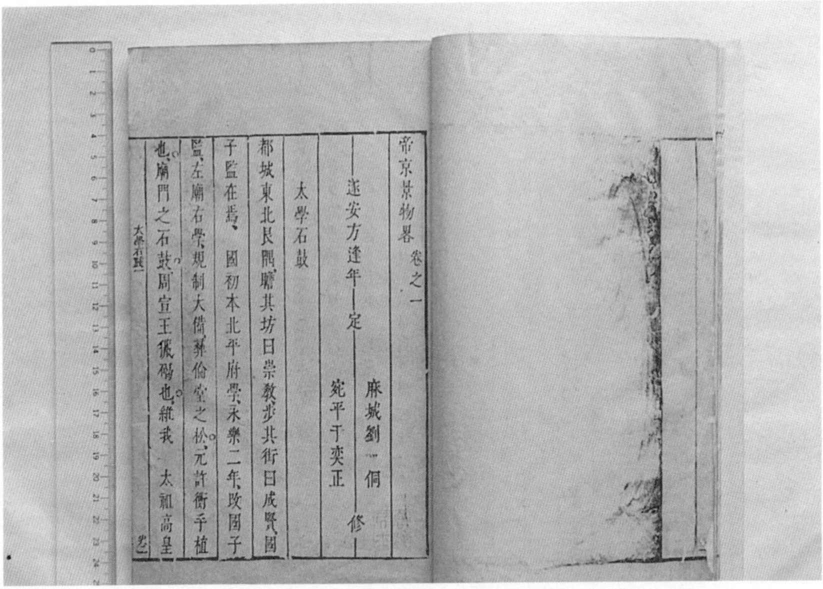
帝京景物畧　卷之一
麻城劉　侗　修
遂安方逢年　定　宛平于奕正
太學石鼓
都城東北艮隅瞻其坊曰崇教步其街曰成賢國
子監在焉國初本北平府學永樂二年改國子
監左廟右學規制大備彝倫堂之松元許衡手植
也廟門之石鼓周宣王獵碣也維我　太祖高皇
太學石鼓　卷之一

042 書名：大明會典存卷第一百十八至一百五十八

作者：明萬曆間官修

版式：明萬曆間內府刊本

25.3×17.4，半葉10行，行20字。四周雙欄，黑口，雙魚尾。

編號：支哲17—30

購入：昭和17、2、26

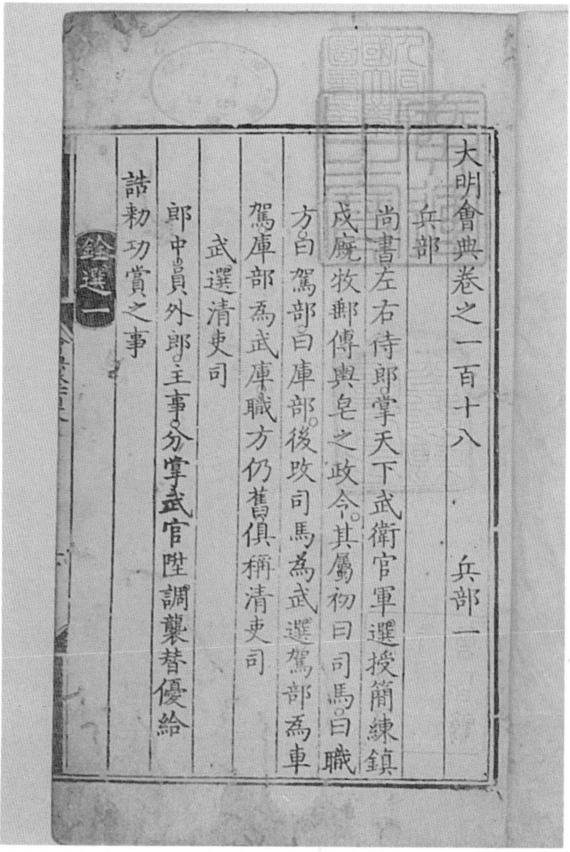
大明會典卷之一百十八　　兵部一

兵部

尚書左右侍郎掌天下武衛官軍選授簡練鎮戍廐牧郵傳輿皂之政令。其屬初曰司馬曰職方曰駕部曰庫部。後改司馬為武選駕部為車駕庫部為武庫職方仍舊俱稱清吏司

武選清吏司

郎中員外郎主事分掌武官陞調襲替優給誥勑功賞之事

銓選一

按大明會典原書凡一百八十卷，弘治十年（1497A.D.）徐溥等奉勅撰。正德間有李東陽等重校，萬曆間又有于愼行等重校。其體例乃以六部爲綱，卷一爲宗人府，卷二至卷一百六十三爲六部掌故，卷一百六十四至卷一百七十八爲諸文職，末二卷爲諸武職。

九大所藏此殘本，爲六部掌故中兵部之屬，起於第四十三冊兵部一，迄於第五十四冊兵部四十一。所載內容，以萬曆初葉爲下限，故當係萬曆間于愼行重修之本。

此殘本每冊首葉均有「廣運之寶」鈐記。按「廣運之寶」爲明代內府藏書所用印記，故此殘本應是明代內府故物。而其四周雙欄、黑口、雙魚尾、有句讀、板匡寬大，並以趙孟頫體大字、棉紙精印等版式特徵，均與明代內府司禮監經廠刻書之特徵相合，故此殘本當是內府經廠刊本、內府藏書無疑。

除「廣運之寶」外，另有「白川縣圖書印」、「時習館圖書之印記」兩鈐印。

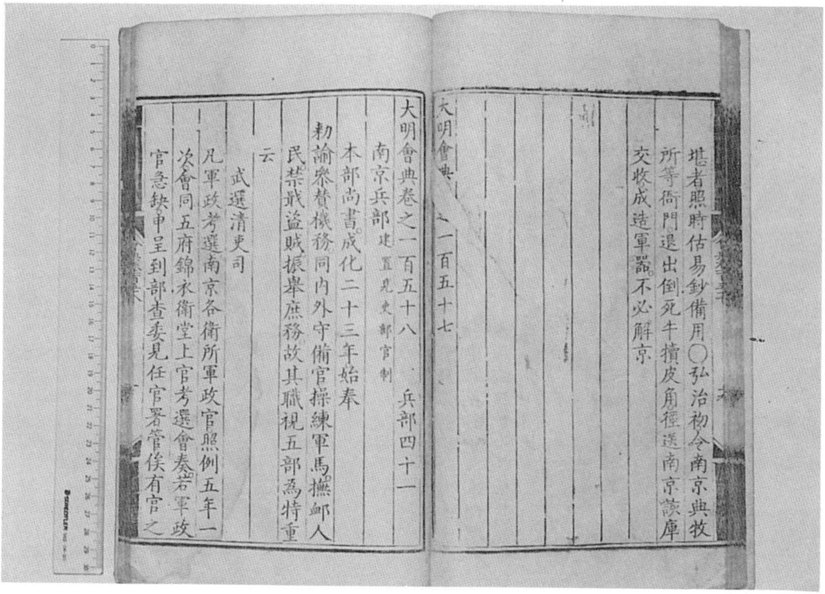

堪者照時估易鈔備用〇弘治初令南京典牧
所等衙門退出倒死牛犢皮角徑送南京該庫
交收成造軍器不必解京

大明會典卷之一百五十七

大明會典卷之一百五十八　兵部四十一
南京兵部 建置見吏部官制
本部尚書成化二十三年始奉
勅諭叅賛機務同內外守備官操練軍馬撫卹人
民禁戢盜賊振舉庶務故其職視五部為特重
云
武選清吏司
凡軍政考選南京各衛所軍政官照例五年一
次會同五府錦衣衛堂上官考選會奏若軍政
官急缺申呈到部查委見任官署管俟有官之

043 書名：古今碑帖考不分卷

作者：明、朱晨撰

版式：明刊本

19.7×13.6，半葉10行，行20字，左右雙欄，花口，雙魚尾。書首冠無年月朱晨自序、胡文煥考述。次有「法帖譜系之圖」。

編號：東史20—41

購入：昭和3、10、25

按此書爲朱晨所撰，原載墨池編中，胡文煥將之輯出單行。全書以時代爲次，登錄周代至明代法帖名稱及年代，但未考證，屬法帖目錄之流。書首鈐「靜修盧藏書記」朱文印記，不知屬誰。

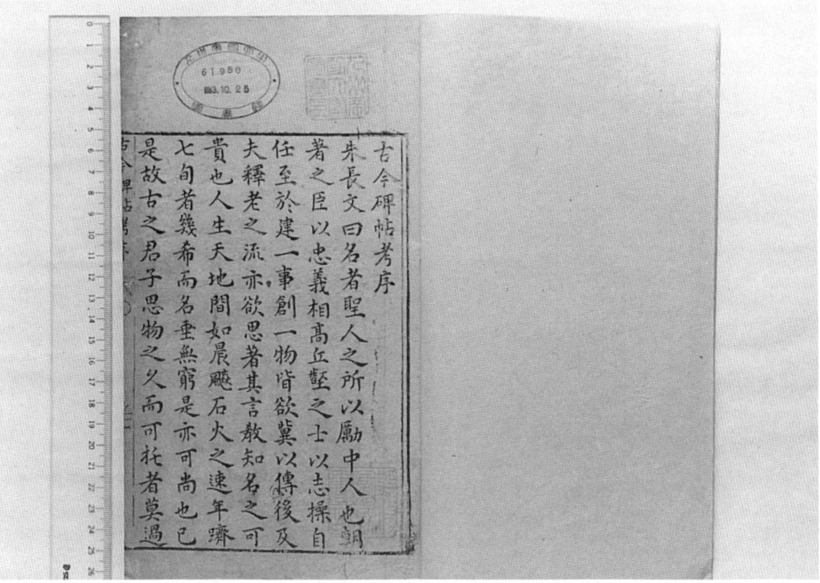

古今碑帖考序

朱長文曰名者聖人之所以勵中人也朝著之臣以忠義相高丘壑之士以志操自任至於建一事創一物皆欲冀以傳後及夫釋老之流亦欲思著其言敎知名之可貴也人生天地間如晨飈石火之速年躋七旬者幾希而名垂無窮是亦可尚也已是故古之君子思物之久而可托者莫過

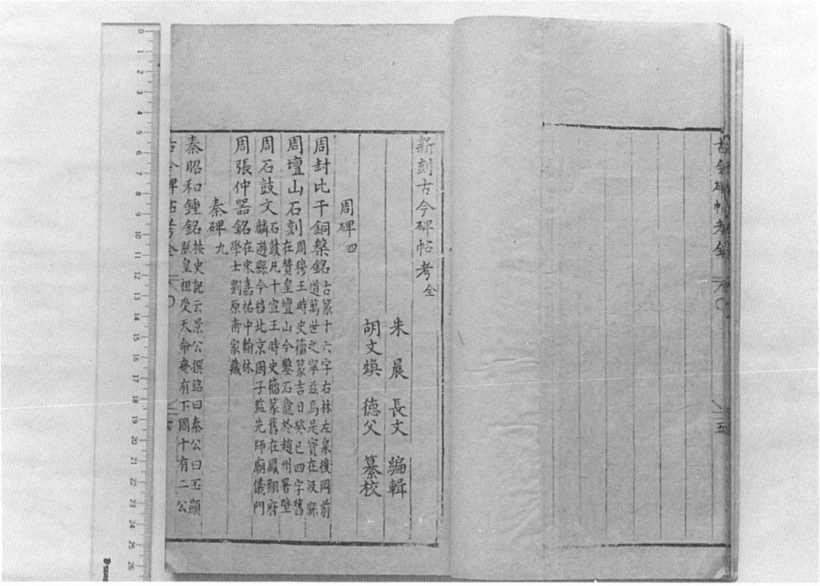

新刻古今碑帖考 全

朱晨　長文　編輯

胡文煥　德父　纂校

周碑 四

周封比干銅槃銘 古篆十六字右林左泉後岡前道萬世之寧茲焉是寶在汲縣

周壇山石刻 在周穆王時史籀篆吉日癸巳四字舊在贊皇壇山今鑿石龕於趙州署壁

周石鼓文 石鼓凡十宣王時史籀篆舊在鳳翔府麟遊縣今移北京國子監先師廟儀門

周張仲器銘 在宋嘉祐中翰林學士劉原甫家藏

秦碑 九

秦昭和鐘銘 按史記云景公撰銘曰秦公曰丕顯朕皇祖受天命奄有下國十有二公

044 書名：讀史管見三十卷

作者：宋、胡寅撰

版式：崇禎八年刊本

18.8×14.8，半葉9行，行20字。左右雙欄，花口，單魚尾。書首冠崇禎八年（1635A.D.）張溥序，並附宋嘉定十一年（1218A.D.）胡大壯、寶祐二年（1254A.D.）劉震孫序。次有總目。每卷首葉題「宋建安胡寅著、明太倉張溥閱」。

編號：東史14—708

購入：昭和3、3、15

按是書取材於司馬溫公資治通鑑，擇其史事而評論之。刻內天頭處又有批語，殆張溥所評。

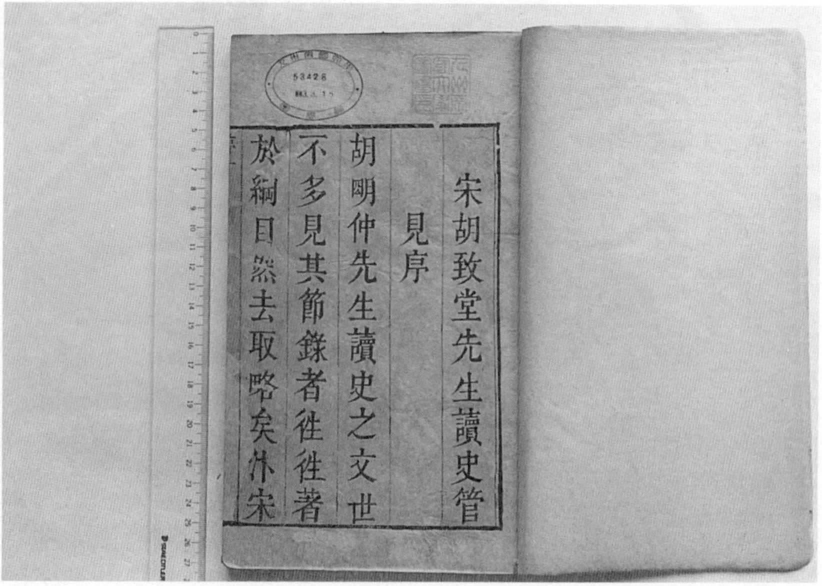

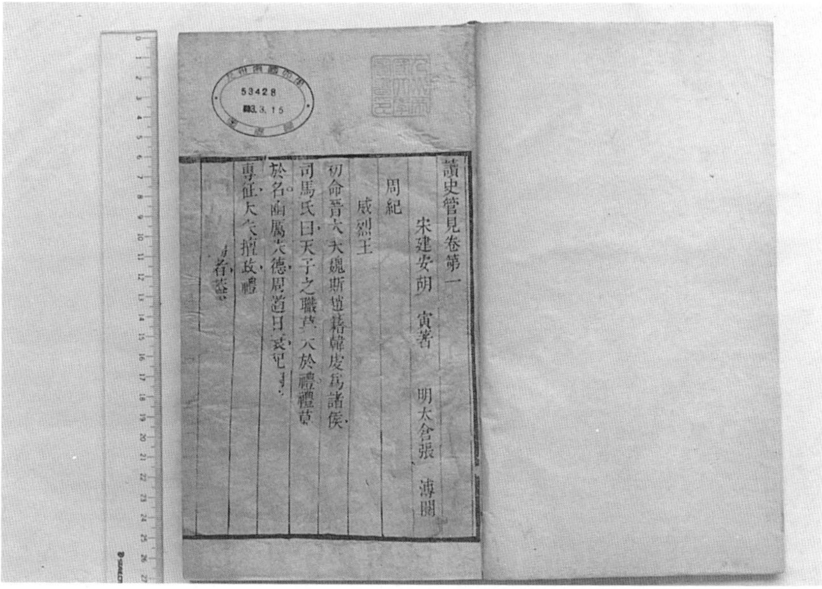
讀史管見卷第一

宋建安胡　寅著　　明太倉張　溥閱

周紀

威烈王

初命晉大夫魏斯趙籍韓虔爲諸侯

司馬氏曰天子之職莫大於禮禮莫

於名何謂禮紀綱是也

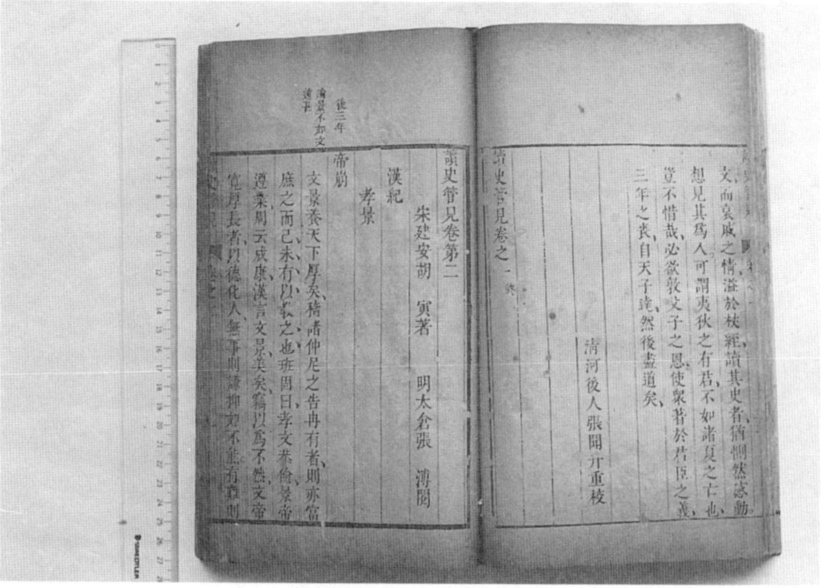
文而哀戚之情溢於枝經讀其史者猶惻然感動

想見其爲人可謂夷狄之有君不如諸夏之亡也

豈不惜哉必欲敦父子之恩使衆著於君臣之義

三年之喪自天子達然後盡道矣

讀史管見卷之一終

清河後人張聞錫重校

讀史管見卷第二

宋建安胡　寅著　　明太倉張　溥閱

漢紀

孝景

帝崩

文景養天下厚矣稽諸仲尼之告冉有者則亦富

庶之而已未有以教之也班固曰孝文恭儉景帝

遵業周云成康漢言文景美矣竊以爲不然文帝

寬厚長者以德化人無事則謙抑不能有爲則

子　部

045 書名：大學衍義四十三卷補一百六十卷、首一卷

作者：宋、眞德秀撰，明、丘濬補

版式：崇禎五年梅墅石渠閣刊本

21.4×14.4，半葉10行，行20字。四周單欄，花口，單魚尾。扉頁題「太史陳明卿先生評閱」，首冠嘉靖六年、九年聖諭兩道，次有崇禎五年（1632A.D.）陳仁錫、無年月文震孟，及宋、眞德秀序。再次爲嘉靖元年楊廉進呈表兩篇、題辭一篇，及宋、眞德秀進書表、狀、跋、箚子等。大學衍義補扉頁同前，書首冠無年月陳仁錫序、萬曆三十三年（1605A.D.）御製序、無年月丘濬序。成化二十三年（1487A.D.）丘濬進書表，弘治元年（1488A.D.）周洪謨等進書奏本。

編號：東史21—13

購入：昭和3、7、14

按此書刻本甚多，此刻當爲明末書坊刊本。書內天頭處刻有陳仁錫評語。每冊首有「靜修盧藏書記」鈐印，不知屬誰。

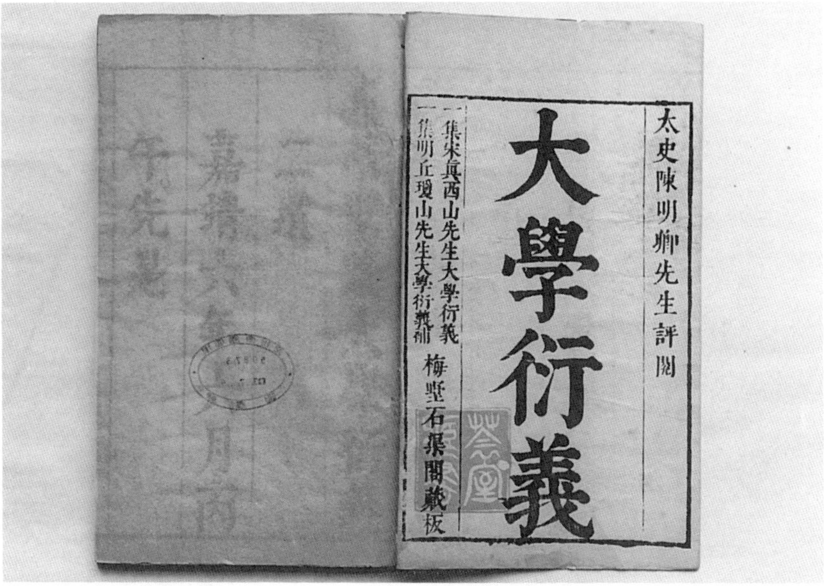
太史陳明卿先生評閱
大學衍義
一集宋真西山先生大學衍義
一集明丘瓊山先生大學衍義補
梅墅石渠閣藏板

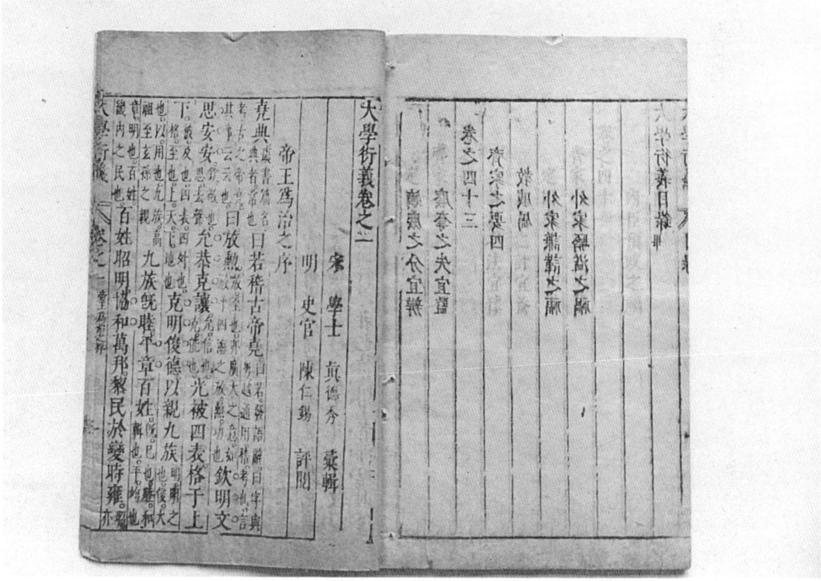
大學衍義卷之一
帝王為治之序

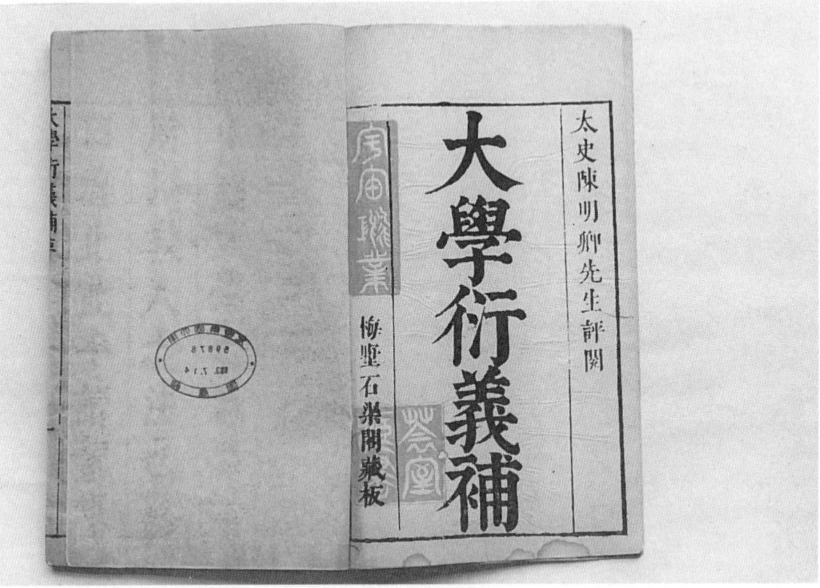
太史陳明卿先生評閱
大學衍義補
悔堂石渠閣藏板

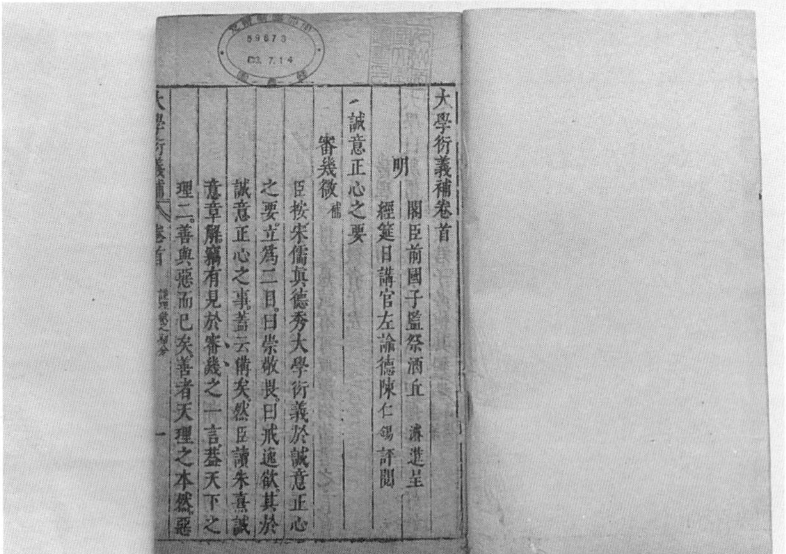
大學衍義補卷首
閣臣前國子監祭酒丘濬進呈
明經筵日講官左諭德陳仁錫評閱
一誠意正心之要
審幾微補
臣按宋儒真德秀大學衍義於誠意正心
之要立爲二目曰崇敬畏曰戒逸欲其於
誠意正心之事蓋云備矣然臣讀朱熹誠
意章解竊有見於審幾之一言蓋天下之
理二善與惡而已矣善者天理之本然惡
大學衍義補 卷首
一

046 **書名：朱子語類大全**一百四十卷

作者：宋、朱熹撰，宋、黎靖德編

版式：明中葉刊本

20.1×15.5，半葉14行，行24字。左右雙欄，白口，三魚尾。書首冠無年月「補刊朱子語類大全序」，不署撰人；次有成化九年（1473A.D.）彭時謹序。後附宋刻諸序，依次爲：嘉定八年（1215A.D.）黃榦撰池州刊諸子語錄後序、嘉熙二年（1238A.D.）李性傳撰饒州刊朱子語續錄後序、淳祐九年（1249A.D.）蔡抗撰饒州刊朱子語後錄後序，咸淳元年（1265A.D.）吳堅撰建安刊朱子語別錄後序，帝昺祥興二年（1279A.D.）黃士毅撰朱子語類後序二篇，嘉定十三年（1220A.D.）魏了翁撰眉州刊朱子語類序，淳祐十二年（1252A.D.）蔡抗撰徽州刊朱子語類後序、同年王佖撰徽州刊朱子語續類後序。次有「朱子語錄姓氏」，次爲「朱子語類門目」，後爲總目。總目後再附宋、黎靖德「考訂」一篇。

編號：支哲51—25

購入：昭和2、3、25

按此刻首附有黎靖德所編朱子語類大全，計黎氏所編共爲：

語錄：

池州所刊語錄四十三卷

續增張洽錄一卷

饒州所刊語續錄四十六卷

饒州所刊語後錄二十六卷

建寧新刊別錄二十卷

語類：

蜀中所刊語類一百四十卷

徽州所刊語續類四十卷

此刻則爲黎氏所編「語類」中之「蜀中所刊語類」。據書首「補刊朱子語類大全序」曰：

成化癸巳(九年)歲，江西藩司重刊朱子語類大全，凡百四十卷，傳之四方，學者賴焉。或者艱於應索，乃深秘之，久而蕪沒，雖來旬者，亦弗之知矣。予按是邦，求之，以資淺薄，僉以無言。左轄孫君用吉，說道者也，驅吏遍索於故櫝中，獲之，蝕而逸者居半，遂謀諸同寅，相爲修補……。

據此，此刻當爲明代中葉江西官府據成化九年江西藩府所刊本修補梓行者。彭時謹所序，即爲江西藩府刊本。彭序云：

（語類大全）板本今不復傳，間有傳錄者，又不免乎亥豕之訛也。三山陳君煒自天順庚辰第進士，爲御史，屢欲訪求善本而不得；成化庚寅，副憲江右，始訪於豫章胡祭酒頤庵先生家，得印本，中缺二十餘卷。明年分巡湖東，又訪於崇仁吳聘君康齋家，得全本，而缺者尚一二。合而校補，遂成全書……。

彭氏語焉不詳，不知其所謂「印本」、「全本」究竟係何種版本，然據彭序，可知此書宋版多湮沒不傳，賴陳煒於成化年間重新輯校，由江西藩府刊梓，再重行於世。此刻乃據江西藩府本補刻，猶存舊刻全貌。惟此刻刊年不詳，全刻以白棉紙精印，或爲明代中葉刊本。

此刻卷一首葉有「莫棠嶺外所收」、「獨山莫氏銅井文所藏書印」朱文印記。按莫棠爲郘亭先生莫友芝之姪，曾官廣東知府。書首扉頁有手書題曰「光緒丙午（按三十二年，1906A.D.）收廣州孔氏藏書散出之一」，署名爲「丁未十一月政寶堂署」。廣州孔氏爲孔廣陶，孔氏藏書處曰「三十三萬卷樓」，爲廣東藏書大家。政寶堂不知誰人藏書堂號，亦不知此刻爲莫氏歸孔氏，或孔氏歸莫氏。待考。

又此刻每冊首、末葉附有廣東特產之萬年紅防蠹紙，當爲孔氏或莫氏在廣東重新裝訂者。又書內有「韶州府印」朱文滿漢對照印記，韶州爲廣東省曲江縣，則此本又曾經韶州官府所藏。

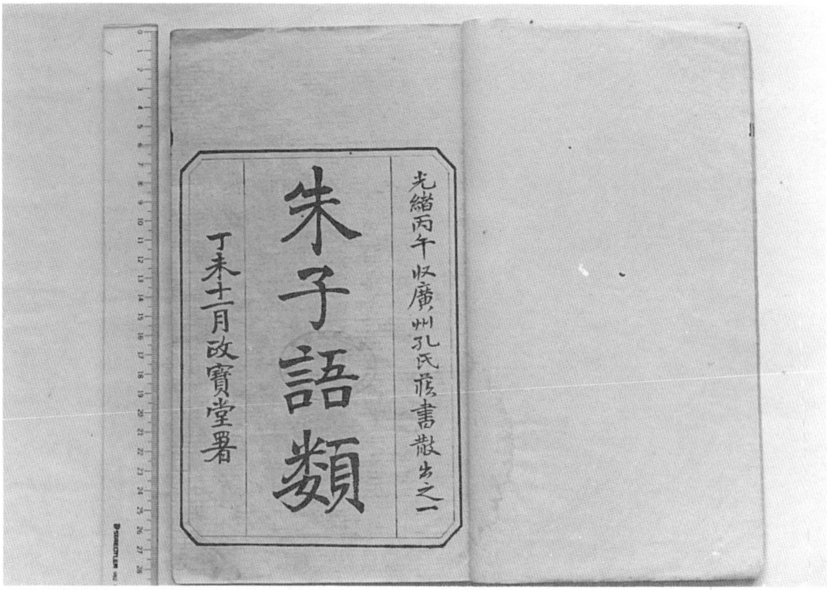

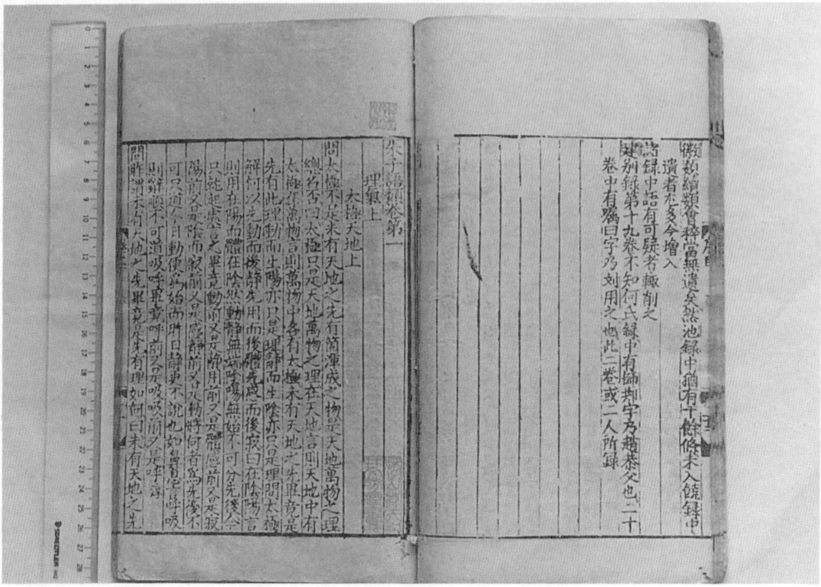

徽州續類會粹當無遺矣然池錄中猶有十餘條未入饒錄中
遺者尤多今增入
諸錄中語有可疑者輒削之
建別錄第十九卷不知何氏錄中有歸淵字乃趙恭父也二十
卷中有曦曰字乃劉用之也此二卷或二人所錄

朱子語類卷第一
理氣上
太極天地上
問太極不是未有天地之先有箇渾成之物是天地萬物之理
總名否曰太極只是天地萬物之理在天地言則天地中有
太極在萬物言則萬物中各有太極未有天地之先畢竟是
先有此理動而生陽亦只是理靜而生陰亦只是理問太極
解何以先動而後靜先用而後體先感而後寂曰在陰陽言
則用在陽而體在陰然動靜無端陰陽無始不可分先後今
只就起處言之畢竟動前又是靜用前又是體感前又是寂
陽前又是陰而寂前又是感靜前又是動將何者為先後不
可只道今日動便為始而昨日靜更不說也如鼻息言呼吸
則辭順不可道吸呼畢竟呼前又是吸吸前又是呼淳
問昨謂未有天地之先畢竟是先有理如何曰未有天地之先

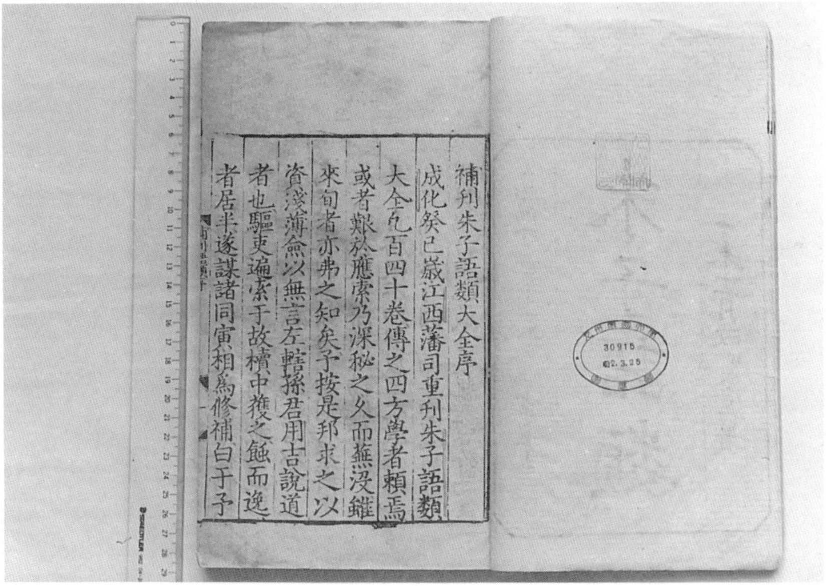
補刊朱子語類大全序
成化癸巳歲江西藩司重刊朱子語類
大全凡百四十卷傳之四方學者賴焉
或者艱於應索乃深秘之久而蕪沒雖
來旬者亦弗之知矣予按是邦求之以
資淺薄僉以無言左轄孫君用吉說道
者也驅吏遍索于故櫝中獲之蝕而逸
者居半遂謀諸同寅相為修補白于予

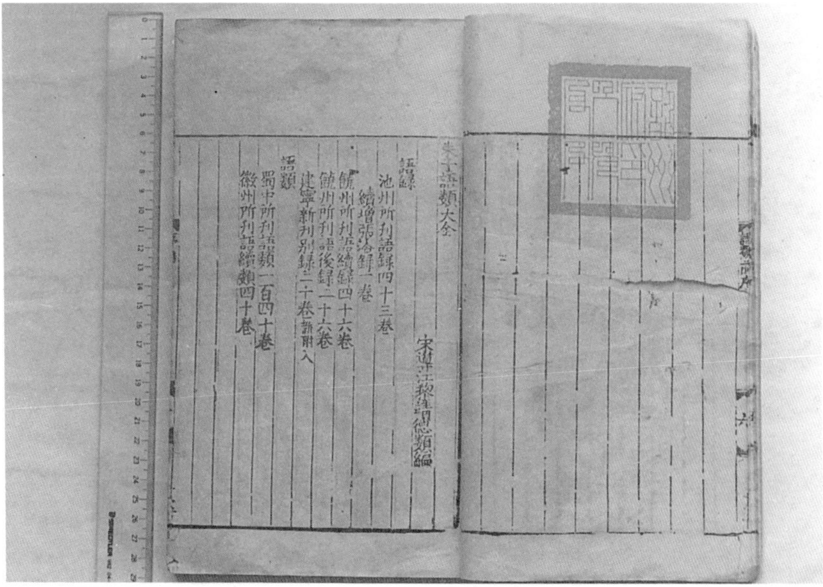
朱子語類大全　宋導江黎靖德類編
語錄
池州所刊語錄四十三卷
續增張洽錄一卷
饒州所刊語續錄四十六卷
饒州所刊語後錄二十六卷
建寧新刊別錄二十卷新附入
語類
蜀中所刊語類一百四十卷
徽州所刊語續類四十卷

047 書名：先聖大訓六卷

作者：宋、楊簡編

版式：萬曆四十三年刊本

21.7×15.3，半葉8行，行16字。四周單欄，花口，無魚尾。書首冠無年月楊簡序，萬曆四十三年（1615A.D.）張翼軫、同年陳其杜序。次有總目。每卷首葉題「宋明州楊簡輯并註，明後學鄭光弼、俞汝楫訂」。

編號：支哲51—111

購入：昭和9、6、25

按書首張序曰：

> 宋大儒楊慈湖先生纂集先聖大訓，自論語、孝經、易、春秋而外，散見於家語、庸、孟、禮記、大小戴記者，悉爲採集編次而註之。凡六卷，五十五篇。原刻久燼，鮮得而傳。往得之吾友俞仲濟，仲濟得之焦弱侯太史。會軫出守明州……謀之仲濟，復以精校善本見示，因捐俸付剞人，將歸楊氏子孫守之……。

是此刻乃張翼軫所刻梓。書首有「會稽王季愷珍藏印」朱文印記，不知誰人。

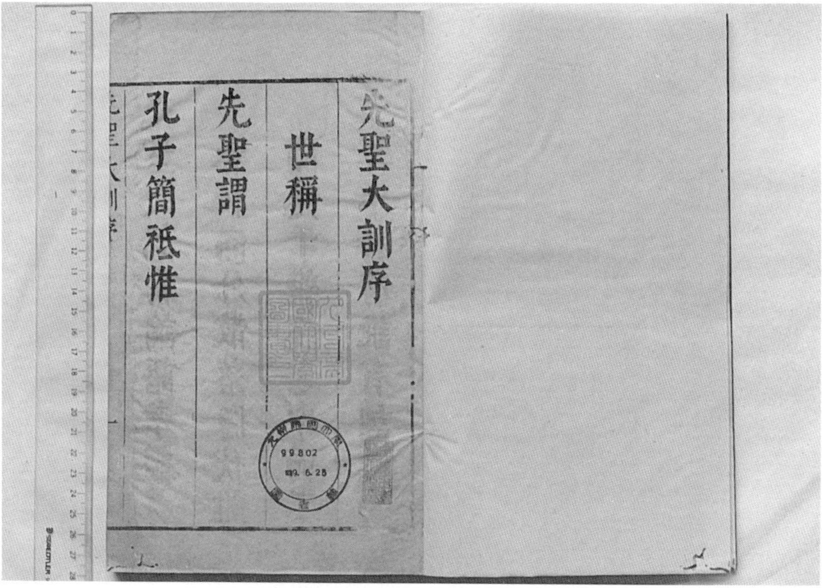
先聖大訓序

世稱

先聖謂

孔子簡祗惟

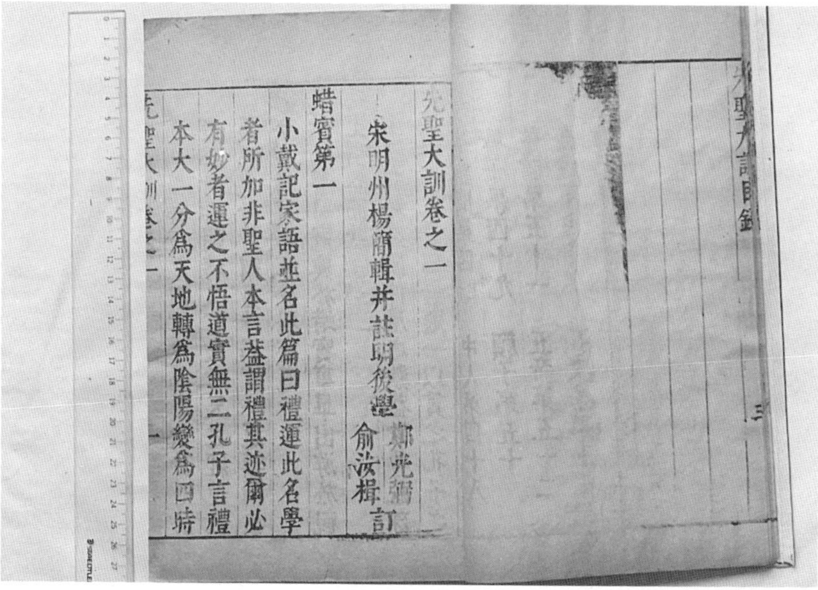
先聖大訓卷之一

宋明州楊簡輯并註　明後學鄭光弼
俞汝楫訂

蜡賓第一

小戴記家語並名此篇曰禮運此名學
者所加非聖人本言蓋謂禮其迹爾必
有妙者運之不悟道實無二孔子言禮
本大一分爲天地轉爲陰陽變爲四時

048 書名：虛齋看太極圖說不分卷

作者：明、蔡清撰

版式：嘉靖十六年藍印本

18.7×13.2，半葉8行，行18字。左右雙欄，白口，單魚尾。書首冠嘉靖十六年（1537A.D.）易時中序。卷首題「虛齋先生晉江蔡清著、後學同邑王慎中正、門生易時中刊」。

編號：支哲51—32

購入：昭和6、5、15

按此刻以藍墨印成，或是初刻試印待校本。有「碧琳琅館珍藏」、「巴陵方功惠柳橋用印」等印記，蓋清代方功惠所舊有者。

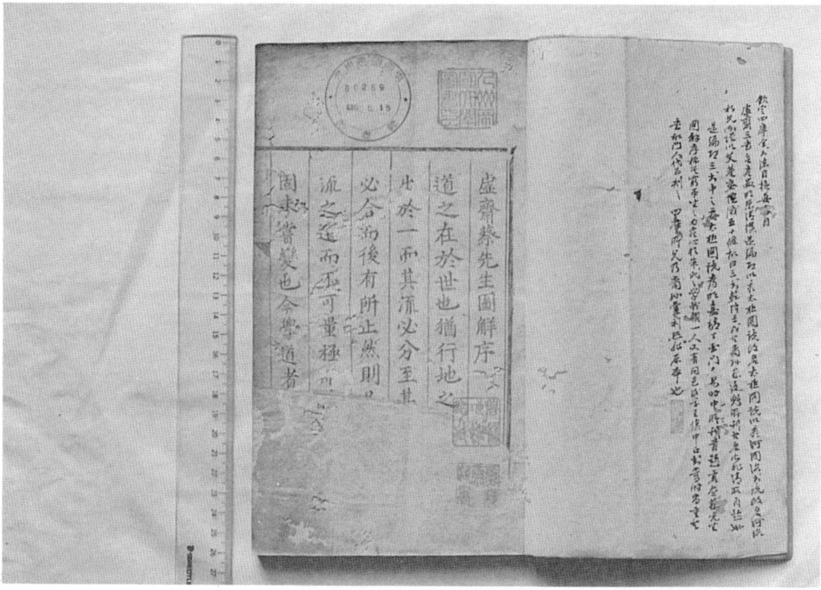

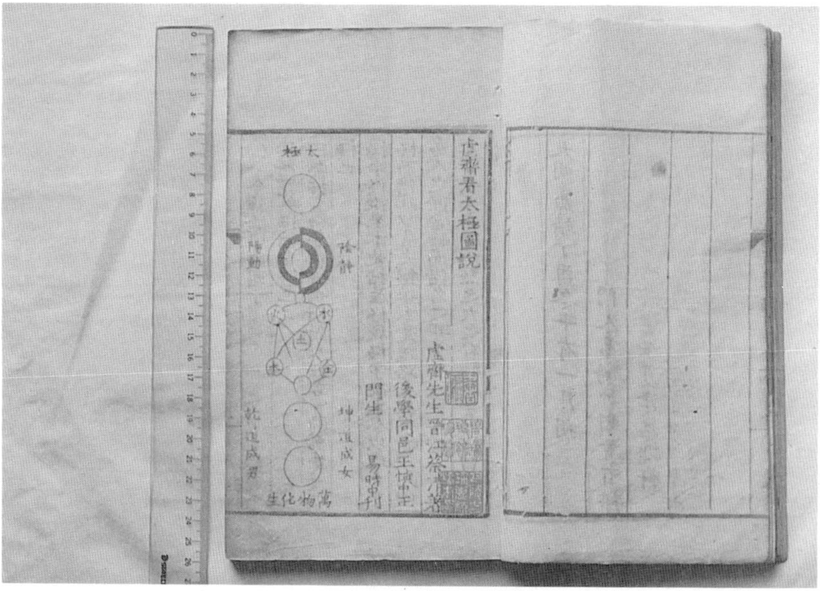

049 書名：傳習錄三卷

作者：明、王守仁撰

版式：崇禎三年白鹿洞刊本

21.4×14.6，半葉10行，行20字。四周單欄，白口，單魚尾。書首冠崇禎三年（1630A.D.）陳懋德序、崇禎二年（1629A.D.）熊德陽序，及無年月王宗沐、徐愛序。每卷首葉題「後學沙陽正希金聲點、勾章沃心錢啓忠較」。

編號：支哲51—27

購入：昭和2、12、15

按熊德陽序曰：

> 錢侯以名進士，初第時，慨然請復書院。嗣授我郡司理，欣然就道，曰：是周朱陸王諸先生之遺業，在白鹿可按也……因梓金太史公所批點傳習錄，以廣其傳，甚盛心也……。

此刻版心下象鼻題「白鹿洞藏板」，殆即白鹿洞書院所刊。「校」字則諱改作「較」。

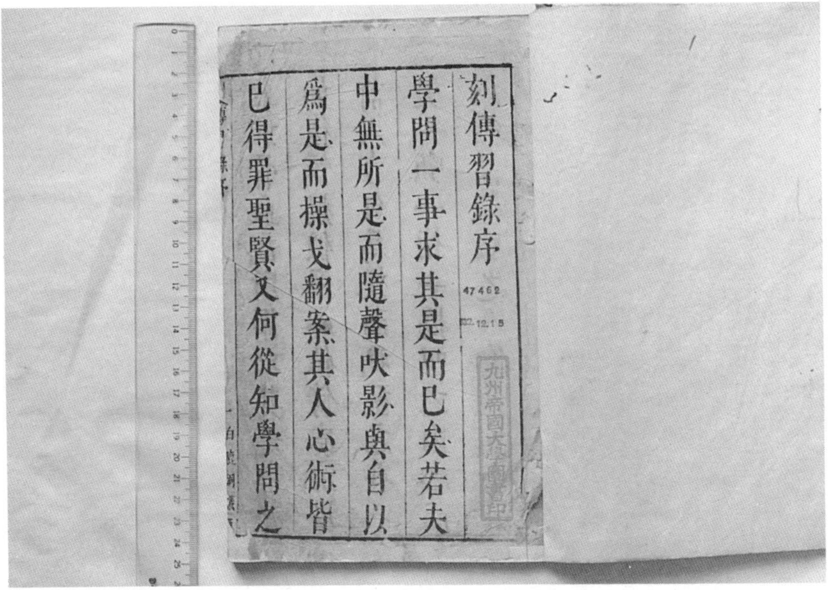
刻傳習錄序
學問一事求其是而已矣若夫
中無所是而隨聲吠影與自以
爲是而操戈翻案其人心術皆
已得罪聖賢又何從知學問之

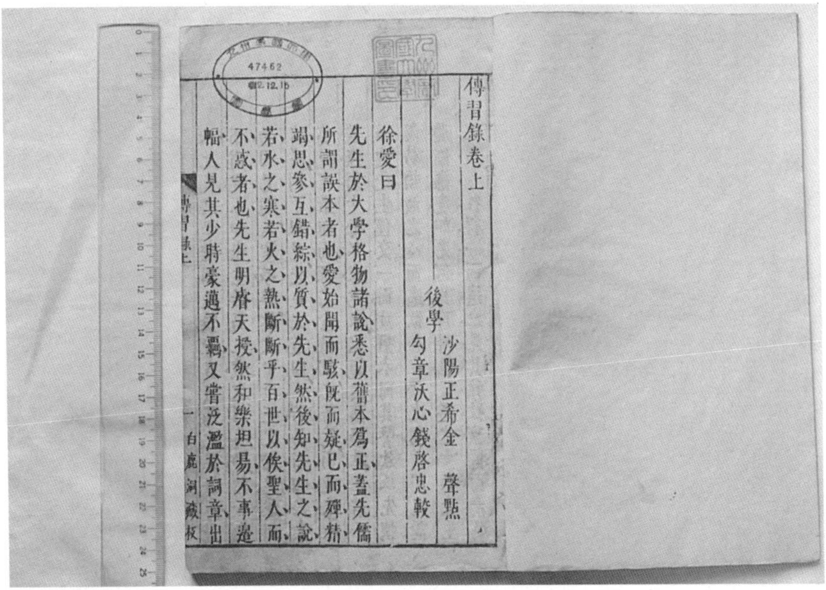
傳習錄卷上
後學 沙陽正希金 聲點
勾章沃心錢啓忠 較
徐愛曰
先生於大學格物諸說悉以舊本爲正蓋先儒
所謂誤本者也愛始聞而駭旣而疑已而殫精
竭思參互錯綜以質於先生然後知先生之說
若水之寒若火之熱斷斷乎百世以俟聖人而
不惑者也先生明睿天授然和樂坦易不事邊
幅人見其少時豪邁不羈又嘗泛濫於詞章出

050 書名：陽明先生道學鈔七卷

作者：明、王守仁撰

版式：明刊本

21.9×14.8，半葉9行，行18字。四周單欄，花口，單魚尾。書首冠總目，無序跋。

編號：支哲51—70

購入：昭和2、12、15

按此書共分七卷：卷一論學書十六篇，卷二雜著書二十二篇，卷三龍場書六篇，卷四廬陵書一篇，卷五南贛書二十八篇，卷六平濠書二十八篇，卷七思田書十五篇。此書不知誰人所編，以紙墨觀之，似明晚期刊本。存疑。

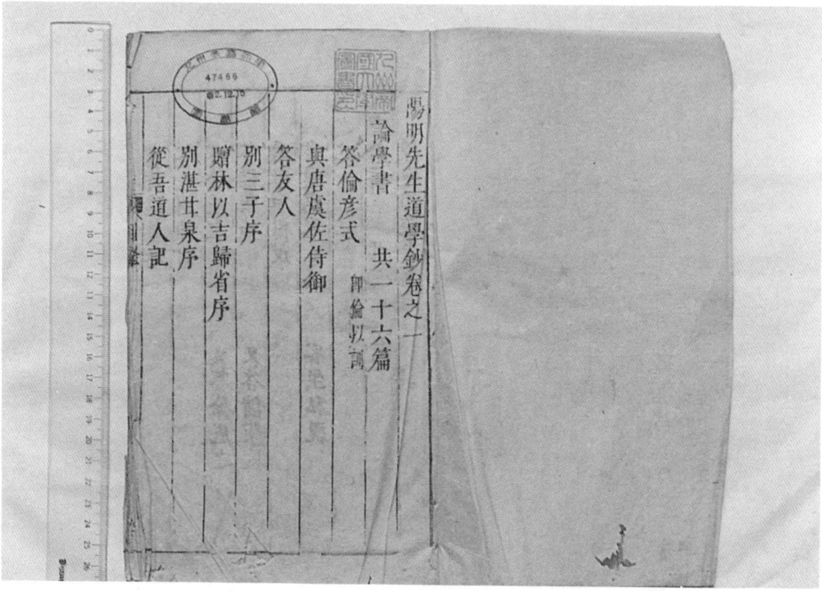
陽明先生道學鈔卷之一
論學書　共一十六篇
答倫彥式　即倫以訓
與唐虞佐侍御
答友人
別三子序
贈林以吉歸省序
別湛甘泉序
從吾道人記

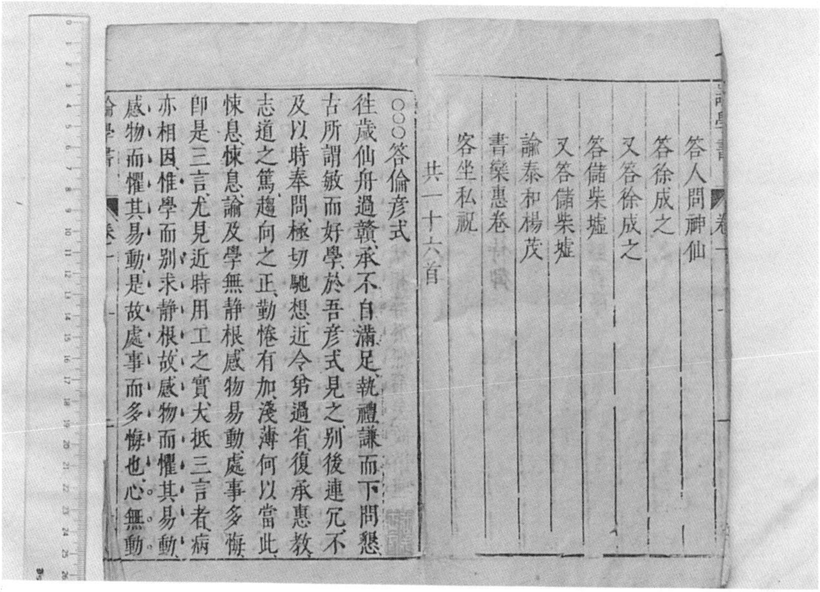
論學書
答人問神仙
答徐成之
又答徐成之
答儲柴墟
又答儲柴墟
諭泰和楊茂
書欒惠卷
客坐私祝
共一十六首
○○○答倫彥式
往歲仙舟過贛承不自滿足執禮謙而下問懇
古所謂敏而好學於吾彥式見之別後連冗不
及以時奉問極切馳想近令弟過省復承惠教
志道之篤趨向之正勤惓有加淺薄何以當此
悚息悚息諭及學無静根感物易動處事多悔
即是三言尤見近時用工之實大抵三言者病
亦相因惟學而别求静根故感物而懼其易動
感物而懼其易動是故處事而多悔也心無動

051 書名：性理大全會通七十卷續編四十二卷

作者：明、胡廣等奉勅編；續編明、鍾人傑編

版式：明、光裕堂、聚錦堂刊本

19.2×14.4，半葉10行，行20字。四周單欄，花口，單魚尾。書首冠永樂十三年（1415A.D.）明成祖御製序、無年月鍾人傑序，次胡廣等進書表。纂修職銜、先儒姓氏、總目。續編前亦有總目。每卷首葉題「吳郡汪明際點閱、錢塘鍾人傑訂正」。扉頁除書名外，題「李九我先生原本，鍾瑞先先生補註，光裕、聚錦堂藏板」。

編號：支哲51—51

購入：昭和5、8、25

按此書原爲胡廣等奉勅編五經大全及性理大全書之一。鍾人傑取以校刻，並於序中云：

> 旁羅百氏，如陽明、龍溪、白沙、整庵，復所諸講語，柏齋、浚川之五行，青田，梁山之象緯，皆近代宗工大儒，翊經闡聖之編。采輯爲續，附之卷末……。

是此書續編亦鍾人傑所編。鍾氏序不署年月，然「校」字皆作「較」，當爲明末啓、禎間刊本

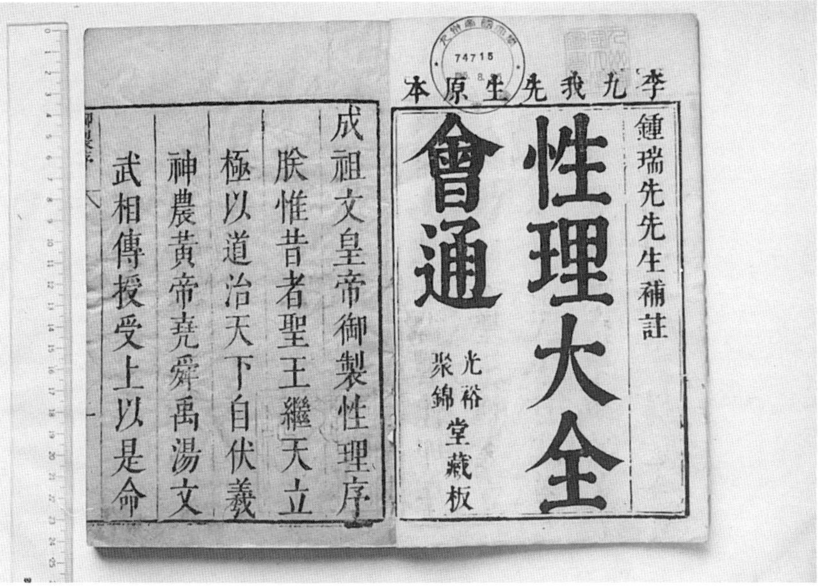
李九我先生原本
鍾瑞先先生補註
性理大全會通
光裕
聚錦
堂藏板
74715
成祖文皇帝御製性理序
朕惟昔者聖王繼天立
極以道治天下自伏羲
神農黃帝堯舜禹湯文
武相傳授受上以是命

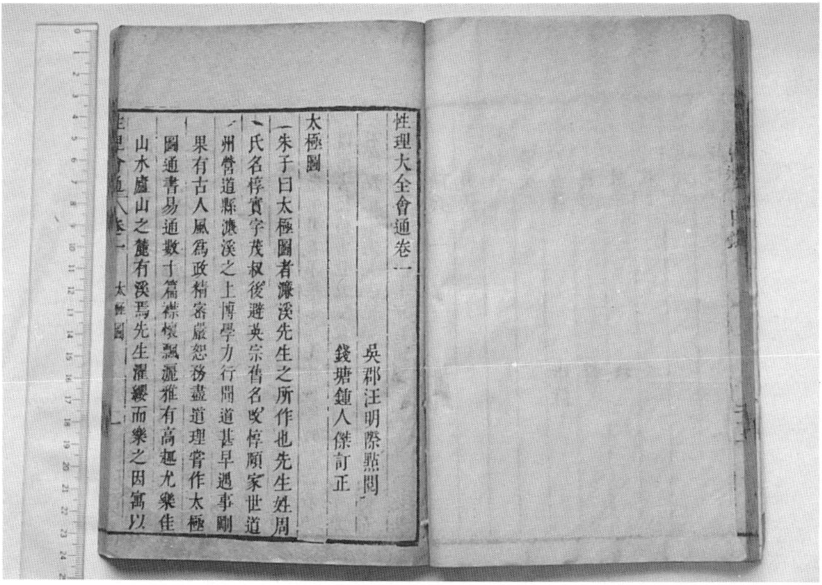
性理大全會通卷一
吳郡汪明際點閱
錢塘鍾人傑訂正
太極圖
朱子曰太極圖者濂溪先生之所作也先生姓周
氏名惇實字茂叔後避英宗舊名改惇頤家世道
州營道縣濂溪之上博學力行聞道甚早遇事剛
果有古人風爲政精密嚴恕務盡道理嘗作太極
圖通書易通數十篇襟懷飄灑雅有高趣尤樂佳
山水廬山之麓有溪焉先生濯纓而樂之因寓以
性理會通　卷一　太極圖

052 書名：呻吟語六卷

作者：明、呂坤撰

版式：萬曆二十一年刊本

21.4×14.2，半葉9行，行19字。左右雙欄，花口，單魚尾。書首冠萬曆二十一年（1593A.D.）呂坤自序，次有總目、校正姓氏。每卷首葉題「寧陵呂坤叔簡父著」。

編號：支哲51—235

購入：昭和37、2、24

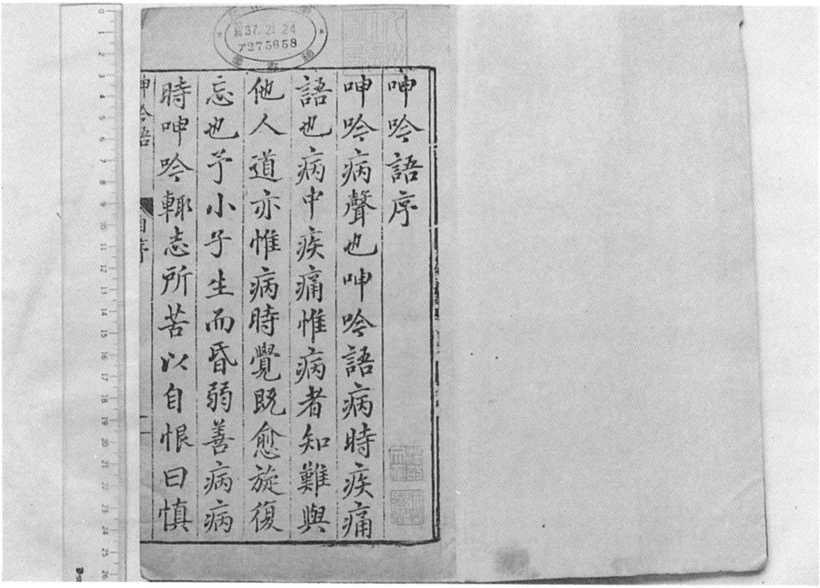

呻吟語序

呻吟病聲也呻吟語病時疾痛

語也病中疾痛惟病者知難與

他人道亦惟病時覺既愈旋復

忘也予小子生而昏弱善病病

時呻吟輒志所苦以自恨曰愼

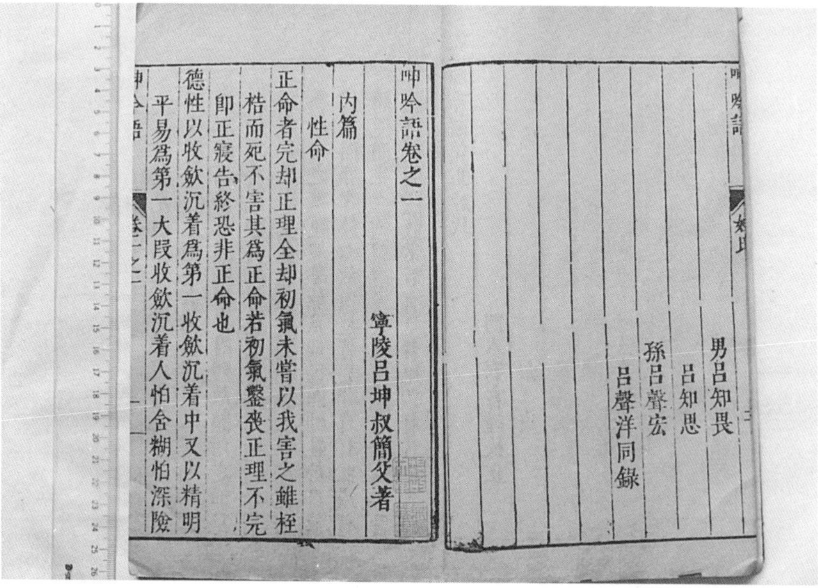

男呂知畏

呂知思

孫呂聲宏

呂聲洋同錄

呻吟語卷之一

寧陵呂坤叔簡父著

內篇

性命

正命者完却正理全却初氣未嘗以我害之雖桎

梏而死不害其爲正命若初氣鑿喪正理不完

卽正寢告終恐非正命也

德性以收斂沉着爲第一收斂沉着中又以精明

平易爲第一大段收斂沉着人怕含糊怕深險

053 書名：龍溪王先生語錄鈔八卷

作者：明、王畿撰，李贄評選

版式：明萬曆二十六年刊本

20.7×14.5，半葉9行，行18字。四周單欄，花口，單魚尾。書首冠萬曆二十六年（1598A.D.）李贄序，次附李贄撰祭文，次「卓吾先生與焦弱侯書」，次總目。每卷首葉題書名爲「卓吾先生批評龍谿王先生語錄鈔」，次題「新安後學吳可期、吳可善校正」。卷一首葉下象鼻題「秣陵楊應時書、梅仕見刻」。天頭處有批語。

編號：支哲51—234（貴重書）

按王氏龍谿先生集原共二十卷，李贄評選其精要者得八卷。據書首李氏序其緣起曰：

> （龍谿先生集）刻板貯於紹興官署，印行者少，人亦罕讀……今春，予偕焦弱侯放舟南邁，過滄州，見何泰寧，泰寧……意欲復梓行之，以嘉惠山東、河北數十郡人士。即索先生全集於弱侯所。弱侯載兩船書，一時何處覓索？泰寧乃約是秋專人來取，而命予圈點其尤精且要者，曰：吾先刻其精者以誘之……。

是此書爲李贄評點，何氏刊刻。此刻天頭處有批語，即李氏所評。

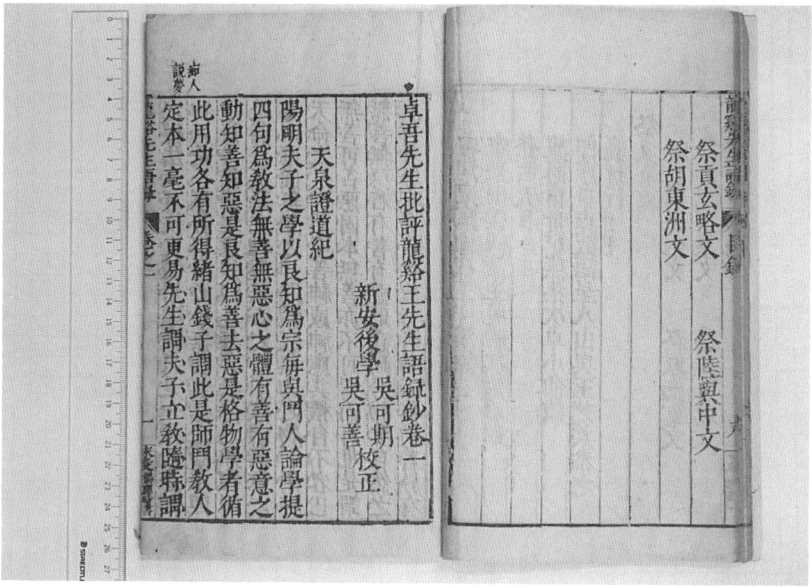
祭貢玄略文
祭陸與中文
祭胡東洲文
卓吾先生批評龍谿王先生語錄鈔卷一
新安後學　吳可期
吳可善　校正
天泉證道紀
陽明夫子之學以良知為宗每與門人論學提
四句為教法無善無惡心之體有善有惡意之
動知善知惡是良知為善去惡是格物學者循
此用功各有所得緒山錢子謂此是師門教人
定本一毫不可更易先生謂夫子立教隨時謂

054 書名：道一編六卷

作者：明、程敏政撰

版式：明弘治三年刊本

19.8×13.2，半葉11行，行19字。四周雙欄，黑口，雙魚尾。書首冠弘治二年（1489A.D.）程敏政序，次有總目。卷末有弘治三年李汎跋。末葉題「婺源汪道全繕寫」，刊書牌記則已漫漶不明。

編號：支哲51—124（貴重書）

按據卷末李汎跋，知此書乃篁墩先生程敏政取朱、陸二子書節抄而成。書內以貫通朱、陸學說爲主，故名道一編。

九大藏本末葉有手書題記，引學蔀通辨曰此書刻本有二，徽州刻者爲程氏原本，福州刻者爲其門人刪節本云云。此題記不知誰人所寫，亦不詳此刻出於徽州或福州。

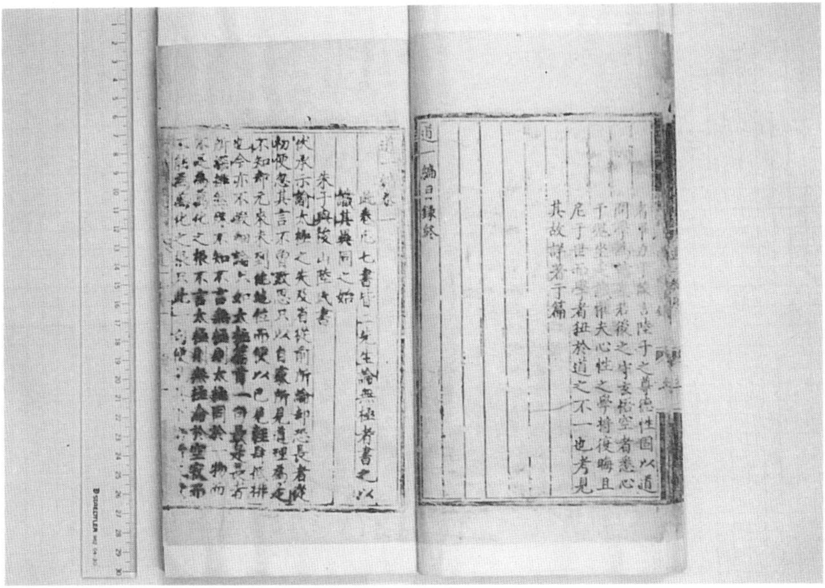
道一編目錄終

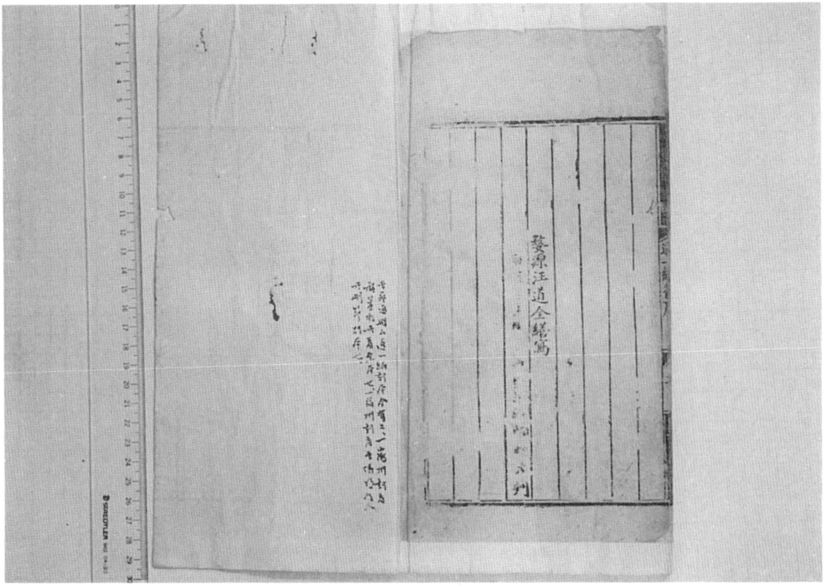
婺源汪道全繕寫

055 書名：孫子書三卷

作者：周、孫武撰

版式：明刊本

20.6×14.4，半葉9行，行18字。四周單欄，花口，單魚尾。書首冠無年月郭惟賢序、梁見孟序。每卷首葉題「閩晉江盧舟趙本學解引類，都察院御史梁見孟校，衡州府推官周著仝校」。

編號：支哲25—7

購入：昭和32、9、20

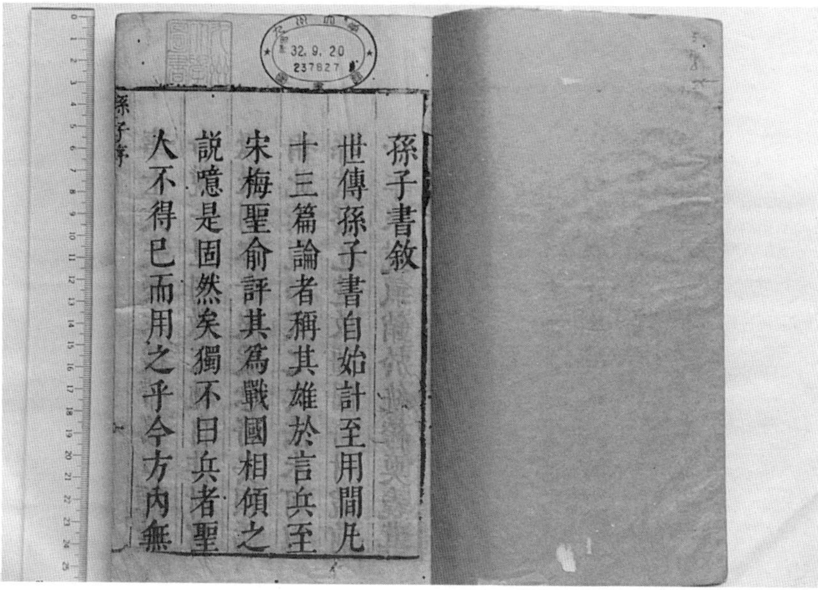

孫子書敘

世傳孫子書自始計至用間凡十三篇論者稱其雄於言兵至宋梅聖俞評其爲戰國相傾之説噫是固然矣獨不曰兵者聖人不得已而用之乎今方內無

孫子序

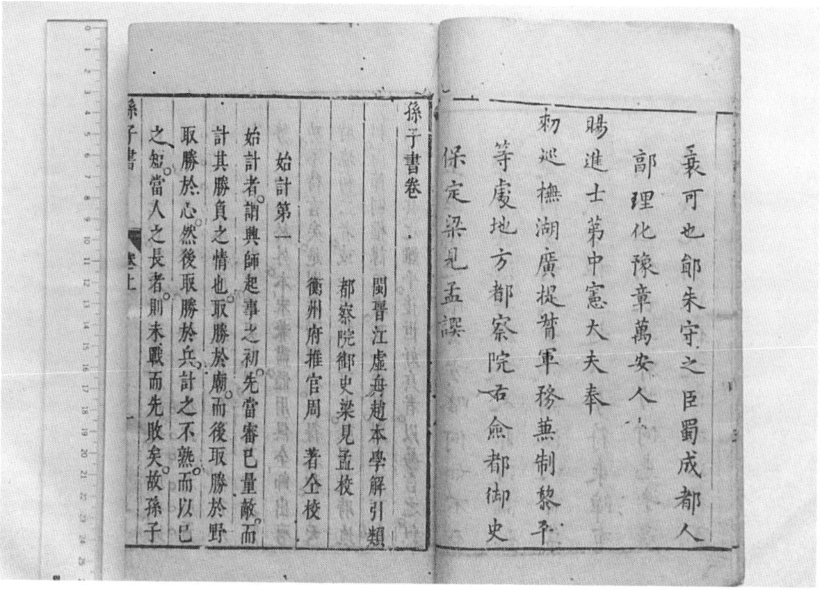

裒可也郎朱守之臣蜀成都人
部理化豫章萬安人
賜進士第中憲大夫奉
敕巡撫湖廣提督軍務兼制黎平
等處地方都察院右僉都御史
保定梁見孟譔

孫子書卷
閩晉江虛舟趙本學解引類
都察院御史梁見孟校
衢州府推官周　著仝校
始計第一
始計者。謂興師起事之初。先當審己量敵。而計其勝負之情也。取勝於廟。而後取勝於野取勝於心。然後取勝於兵。計之不熟。而以己之恕。當人之長者。則未戰而先敗矣。故孫子

孫子書　卷上

056 書名：（重修）**宣和博古圖錄**三十卷

作者：宋、王黼撰

版式：明刊本

21.1×13.9，半葉8行，行17字。四周單欄，白口，無魚尾。每卷前各有卷目，無總目及序跋。

編號：東史20—26

購入：昭和3、3、15

按此書爲宋徽宗大觀年間王黼撰，載宣和殿內所藏鐘鼎彝器。由於考證多訛，歷來指陳其訛誤者甚多。此刻不避清諱，以紙張墨色觀之，當爲明末刊本。

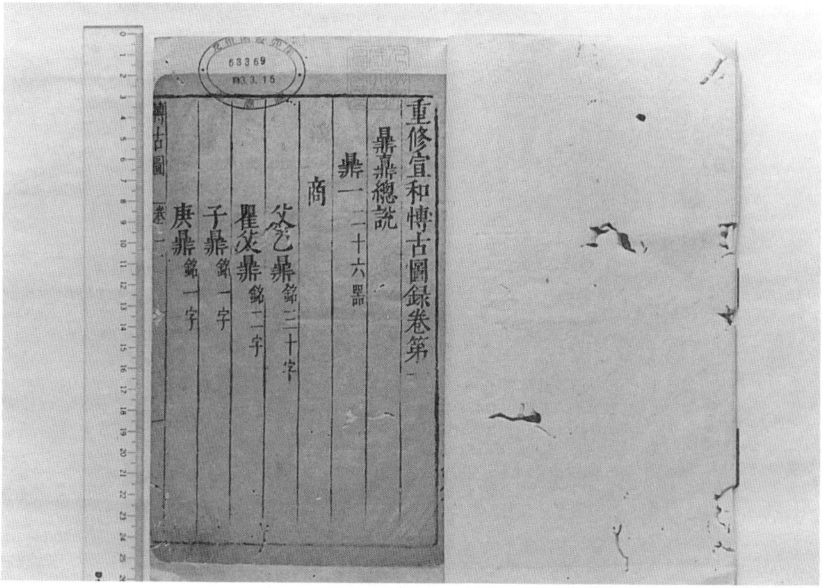
重修宣和博古圖録卷第一
鼎鼐總説
鼎一二十六器
商
父乙鼎 銘二十字
瞿父鼎 銘二字
子鼎 銘一字
庚鼎 銘一字
博古圖 卷一

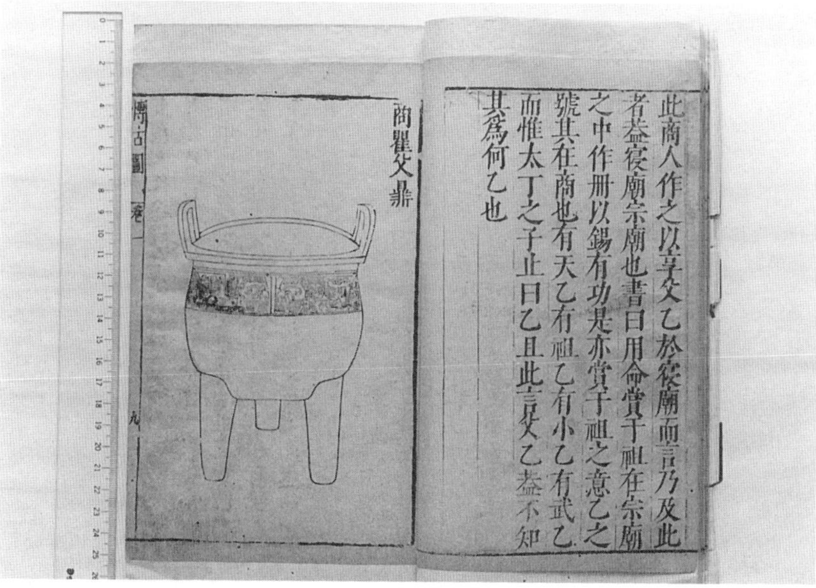
商瞿父鼎
博古圖 卷一 九
此商人作之以享父乙於寢廟而言乃及此
者葢寢廟宗廟也書曰用命賞于祖在宗廟
之中作冊以錫有功是亦賞于祖之意乙之
號其在商也有天乙有祖乙有小乙有武乙
而惟太丁之子止曰乙且此言父乙葢不知
其爲何乙也

057 書名：**茶經**三卷附**茶具圖贊**一卷**茶譜**一卷

作者：唐、陸羽撰

版式：萬曆十六年刊本

20.8×14.8，半葉9行，行18字。左右雙欄，花口，單魚尾。書首冠宋陳師道序、萬曆十六年（1588A.D.）陳文燭序。次附陸羽自傳、唐書陸羽傳。每卷首葉題「唐竟陵陸羽鴻漸撰」。茶具圖贊前有無年月茅一相撰序，次有目，後有無年月朱存理跋。茶譜首冠無年月，顧元慶序，後有無年月茅一相跋。

編號：文文28—50

購入：昭和37、3、3

按此刻爲陳文燭校刊，其序云：

玉山程孟孺善書法，書茶經刻焉；王孫貞吉繪茶具。校之者，余與郭次甫……。

此刻間有闕葉，已有墨筆補足之，不知誰人手澤。

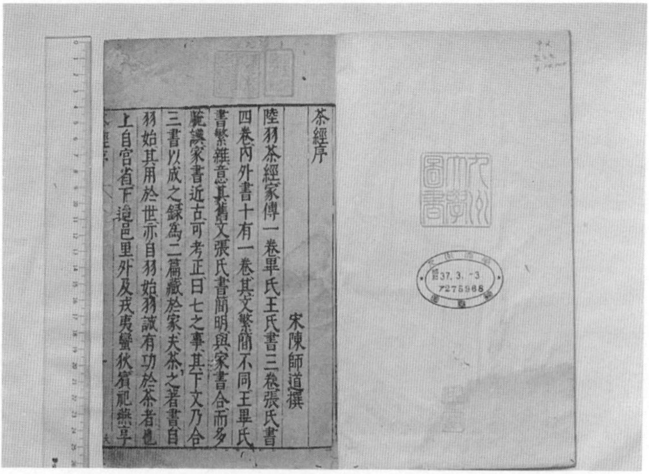
茶經序
宋陳師道撰
陸羽茶經家傳一卷畢氏王氏書三卷張氏書
四卷內外書十有一卷其文繁簡不同王畢氏
書繁雜意其舊文張氏書簡明與家書合而多
脫誤家書近古可考正曰七之事其下文乃合
三書以成之録為二篇藏於家夫茶之著書自
羽始其用於世亦自羽始羽誠有功於茶者也
上自宮省下迨邑里外及戎夷蠻狄賓祀燕享

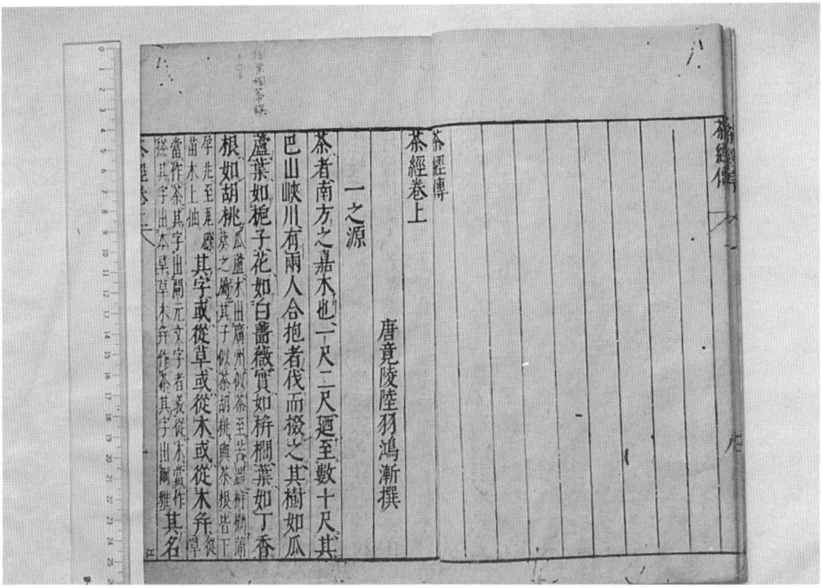
茶經傳
茶經卷上
唐竟陵陸羽鴻漸撰
一之源
茶者南方之嘉木也一尺二尺迺至數十尺其巴山峽川有兩人合抱者伐而掇之其樹如瓜蘆葉如梔子花如白薔薇實如栟櫚葉如丁香根如胡桃
其字或從草或從木或從草木并
其名

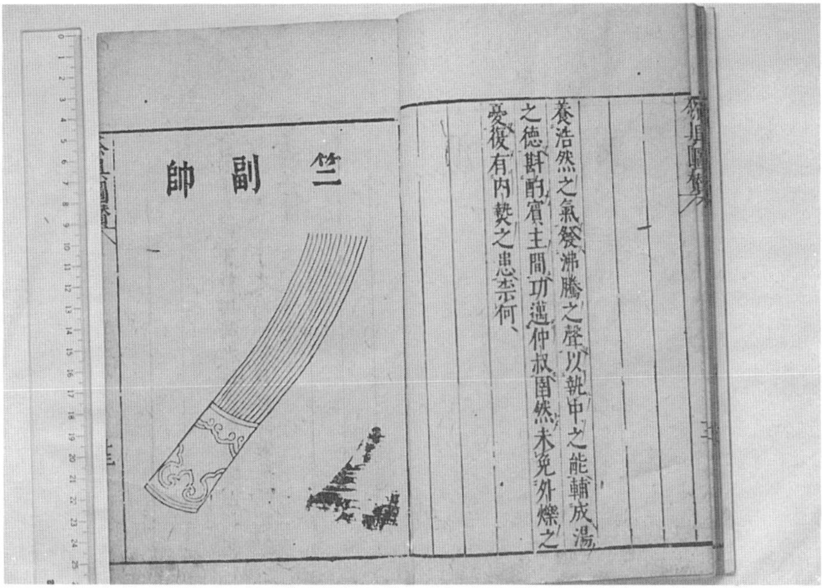
茶具圖贊
竺副帥
養浩然之氣發沸騰之聲以執中之能輔成湯之德斟酌賓主間功邁仲叔圉然未免外爍之憂復有内熱之患奈何

058 書名：淮南鴻烈解二十一卷

作者：漢、劉安撰

版式：明刊本

20.9×14.6，半葉9行，行20字。四周單欄，花口，單魚尾。書首冠張存心、陸時雍序，均不署年月。次附高誘序、顧起元序、王宗沐序。次有凡例，題「武林張烒如次回父識」。次總目。

編號：支哲28—53

購入：昭和38、12、21

按據凡例，此刻當爲張烒如校刻，惟不詳其年代。天頭處有批語，殆亦張氏所輯。

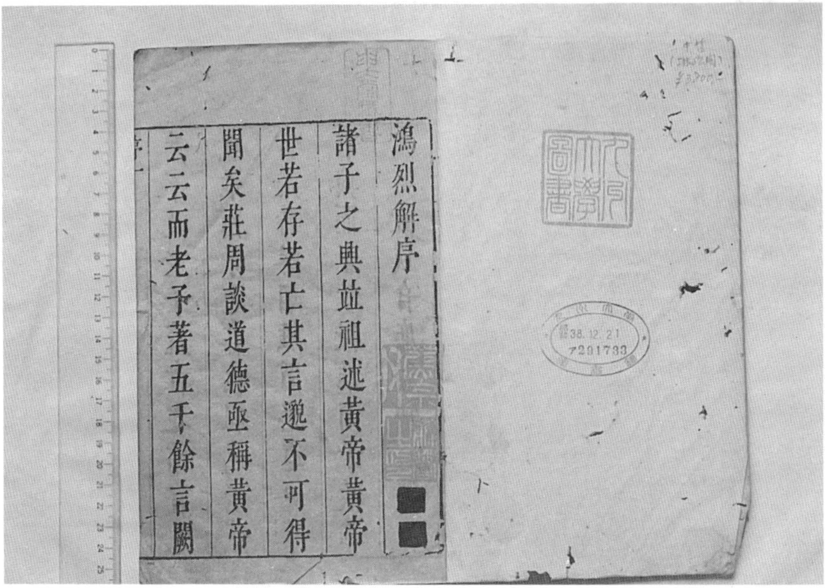

鴻烈解序
諸子之典益祖述黃帝黃帝
世若存若亡其言邈不可得
聞矣莊周談道德亟稱黃帝
云云而老子著五千餘言闕

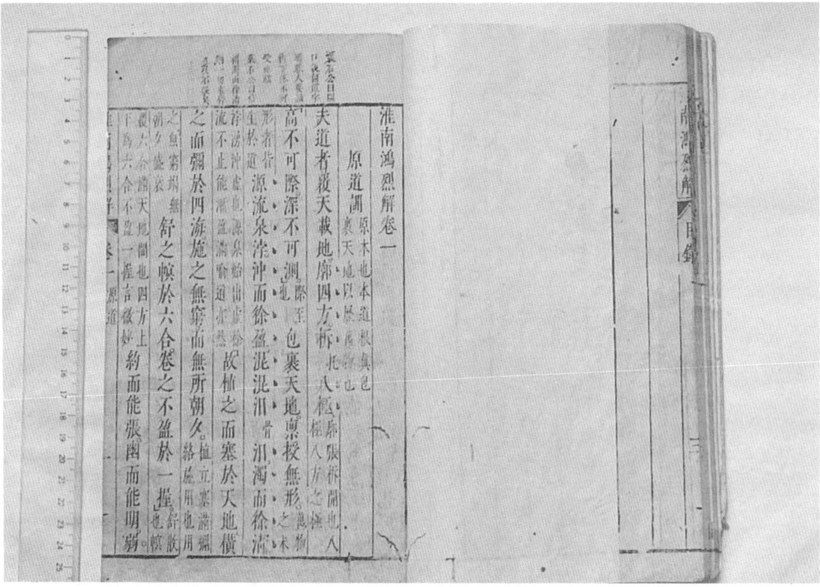

淮南鴻烈解卷一
原道訓
夫道者覆天載地廓四方柝八極
高不可際深不可測包裹天地稟授無形
源流泉浡沖而徐盈混混汩汩濁而徐淸
故植之而塞於天地橫
之而彌於四海施之無窮而無所朝夕
舒之幎於六合卷之不盈於一握
約而能張幽而能明弱

059 書名：捫蝨新話十五卷

作者：宋、陳善撰

版式：明末崇禎間汲古閣刊津逮秘書本

19.1×13.5，半葉8行，行19字。左右雙欄，花口，無魚尾。上象鼻題書名，下象鼻署「汲古閣」。卷一首葉題「宋羅源陳善著」、「明海虞毛晉訂」。

編號：支哲28—13

購入：昭和10、5、20

按此刻原係明末崇禎間毛氏汲古閣所刻津逮秘書中之一部，原隸津逮秘書第八集。

此書自宋代以來卷帙即有異，錢曾讀書敏求記載其家藏有二本，一爲宋鈔本，不分卷；末有陳善跋；一爲影鈔宋刻本，十五卷，末無跋。此外寶顏堂秘笈本爲四卷，不分類，載一百九十五條；儒學警悟本爲八卷，亦不分類，然所載凡二百條，亦有陳善跋。

毛氏此刻爲傳世僅有之十五卷本，分四十八類，凡一百九十五條，無陳善跋。據汲古閣珍藏秘本書目內所載，知毛氏曾藏有此書舊鈔本一部，不知與錢曾家所藏影鈔宋刻本是否相同。

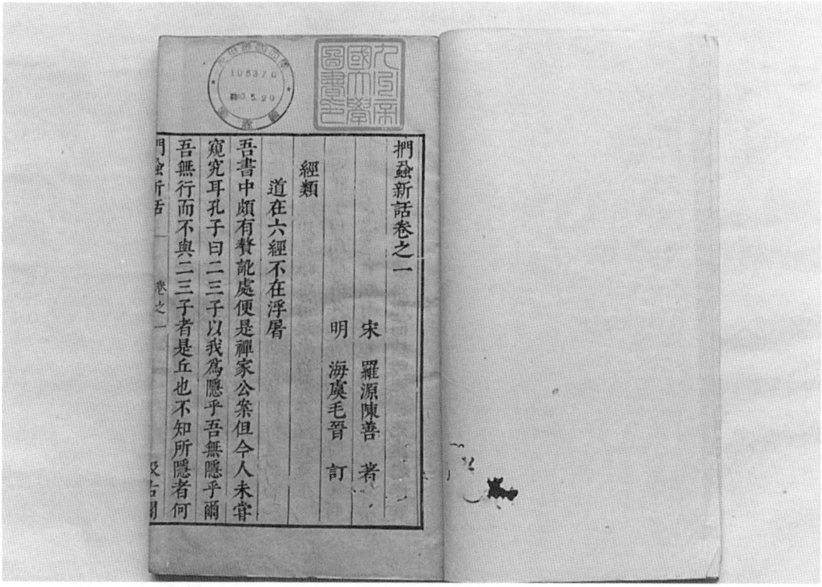
捫蝨新話卷之一
宋　羅源陳善　著
明　海虞毛晉　訂
經類
道在六經不在浮屠
吾書中頗有贊詠處便是禪家公案但令人未嘗
窺究耳孔子曰二三子以我爲隱乎吾無隱乎爾
吾無行而不與二三子者是丘也不知所隱者何
捫蝨新話　卷之一　汲古閣

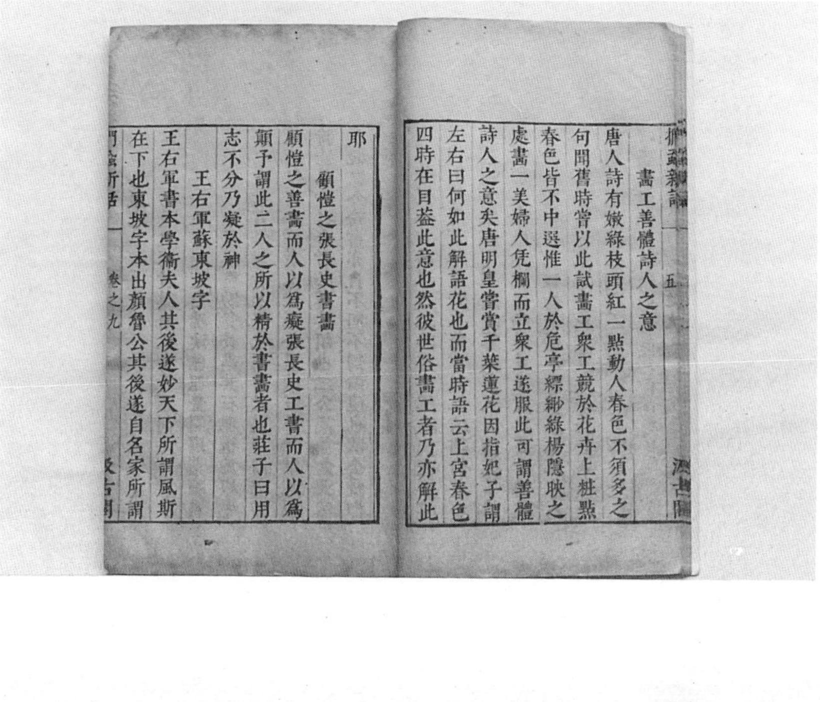
捫蝨新話　五　汲古閣
畫工善體詩人之意
唐人詩有嫩綠枝頭紅一點動人春色不須多之
句聞舊時嘗以此試畫工衆工競於花卉上粧點
春色皆不中選惟一人於危亭縹緲綠楊隱映之
處畫一美婦人凭欄而立衆工遂服此可謂善體
詩人之意矣唐明皇嘗賞千葉蓮花因指妃子謂
左右曰何如此解語花也而當時語云上宮春色
四時在目葢此意也然彼世俗畫工者乃亦解此
耶
顧愷之張長史書畫
顧愷之善畫而人以爲癡張長史工書而人以爲
顛予謂此二人之所以精於書畫者也莊子曰用
志不分乃凝於神
王右軍蘇東坡字
王右軍書本學衛夫人其後遂妙天下所謂風斯
在下也東坡字本出顏魯公其後遂自名家所謂
捫蝨新話　卷之九　汲古閣

060 書名：鶴林玉露十六卷附補遺一卷

作者：宋、羅大經

版式：明刊本

20.2×14.2，半葉9行，行20字。四周單欄，花口，單魚尾。書首冠無年月羅大經序。

編號：支哲28—26（貴重書）

購入：昭和15、3、15

按書首冠羅大經序云：

> 余閒居無營，日與客清談鶴林之下，或欣然會心，或慨然興懷，輒命童子筆之。久而成編，目曰鶴林玉露，蓋「清談玉露番」，杜少陵之句云爾。

序後爲「補遺」，所錄凡二十條。再次即爲正文。此刻以白棉紙印成，由字體、墨色觀之，當爲明代嘉靖、萬曆間刊本。

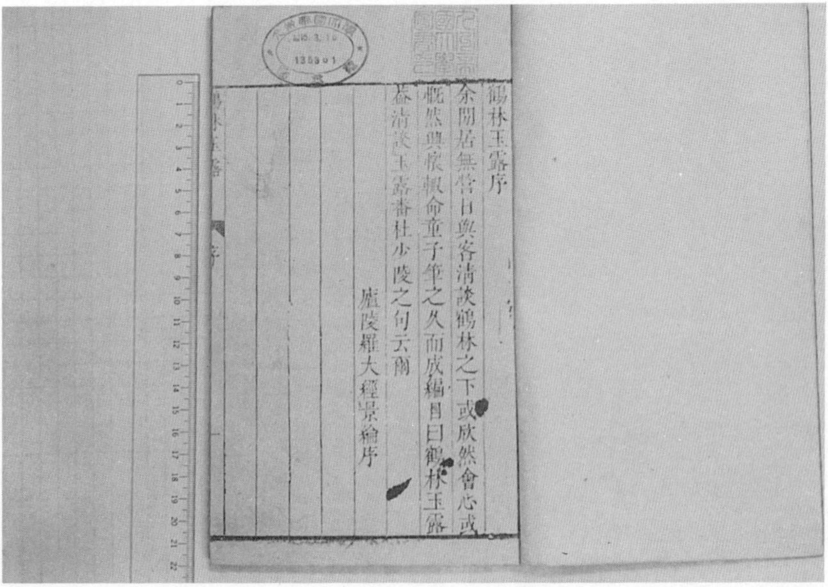
鶴林玉露序
余閒居無營日與客清談鶴林之下或欣然會心或
慨然興懷輒命童子筆之久而成編目曰鶴林玉露
蓋清談玉露番杜少陵之句云爾
廬陵羅大經景綸序

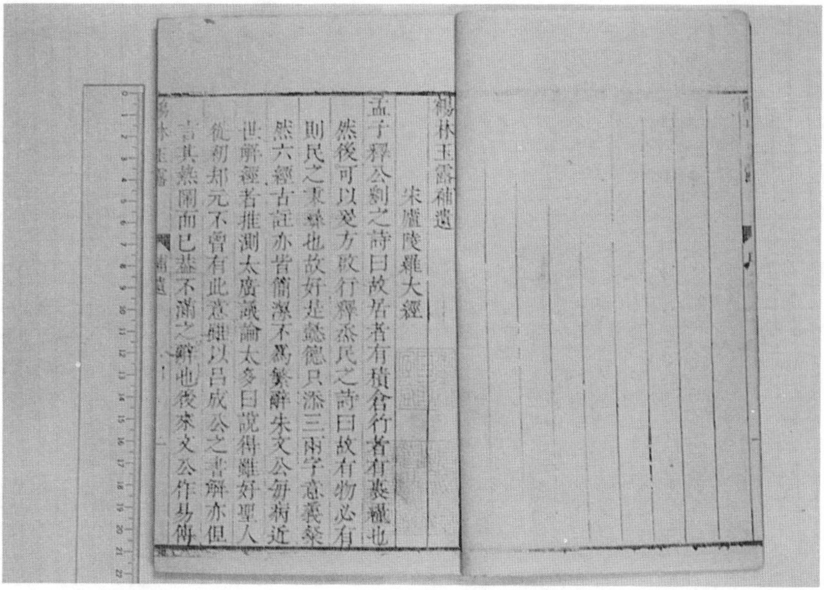

鶴林玉露補遺

宋廬陵羅大經

孟子釋公劉之詩曰故居者有積倉行者有裹糧也然後可以爰方啟行釋烝民之詩曰故有物必有則民之秉彝也故好是懿德只添三兩字意義粲然六經古註亦皆簡潔不爲繁辭朱文公每病近世解經者推測太廣議論太多曰說得雖好聖人從初却元不曾有此意雖以呂成公之書解亦但言其熟爛而已蓋不滿之辭也後來文公作易傳

鶴林玉露　補遺　一

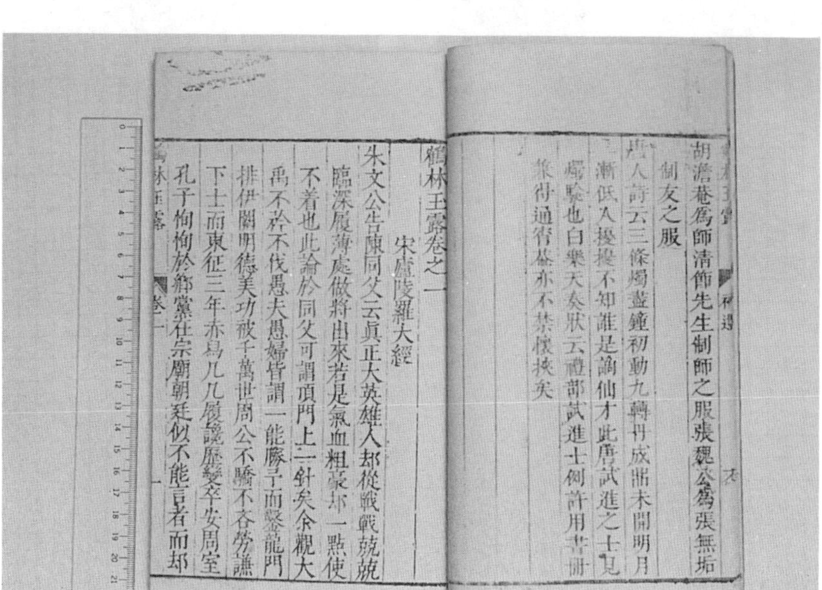

胡澹菴爲師清節先生制師之服張魏公爲張無垢制友之服

唐人詩云三條燭盡鐘初動九轉丹成鼎未開明月漸低人擾擾不知誰是謫仙才此唐試進士之士見處驗也白樂天奏狀云禮部試進士例許用書冊兼得通宵蓋亦不禁懷挾矣

鶴林玉露卷之一

宋廬陵羅大經

朱文公告陳同父云眞正大英雄人却從戰戰兢兢臨深履薄處做將出來若是氣血粗豪却一點使不著也此論於同父可謂頂門上一針矣余觀大禹不矜不伐愚夫愚婦皆謂一能勝予而鑿龍門排伊闕明德美功被千萬世周公不驕不吝勞謙下士而東征三年赤舄几几履讒歷變卒安周室孔子恂恂於鄉黨在宗廟朝廷似不能言者而却

鶴林玉露　卷一　一

061 書名：湧幢小品三十二卷

作者：明、朱國禎撰

版式：明刊本

21.2×15，半葉9行，行20字。左右雙欄，花口，單魚尾。書首冠無年月朱氏自序，萬曆四十七年（1619A.D.）「湧幢說」。每卷前各有卷目，首葉題「湖上朱國禎輯」。

編號：支文28—36

購入：昭和27、7、12

按此刻字體爲長形仿宋字，爲啓禎朝刊版特徵；且書中稱泰昌帝事，均作「光廟」。故此刻當爲明末啓、禎間刊本。

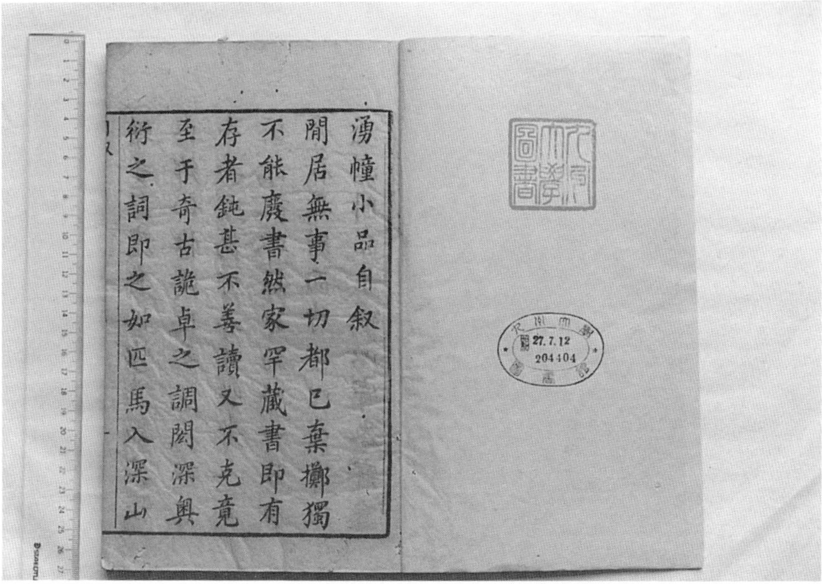
湧幢小品自敘
閒居無事一切鄰已棄擲獨
不能廢書然家罕藏書即有
存者鈍甚不善讀又不克竟
至于奇古詭卓之調閎深奧
衍之詞即之如匹馬入深山
27.7.12
204404

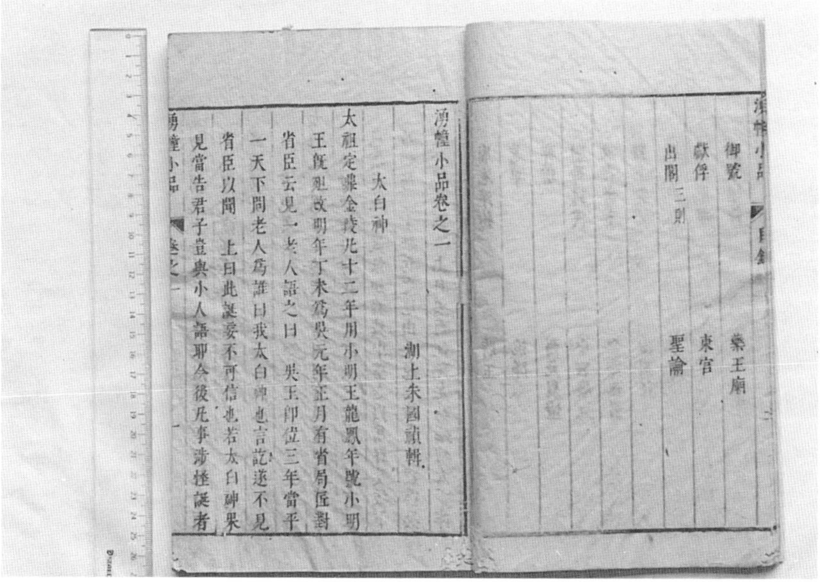
湧幢小品
目錄
御覽
獻俘
出閣三則
榮王廟
東宮
聖諭
湧幢小品卷之一
湖上朱國禎輯
太白神
太祖定鼎金陵先十二年用小明王龍鳳年號小明
王既死改明年丁未爲吳元年正月有省局匠對
省臣云見一老人語之曰 吳王即位三年當平
一天下問老人爲誰曰我太白神也言訖遂不見
省臣以聞 上曰此誕妄不可信也若太白神果
見當告君子豈與小人語耶今後凡事涉怪誕者
湧幢小品 卷之一 一

062 書名：堯山堂外紀一百卷
作者：明、蔣一葵撰
版式：萬曆三十四年刊本
23.2×14.1，半葉8行，行19字。四周單欄，花口，無魚尾。書首冠萬曆二十六年（1598A.D.）蔣氏自序，次有總目。每卷首葉題「晉陵蔣仲舒編」。扉頁有標題作「常郡新刻堯山堂外紀」，並有舒一泉題識。
編號：支文28—28
購入：昭和15、6、10

據書首蔣氏序：

……爰命童子以奚囊隨，會解頤處，則以片楮錄之，載有正集不錄，錄散見於稗官野史，不經人見也者。歲久彙次成帙，命曰堯山堂外紀……戊戌（萬曆二十六年）南還，過白下，見市中有鬻是書者，驚汗浹背，亟追其故。則書賈從奚童購得副墨，以授剞劂，猶是甲午前事云……。

是此書在萬曆間即已有兩種刊本行世。此刻扉頁又有題識曰：

是書爲蔣石原先生手編。先生出則童子以奚囊隨，有異聞輙書之，歲久成帙，略爲詮其世次，上昉黃虞，下迄于茲，騷墨諧譚，冥收廣採，訊詞壇之部吹，而藝林之綴錦也。本坊懇求入梓，用資麈談。千金粹腋，當知爲裘者之苦心矣！」

署名爲「三衢舒一泉謹識」。則此刻爲常郡坊刊本，經蔣氏首允入梓者，較蔣氏所稱之白下坊刊本，應更完足精善。

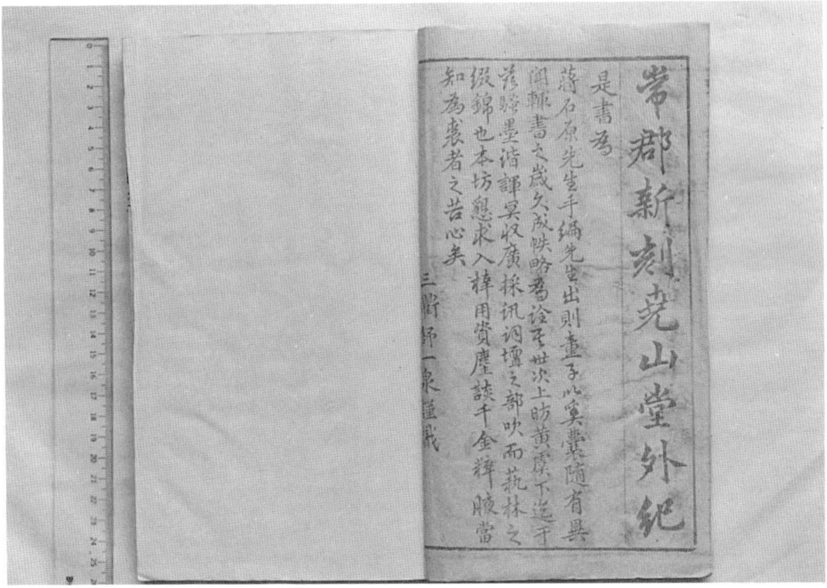

常郡新刻尭山堂外紀

是書為
蔣石原先生手編先生出則畫手以奚囊隨有異
聞輒書之歲久成帙略為詮次上昉黃虞下迄于
茲騷墨諧謔冥收廣採訊调壇之部吹而藝林之
綴錦也本坊懇求入梓用賞塵談千金粹腋當
知為裒者之苦心矣

三衢歸一泉謹識

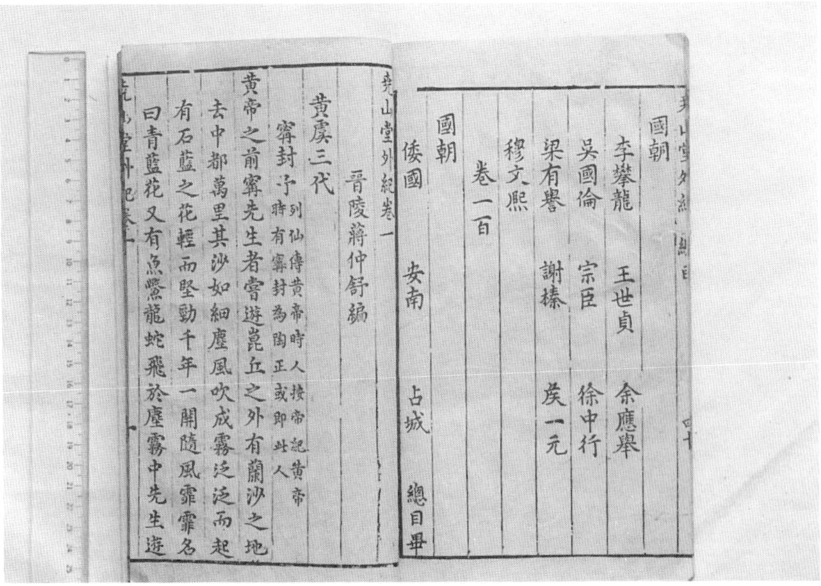

尭山堂外紀　總目

國朝
李攀龍　王世貞　余應舉
吳國倫　宗臣　徐中行
梁有譽　謝榛　戾一元
穆文熙

卷一百

國朝
倭國　安南　占城　總目畢

尭山堂外紀卷一

晉陵蔣仲舒編

黃虞三代

甯封子　列仙傳黃帝時人按帝紀黃帝時有寗封為陶正或即此人

黃帝之前甯先生者嘗遊崑丘之外有蘭沙之地去中都萬里其沙如細塵風吹成霧泛泛而起有石藍之花輕而堅勁千年一開隨風靃靃名曰青藍花又有魚鱉龍蛇飛於塵霧中先生遊

又二部：

版式：萬曆三十四年刊本

23.1×14.2，半葉8行，行19字。四周單欄，花口，無魚尾。書首冠萬曆二十六年（1598A.D.）蔣氏序，萬曆三十四年（1606A.D.）龔三益序、萬曆三十三年張大光序，萬曆三十四年吳奕序。次有總目。卷一首葉題「晉陵蔣一葵仲舒甫編」，其他各卷首葉則題「晉陵蔣仲舒編」。

編號：⑴支文35—50

⑵座春風文庫70

購入：⑴昭和35、9、6

⑵昭和35、9、30

按藏本35—50，龔三益序已佚去，只存落款，除此之外，與藏本座春風70完全相同。故此兩部藏本當爲同一刊板所刷印者。

今再考九大所藏另一明版堯山堂外紀，編號28—28，與此兩本之差異爲：

1.藏本28—28書首僅存蔣氏自序。此兩本多龔、張、吳序。

2.藏本28—28扉頁有書坊題識，此兩本無。

3.藏本28—28每卷首葉題名均相同，但此兩本卷一首葉特別題爲「晉陵蔣一葵仲舒甫編」，其他各卷仍同藏本28—28。

4.藏本28—28爲棉紙刷印，此兩本爲竹紙刷印。

除此之外，行款字跡等完全相同。按此兩本卷一首葉題款，剜改之跡十分明顯，應是原題爲「晉陵蔣仲舒編」，後剜改爲「晉陵蔣一葵仲舒甫編」。故疑九大所藏此三本應是從同一刊本刷印者。惟35—50及座春70卷一首葉題款已經剜改。張大光序即有「外紀成，好奇之士往往私相傳寫，付之殺青，亦竟莫之爲誰也」之語，是當時此書傳摹之本甚多。或35—50及座春風70是取28—28之刊板剜改後印成，然刷印年代末詳，姑仍屬之萬曆三十四年。

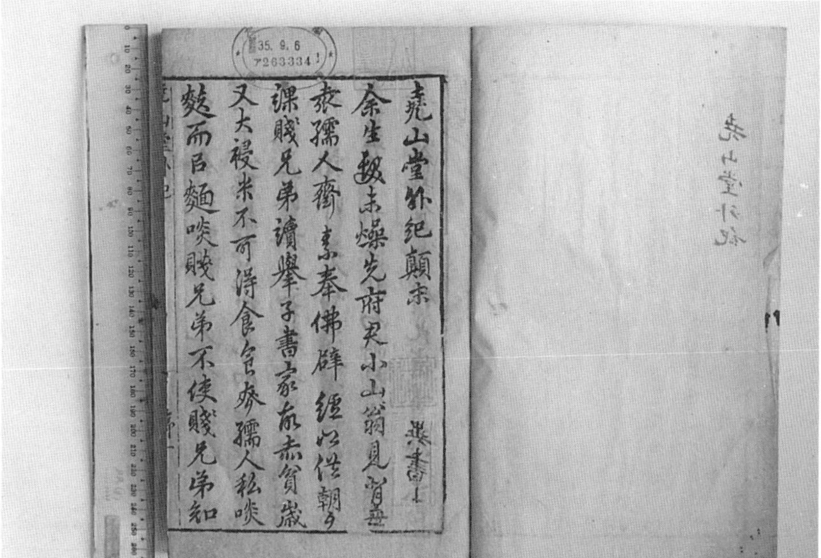

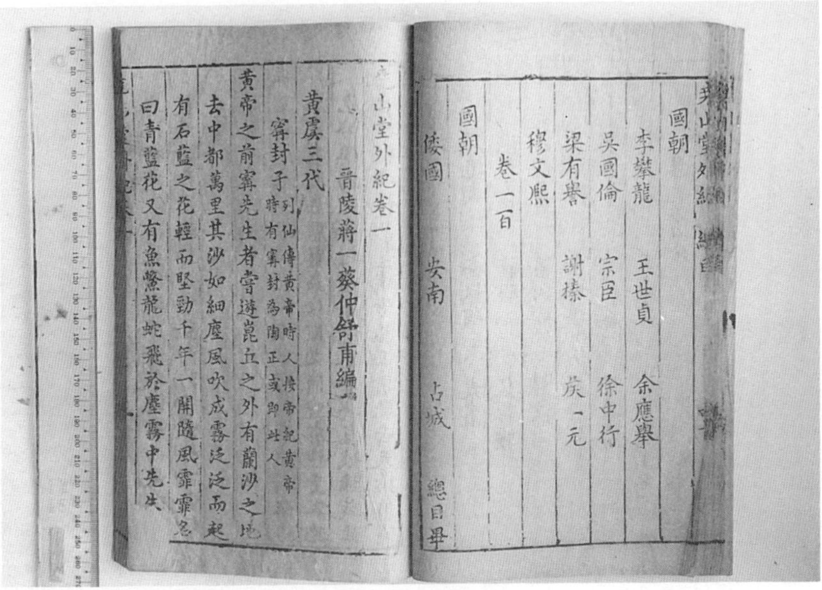
國朝
李攀龍 王世貞 余應擧
吴國倫 宗臣 徐中行
梁有譽 謝榛
穆文熙
卷一百
國朝
倭國 安南 占城
山堂外紀卷一
晉陵蔣一葵仲舒甫編
黄虞三代
寗封子 列仙傳黄帝時人按帝紀黄帝時有寗封為陶正或即此人
黄帝之前寗先生者嘗遊崑丘之外有蘭沙之地
去中都萬里其沙如細塵風吹成霧泛泛而起
有石藍之花輕而堅勁千年一開隨風霏霏名
曰青藍花又有魚鼈龍蛇飛於塵霧中先生

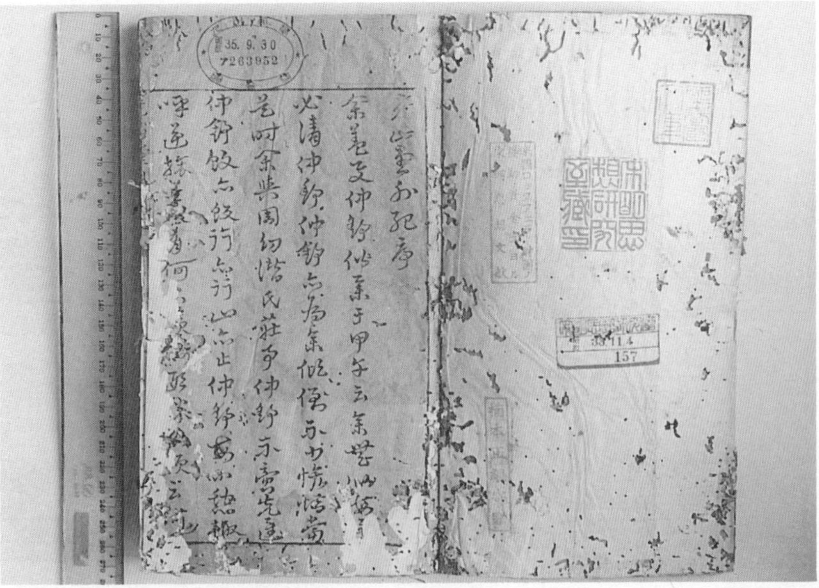
35.9.30
7263952
157

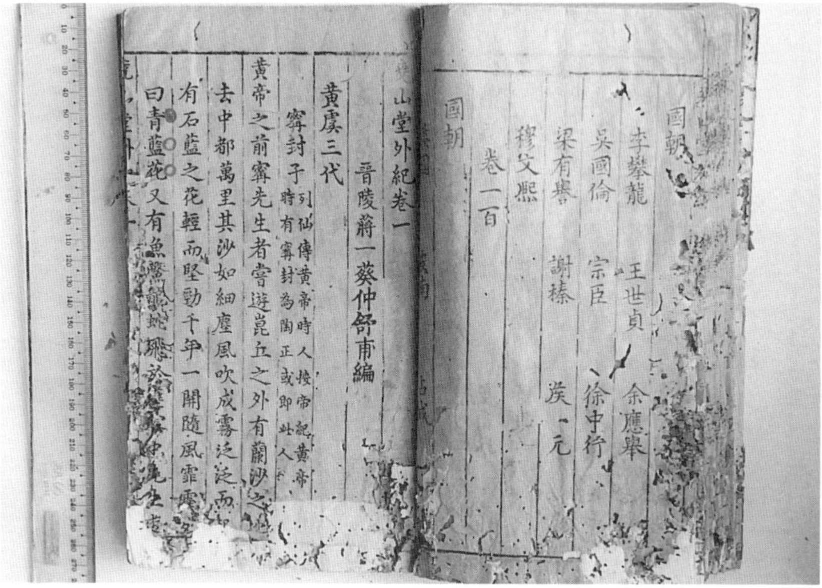
國朝
李攀龍 王世貞 余應舉
吳國倫 宗臣 徐中行
梁有譽 謝榛
穆文熙 卷一百
國朝
山堂外紀卷一
晉陵蔣一葵仲舒甫編
黃虞三代
甯封子 列仙傳黃帝時人按帝紀黃帝時有甯封為陶正或即此人
黃帝之前甯先生者嘗遊崑丘之外有蘭沙之
去中都萬里其沙如細塵風吹成霧泛泛而
有石藍之花輕而堅動千年一開隨風靡
曰青藍花又有魚

063 書名：智囊全集二十八卷

作者：明、馮夢龍編

版式：明、集古堂刊本

21.3×13.8，半葉9行，行20字。四周單欄，花口，單魚尾。書首冠無年月沈幾序、馮夢龍序。次有總目，總目首葉題「古吳馮夢龍猶龍述、金沙張明弼公亮、長洲沈幾去疑閱」。扉頁題書名爲「增補智囊全集」，另題「馮猶龍先生重訂」、「集古堂梓」。並有「集古堂圖書」白文印記。

編號：支文28—37

購入：昭和27、7、12

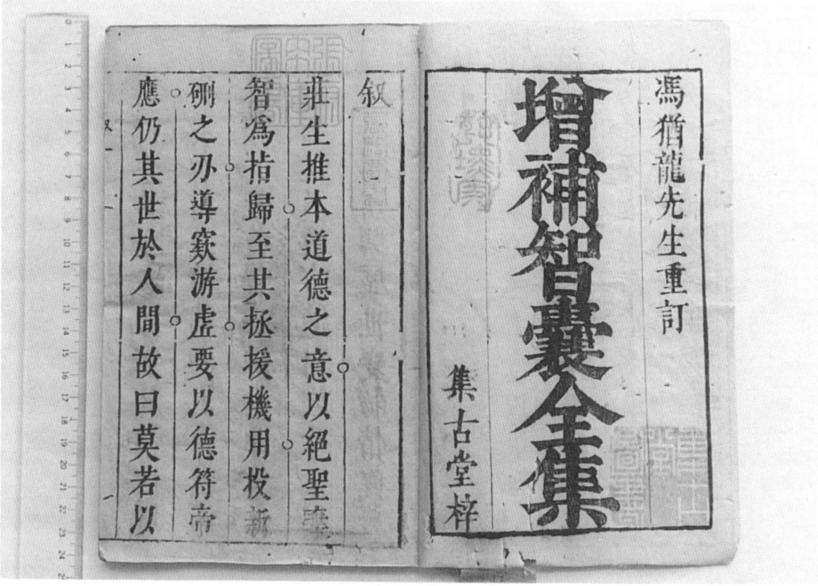
馮猶龍先生重訂
增補智囊全集
集古堂梓
叙
莊生推本道德之意以絕聖棄
智爲指歸至其拯援機用投新
硎之刃導窾游虛要以德符帝
應仍其世於人間故曰莫若以

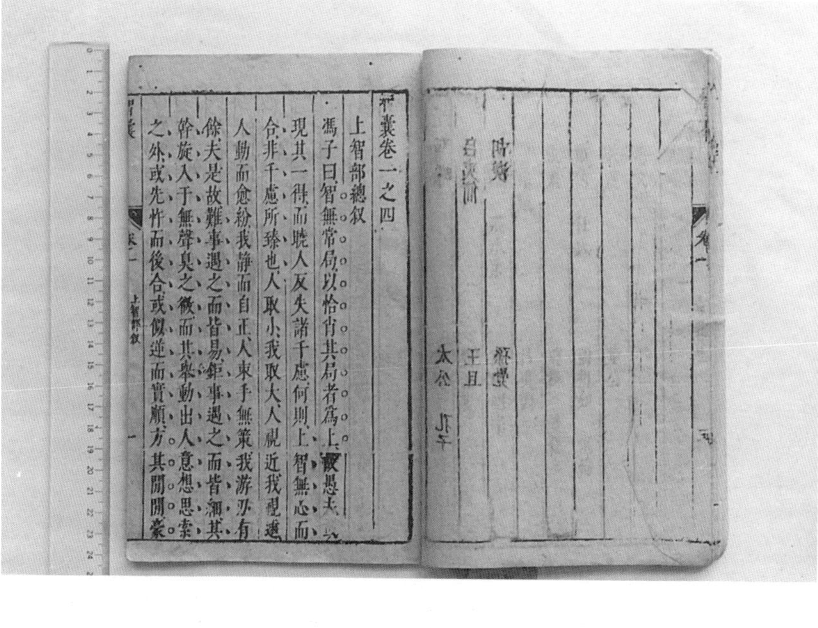
智囊卷一之四
上智部總叙
馮子曰智無常局以恰肯其局者爲上智
現其一得而曉人反失諸千慮何則上智無心而
合非千慮所臻也人取小我取大人視近我視遠
人動而愈紛我靜而自正人束手無策我游刃有
餘夫是故難事遇之而皆易繁事遇之而皆徊其
斡旋入于無聲臭之微而其舉動出人意想思索
之外或先忤而後合或似逆而實順方其閒閑豪
王旦
太公

064 書名：初潭集二十八卷

作者：明、李贄撰

版式：明刊本

20.3×13.6，半葉9行，行20字。四周單欄，花口，單魚尾。書首冠無年月李贄序兩篇。每卷前各有卷目及總論。

編號：支文33—153

購入：昭和36、8、15

按書首李序釋此書名曰：萬曆十六年（1588A.D.）李氏隱於龍潭，讀世說新語及焦竑編類林。因「初至潭，首讀此」，故名初潭集云云。此書內皆李氏分類批論此二書中所載諸事，屬雜家類之書。據李氏序文，或刻成於萬曆間。

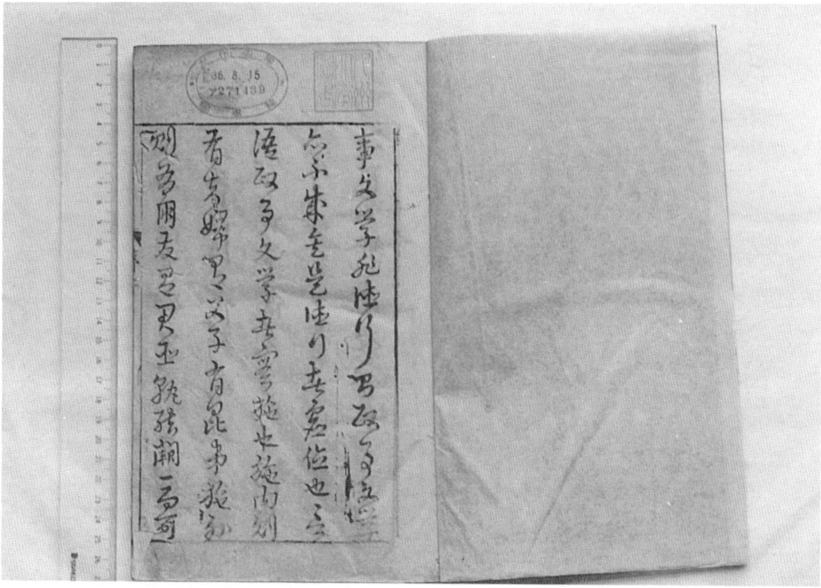
36. 8. 15

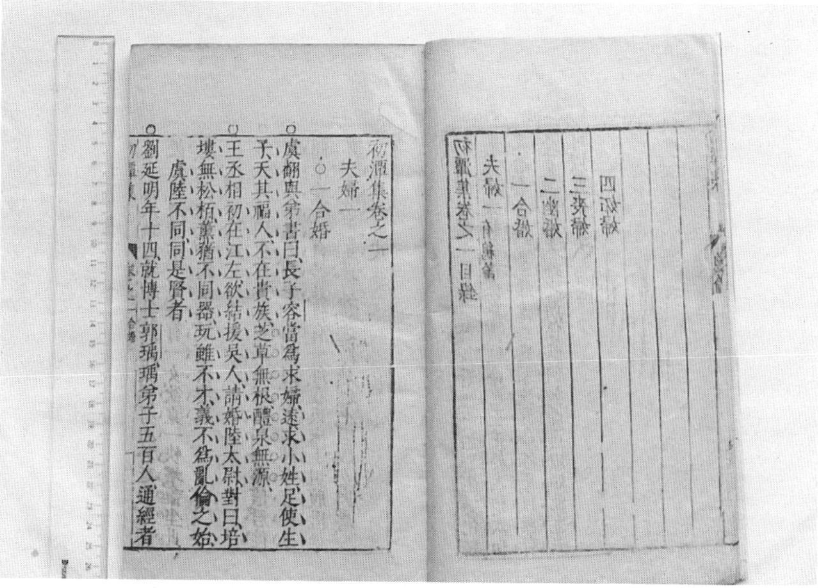
初潭集卷之一
夫婦一
一合婚
虞翻與弟書曰長子容當爲求婦遠求小姓足使生子天其福人不在貴族芝草無根醴泉無源
王丞相初在江左欲結援吳人請婚陸太尉對曰培塿無松柏薰蕕不同器玩雖不才義不爲亂倫之始
虞陸不同同是賢者
劉延明年十四就博士郭瑀瑀弟子五百人通經者
初潭集卷之一目錄
夫婦一
一合婚
二幽婚
三賢婦
四才婦

065 書名：二十家子書二十種

作者：明、謝汝韶編

版式：萬曆六年吉藩崇德書院刊本

21.6×16.1，半葉11行，行22字。四周雙欄，花口，單魚尾。書首冠萬曆六年（1578A.D.）陳省序，同年吉藩潭州道人德山子序。次有總目。版心上象鼻題「崇德書院」，下象鼻有刻工名氏。

編號：支哲38—42

購入：昭和6、11、10

按書首陳序云：

> 二十家子書，余同年友謝其盛君所編輯也……（吉藩）曰坐君於崇德書院中，相與講明經傳……君因出其所集子書，採二十家以獻，王覽而異之……爰命繕書，鋟梓以行……。

謝其盛，名汝韶，嘉靖舉人，因與當政者相忤，左遷吉府長史。此書即謝氏左遷時所編輯者，所謂二十家子書，即：老子、關尹子、亢倉子、文子、尹文子、子華子、鬻子、公孫龍子、鬼谷子、列子、莊子、荀子、楊子、文中子、抱朴子、劉子、黃石公、玄眞子、天隱子、無能子。此二十家子書，陳序稱：「老、列、莊、荀、楊、王，則世所稱六子書是已，其它關尹十四家，博士家罕覯焉」云云。

此刻以軟體字刊雕，白棉紙精印，版心雖已用花口，但大體仍有嘉靖以前刊板古風。

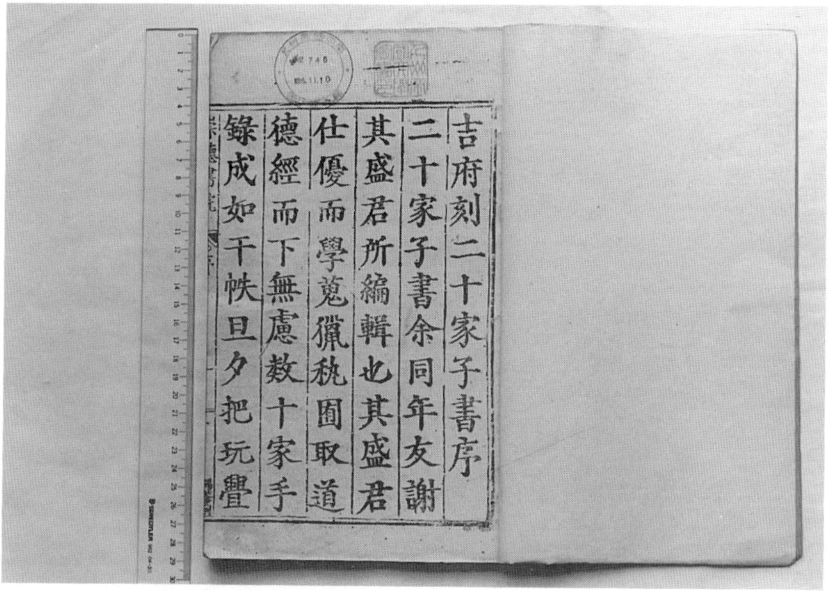
吉府刻二十家子書序
二十家子書余同年友謝
其盛君所編輯也其盛君
仕優而學蒐獵秇圃取道
德經而下無慮數十家手
錄成如干帙旦夕把玩疊

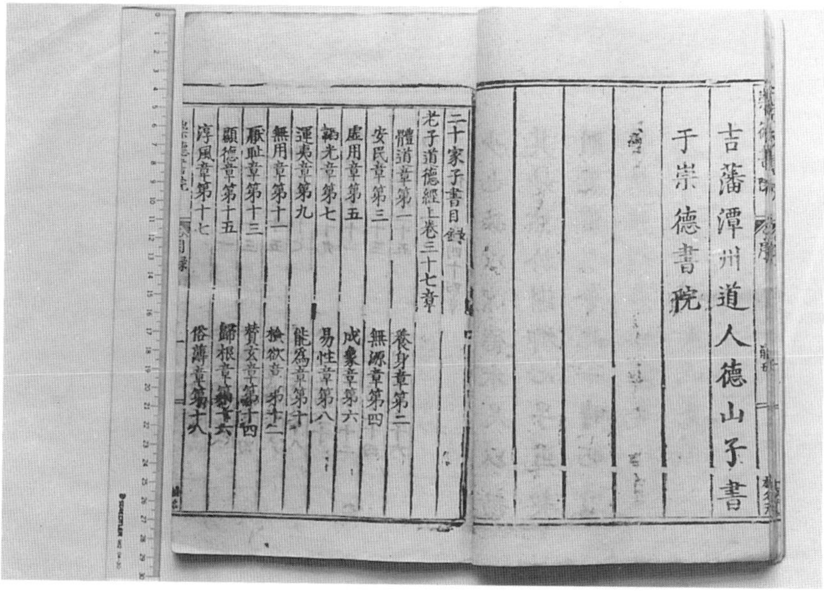
吉藩潭州道人德山子書
于崇德書院

二十家子書目錄
老子道德經上卷三十七章
體道章第一　養身章第二
安民章第三　無源章第四
虛用章第五　成象章第六
韜光章第七　易性章第八
運夷章第九　能為章第十
無用章第十一　檢欲章第十二
厭恥章第十三　贊玄章第十四
顯德章第十五　歸根章第十六
淳風章第十七　俗薄章第十八

066 書名：秘冊彙函二十一種

作者：明、胡震亨編

版式：萬曆三十一年刊本

19.5×13.9，半葉9行，行18字。左右雙欄，白口，單魚尾。書首冠萬曆三十一年（1603A.D.）胡震亨、沈士龍同撰「刻秘冊彙函引」

編號：支文38—58

購入：昭和15、1、20

按此胡氏所編叢書凡二十一種：

易解十卷附錄一卷	歲華記麗四卷
於陵子一卷	錄異記八卷
道德指歸論六卷	靈寶眞靈位業圖一卷
周髀算經二卷	周氏冥通記一卷
數術記遺一卷	佛國記一卷
漢雜事秘辛一卷	異苑十卷
山海經圖讚二卷	銅劍讚一卷
附補遺一卷	益部方物略記一卷
搜神記二十卷後記十卷	泉志十五卷
齊民要術十卷	南唐書十八卷
大唐創業起居注三卷	東京夢華錄十卷

胡氏刻秘冊彙函，發行未久，即遭火而版被毀，故傳世者不多。其燼餘殘版後售予毛晉，毛氏於崇禎間刻入津逮秘書中。

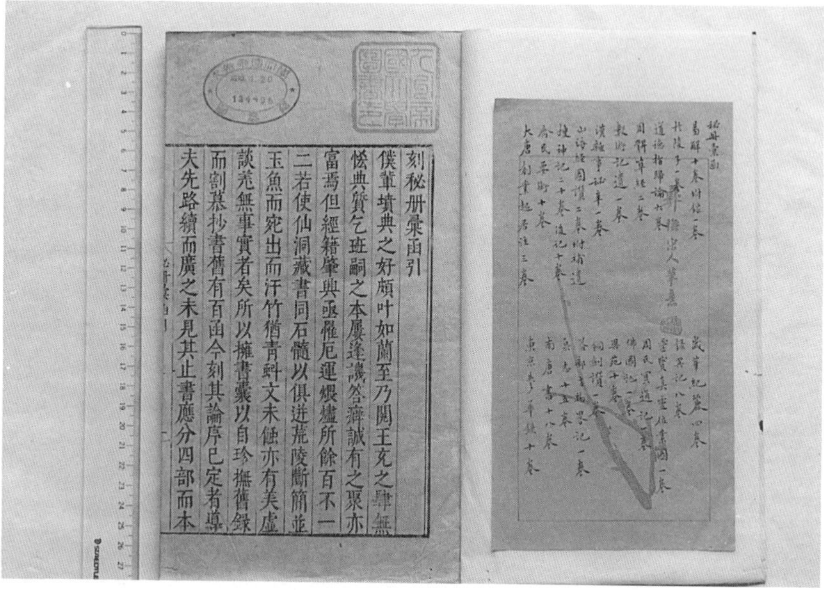

刻秘册彙函引

僕輩墳典之好頗叶如蘭至乃闕王充之肆無憾典質乞班嗣之本屢逢讌答薺誠有之累亦富焉但經籍肇興亟罹厄運煨燼所餘百不一二若使仙洞藏書同石髓以俱迸荒陵斷簡並玉魚而宛出而汗竹猶青蝌文未侮亦有美虛談羌無事實者矣所以攟書囊以自珍撫舊錄而剬摹抄書舊有百函今刻其論序已定者導夫先路續而廣之未見其止書應分四部而本

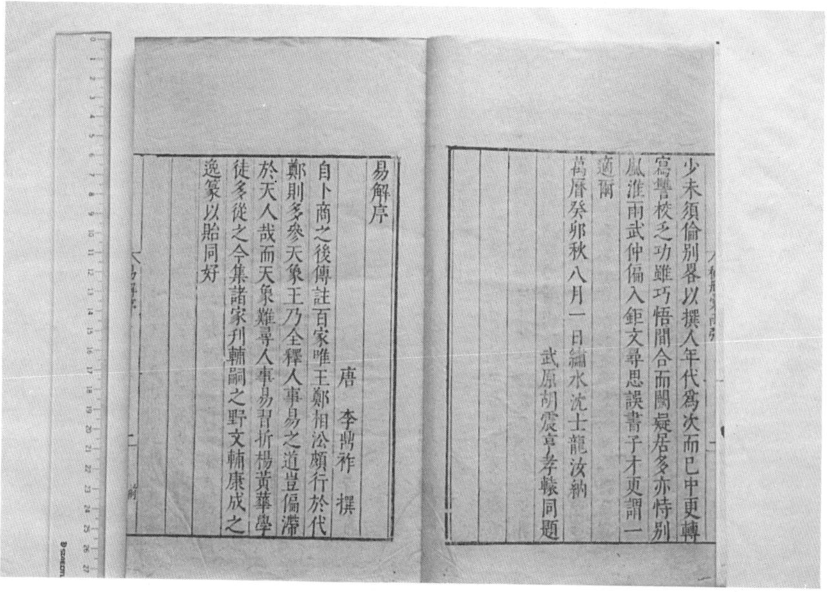

少未須倫別暑以撰人年代爲次而已中更轉寫讐校乏功雖巧悟間合而闕疑居多亦特別風淮雨武仲偏入鉅文尋思誤書子才更謂一適爾

萬曆癸卯秋八月一日繡水沈士龍汝納

武原胡震亨孝轅同題

易解序

唐　李鼎祚　撰

自卜商之後傳註百家唯王鄭相沿頗行於代鄭則多參天象王乃全釋人事易之道豈偏滯於天人哉而天象難尋人事易習折楊黃華學徒多從之今集諸家刊輔嗣之野文輔康成之逸象以貽同好

067 書名：藝文類聚一百卷

作者：歐陽詢編

版式：萬曆十五年刊本

20.1×13.8，半葉10行，行20字。左右雙欄，花口，單魚尾。書首冠萬曆十五年（1587A.D.）湯聘尹序，後附歐陽詢序、無年月胡纘宗序。次有總目。每卷首葉題「唐太子率更令弘文館學士歐陽詢撰、明秣陵王元貞校」。

編號：東史31—2

購入：昭和3、3、26

按書首湯序曰：

……天水胡公以嘉靖丁亥而始事於蘇苑，今白下王氏以萬曆丁亥而告成於秦淮。甲子一周，是書大顯……。

湯序題爲「重刊序」，是此刻當爲王元貞據嘉靖間胡纘宗本重刊者也。

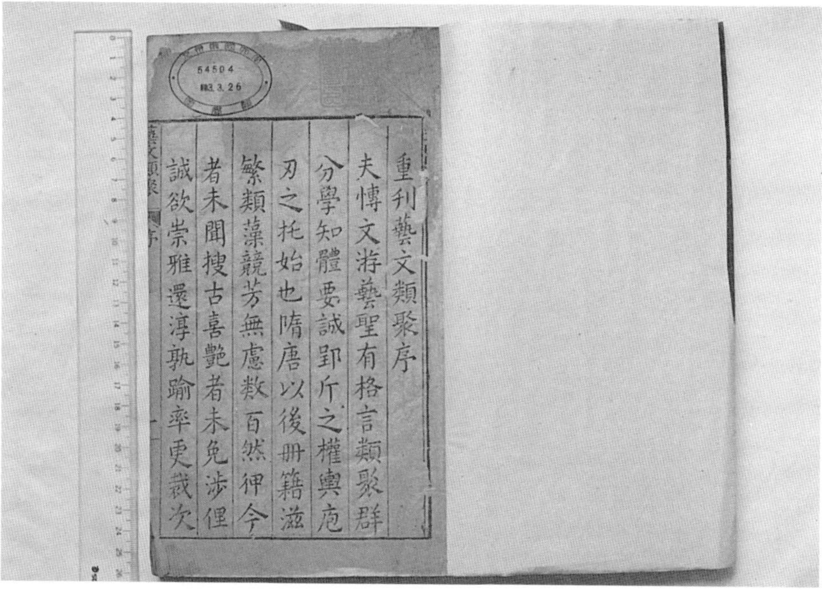
重刊藝文類聚序
夫慱文游藝聖有格言類聚群
分學知體要誠郢斤之權輿庖
刃之托始也隋唐以後冊籍滋
繁類藻競芳無慮數百然俾今
者未聞搜古喜艶者未免涉俚
誠欲崇雅還淳孰踰率更裁次

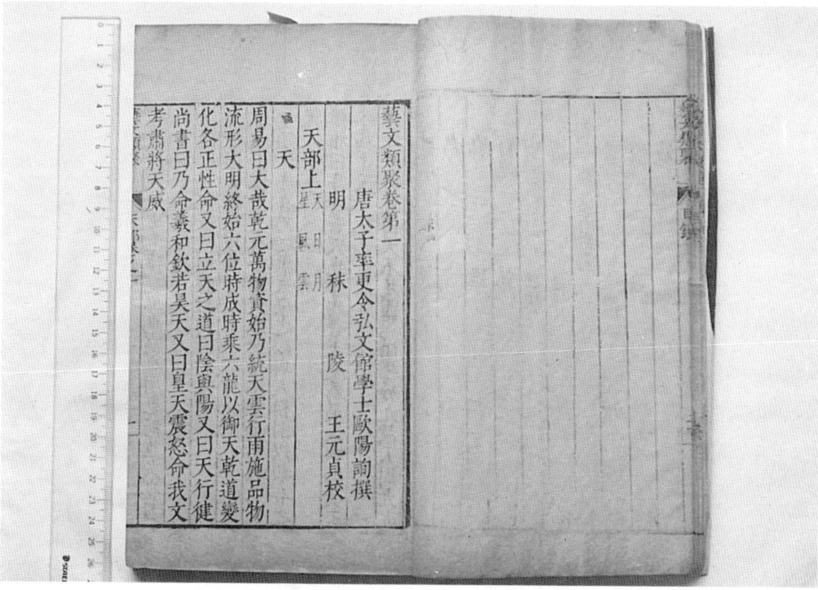
藝文類聚卷第一
唐太子率更令弘文館學士歐陽詢撰
明　秣　陵　王元貞校
天部上 天 日 月 星 風 雲
天
周易曰大哉乾元萬物資始乃統天雲行雨施品物
流形大明終始六位時成時乘六龍以御天乾道變
化各正性命又曰立天之道曰陰與陽又曰天行健
尚書曰乃命羲和欽若昊天又曰皇天震怒命我文
考肅將天威

068 書名：潛確類書一百二十卷

作者：明、陳仁錫編

版式：崇禎三年金閶映雪草堂刊本

21.3×14.8，半葉10行，行20字。四周單欄，花口，單魚尾。書首冠無年月陳仁錫序，後附「類書隱旨」，總目，徵閱書目。每卷前又各有卷目，每卷首葉題「史官陳仁錫明卿父纂輯」。

編號：東史31—11

購入：昭和6、7、6

按書首陳仁錫曰：

……此書予十六歲時讀書瑤林之潛確居，嘉與博碩，捃拾成帙。而刻成於崇禎庚午六月（三年，1630A.D.）。渡江者則續訂于辛未九月（四年，1631A.D.）……。

是此書刻成於明末崇禎年間。

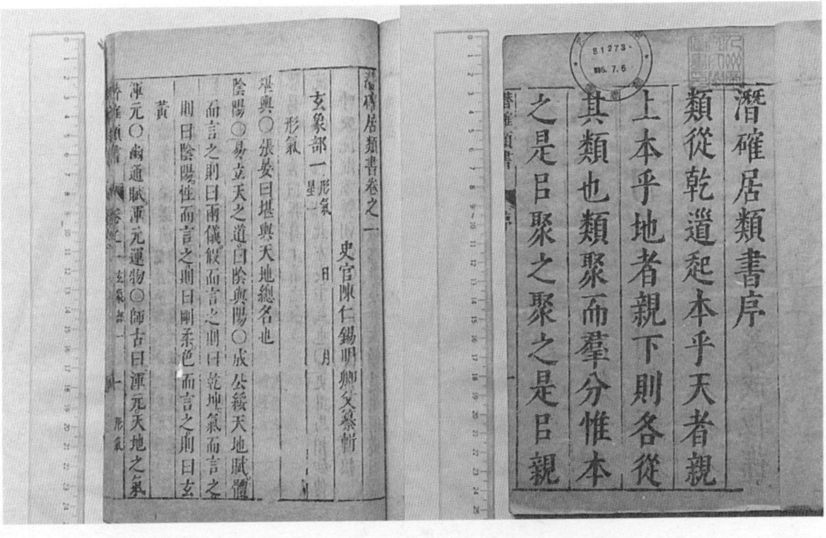
潛確居類書卷之一
史官陳仁錫明卿父纂輯
玄象部一 形氣
形氣
堪輿◯張晏曰堪輿天地總名也
陰陽◯易立天之道曰陰與陽◯成公綏天地賦體
而言之則曰兩儀假而言之則曰乾坤氣而言之
則曰陰陽性而言之則曰剛柔色而言之則曰玄
黄
渾元◯兩通賦渾元運物◯師古曰渾元天地之氣
潛確居類書序
類從乾道起本乎天者親
上本乎地者親下則各從
其類也類聚而羣分惟本
之是呂聚之聚之是呂親

069 書名：五車韻瑞一百六十卷

作者：明、凌稚隆編

版式：明、文茂堂刊本

22.4×15.3，半葉10行，行20字。四周單欄，花口，單魚尾。書首冠無年月謝肇淛序，後有總目，並附洪武正韻，每卷首葉題「吳興後學凌稚隆以棟父編輯」。扉頁除書名外，題「吳興凌以棟先生纂輯」、「文茂堂梓行」。

編號：東史31—12

購入：昭和6、7、6

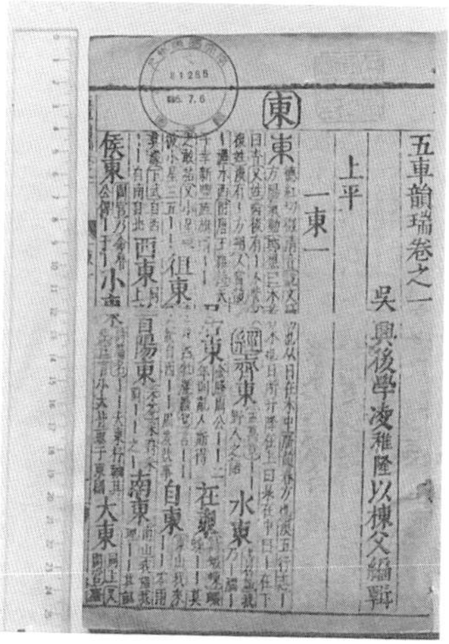

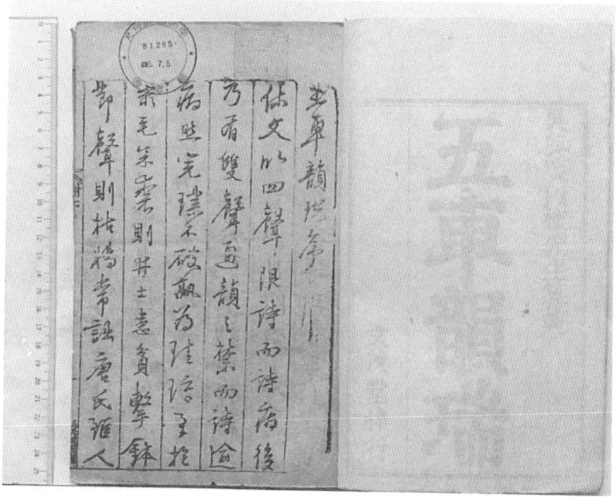

070 書名：典籍便覽八卷

作者：明、范泓編

版式：萬曆三十一年刊本

22.2×14.4，半葉10行，每行字數不等。四周單欄，花口，單魚尾。書首冠萬曆三十一年（1603A.D.）范淶序，次有總目。總目後題撰註校梓人名氏。每卷首葉題「新安隱士范泓本涵輯」。

編號：支哲31—42

購入：昭和37、2、9

按此書乃范泓弟范淶「補其脫簡，并壽之剞劂」者。全書分天象、月令、地勢、經世、德行、言語、政事、文學、人類、物類，凡十部，爲一典型類書。書首有「蒹葭堂印」白文印記，按蒹葭堂乃明代著名藏書家陸深子陸楫之書房號，此本不知是否曾屬陸氏後人。又有「存古堂曝書記」朱文印記，則又遞藏於清代乾隆間諸生王立階。

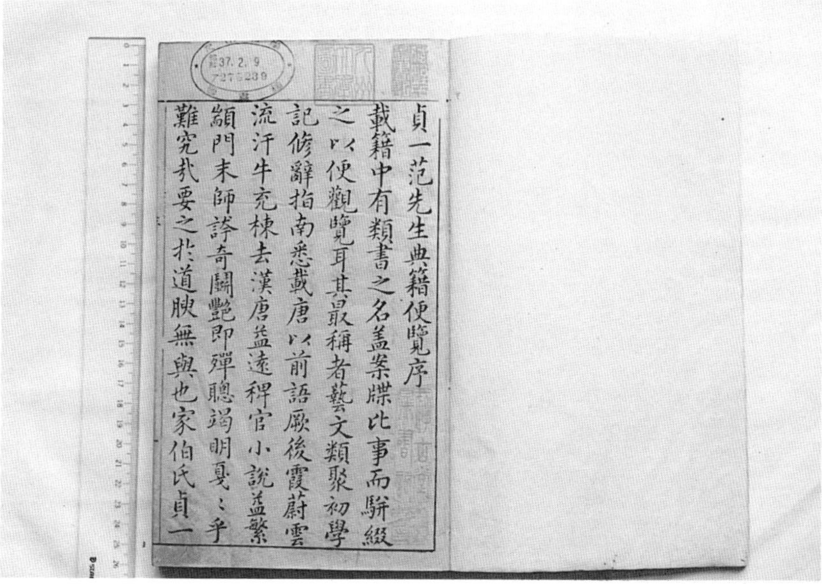
貞一范先生典籍便覽序
載籍中有類書之名盖案牒比事而駢綴
之以便觀覽耳其最稱者藝文類聚初學
記修辭指南悉載唐以前語厥後霞蔚雲
流汗牛充棟去漢唐益遠稗官小説益繁
顓門末師誇奇闘艷即殫聰竭明戛戛乎
難究哉要之於道胦無與也家伯氏貞一

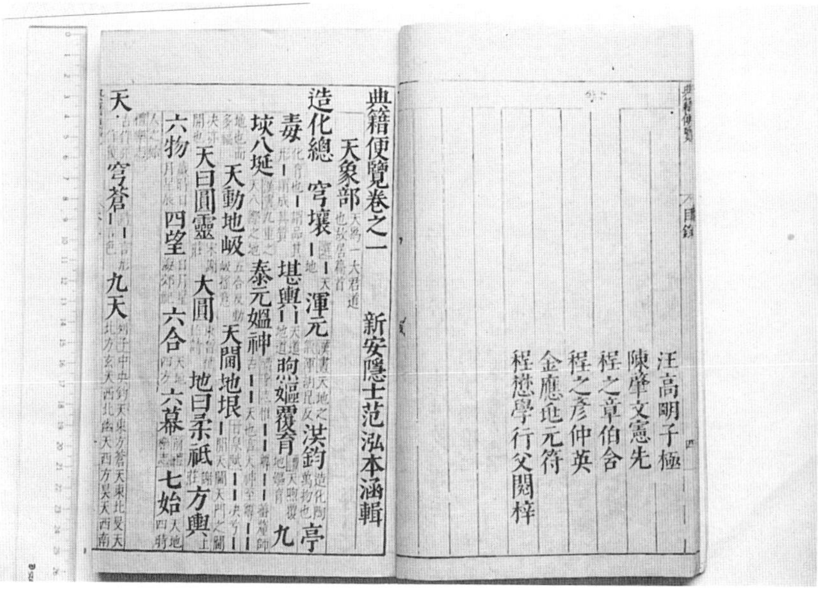
汪高明子極
陳肇文憲先
程之章伯含
程之彥仲英
金應垕元符
程懋學行父閱梓

典籍便覽卷之一　新安隱士范泓本涵輯
天象部
造化總　穹壤　渾元　洪鈞　亭
毒　堪輿　煦嫗覆育　九
垓八埏　泰元媪神
天動地岋　天闓地垠
天曰圓靈　大圜　地曰柔祇　方輿
六物　四望　六合　六幕　七始
天　穹蒼　九天

071 書名：經濟類編一百卷

作者：明、馮琦編

版式：萬曆三十二年刊本

22.1×15.1，半葉10行，行20字。四周單欄，花口，無魚尾。書首冠萬曆三十二年（1604A.D.）吳光義序，次有凡例、校刻姓氏，再次有總目，總目 後有萬曆三十二年馮瑗題識。每卷前題「明北海馮琦纂，弟馮瑗、楚黃門人周家棟、淮南門人吳光義校」。

編號：支哲14—714

購入：昭和34、7、28

按馮瑗題識曰：

> ……瑗（與鄭之惠）相與整齊其緒，釐爲百卷……副墨將半，以質侍御周公，公爲先生所舉士，趣取卒業，手定編次，捐四十萬錢，屬嘉禾曹理君遍告同舉諸君，而以剞劂役屬仁和吳令君及鄭生董焉。令君就鄭生所肄業南屏山開局鳩工……。

此處所云，周公即周家棟，鄭生爲問學於馮氏之鄭之惠，吳令君即吳光義。

此書分帝王、政治、儲宮、宮掖、臣、諫諍、銓衡、財賦、禮儀、樂、文學、武功、邊塞、刑法、工虞、天、地、人倫、人品、人事、道術、物、雜言，凡二十三類。

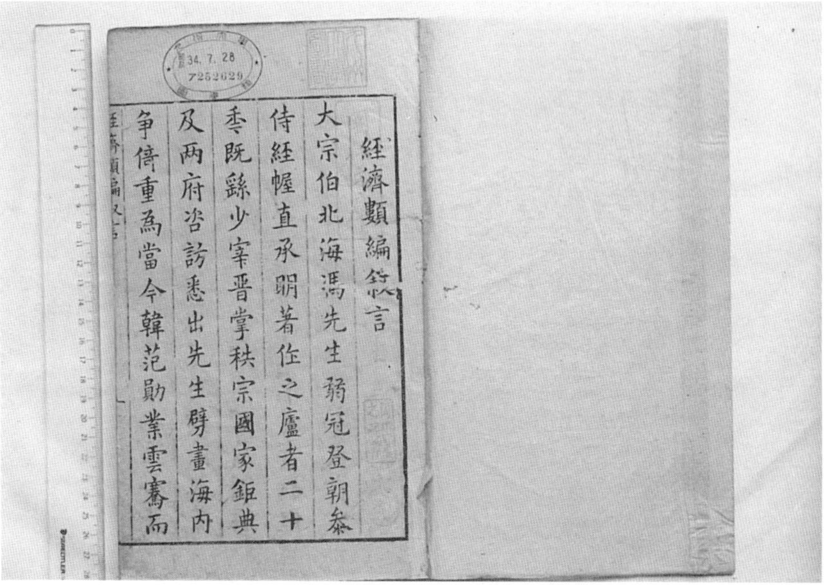

34.7.28
7252629
經濟類編敘言
大宗伯北海馮先生弱冠登朝叅
侍經幄直承明著作之廬者二十
季既緜少宰晉掌秩宗國家鉅典
及兩府咨訪悉出先生劈畫海内
爭倚重爲當今韓范勛業雲騫而
經濟類編敘言

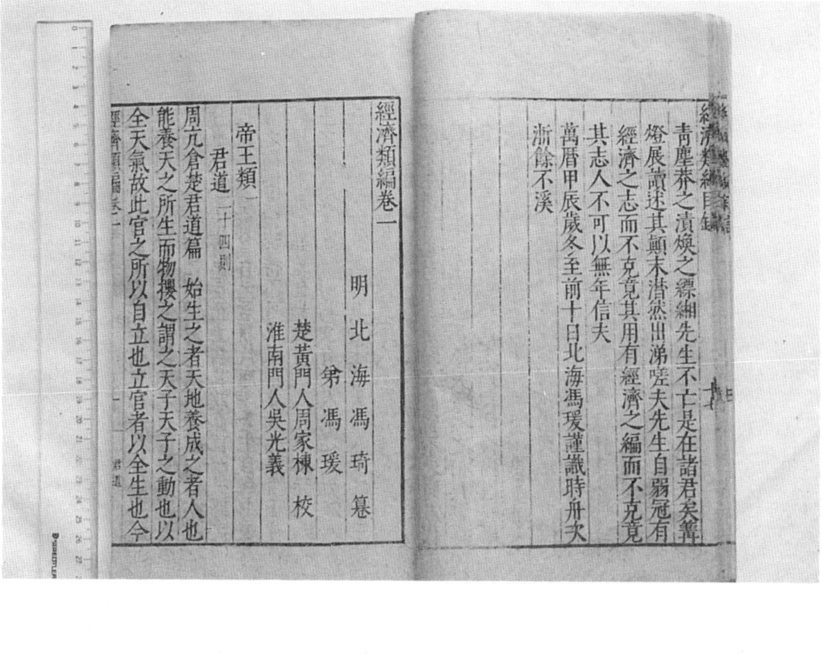

經濟類編序
青塵芥之漬煥之縹緗先生不亡是在諸君矣龔
燈展讀述其顛末潸然出涕嗟夫先生自弱冠有
經濟之志而不克竟其用有經濟之編而不克竟
其志人不可以無年信夫
萬曆甲辰歲冬至前十日北海馮瑗謹識時舟次
浙餘不溪
經濟類編卷一
明 北 海 馮 琦 纂
弟 馮 瑗
楚黃門人周家棟 校
淮南門人吳光義
帝王類一
君道 二十四則
周九倉楚君道篇 始生之者天地養成之者人也
能養天之所生而物攖之謂之天子天子之動也以
全天氣故此官之所以自立也立官者以全生也今
經濟類編卷一 一 君道

072 書名：五朝小說三百五十七卷

作者：明、馮夢龍編

版式：明、心遠堂刊本

19×14.2，半葉9行，行20字。左右雙欄，花口，單魚尾。扉頁除書名外，題「馮猶龍先生輯」、「心遠堂藏板」。全書分魏晉、唐、宋、明四部。魏晉部書首冠無年月茗上野客序。明代部書首冠無年月沈廷松序，餘皆無序。惟每部前各皆有總目。

編號：東史27—1

購入：昭和3、3、26

按此書魏晉小說十二卷，唐代小說一百零四卷，宋代小說一百四十一卷，明代小說一百卷，合計共三百五十七卷。首冊魏晉小說總目之首葉，鈐有「廣東肇陽羅道關防」漢滿文對照印，當為該地舊藏物。

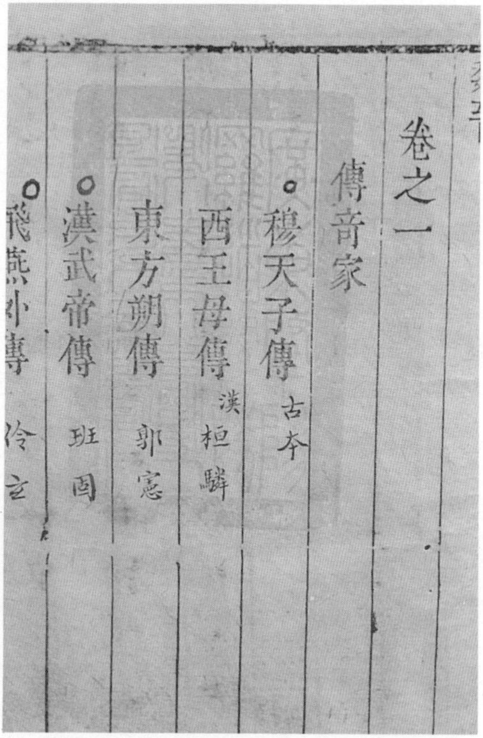

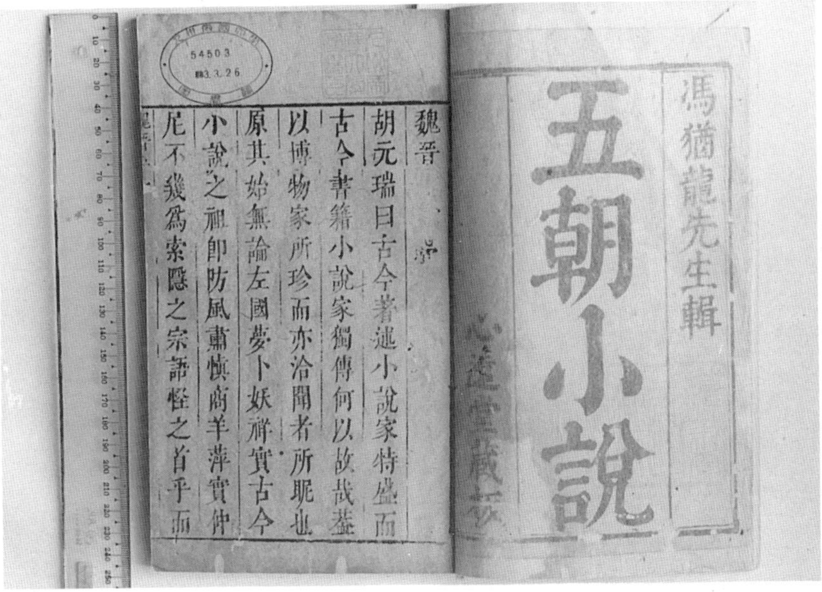

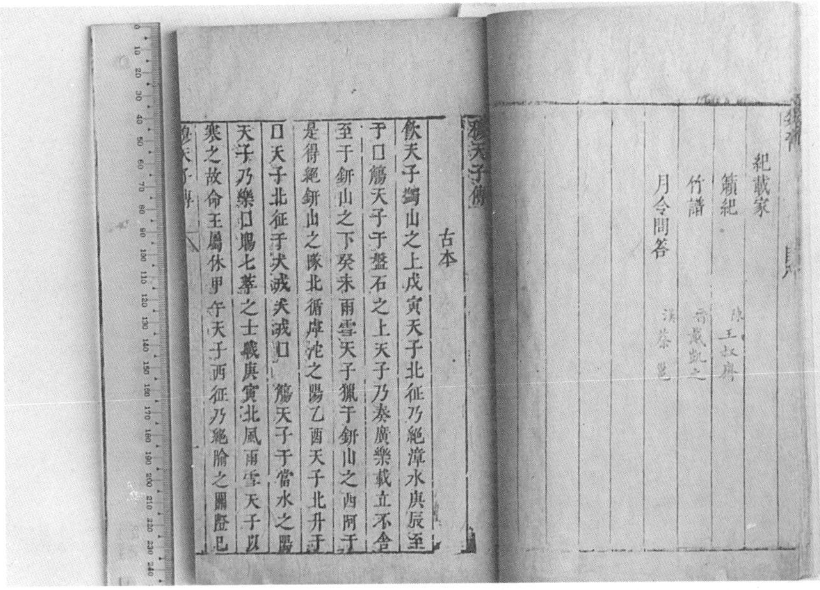

073 書名：醒世恆言四十卷

作者：明、馮夢龍撰，可一居士評

版式：天啓七年衍慶堂刊本

18.5×13.6，半葉12行，行22字。四周單欄，花口，單魚尾。書首冠天啓七年（1627A.D.）可一居士序，次有總目。扉頁題書名，並有書坊衍慶堂題識。總目首葉題「可一居士評、墨浪主人較」。

編號：支文37B—9

購入：昭和9、1、20

按扉頁題識云：

> 本坊重價購求古今通俗演義一百二十種。初刻爲喻世明言，二刻爲警世通言，海内均奉爲鄴架珍玩矣！茲三刻爲醒世恆言，種種典實，事事奇觀，總取木鐸醒世之意，并前刻共成完璧云。杭林衍慶堂謹識。

是此刻爲坊間刊本。可一居士不知誰人，書內行界間有評語，殆即可一居士所評。

此刻校字改作較，當係避光啓帝名諱。書內又直書「金虜猖獗」等語，顯係明人口吻。故此刻當爲明刊本無疑。

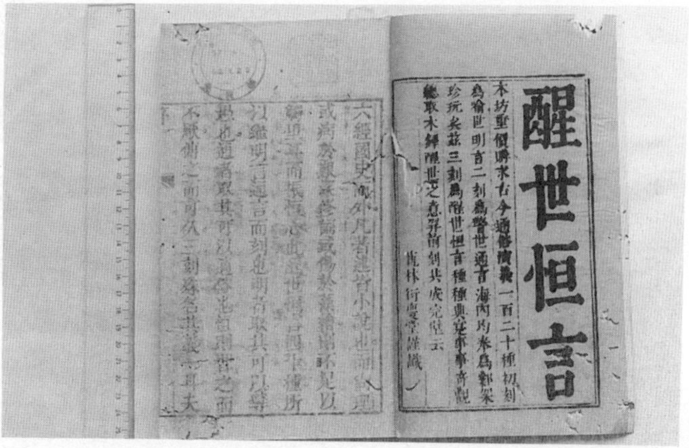

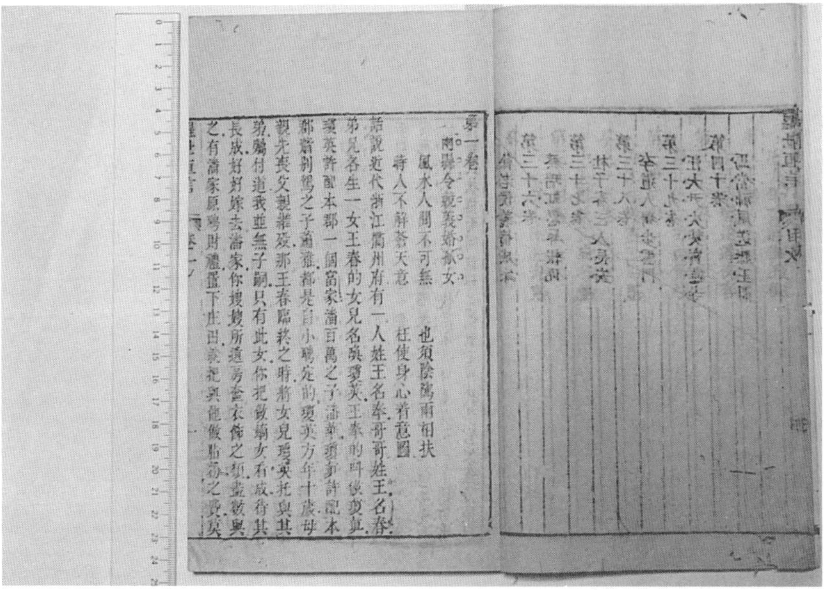

醒世恒言目錄

第三十五卷　徐老僕義憤成家
第三十六卷　蔡瑞虹忍辱報仇
第三十七卷　杜子春三入長安
第三十八卷　李道人獨步雲門
第三十九卷　汪大尹火焚寶蓮寺
第四十卷　馬當神風送滕王閣

第一卷
兩縣令競義婚孤女

風水人間不可無　也須陰騭兩相扶
時人不解蒼天意　枉使身心着意圖

話說近代浙江衢州府有一人，姓王名奉，哥哥姓王名春，弟兄各生一女。王春的女兒名喚瓊英，王奉的女兒名喚瓊真。瓊英許配本郡一個富家潘百萬之子潘華，瓊真許配本郡蕭別駕之子蕭雅，都是自小聘定的。瓊英方年十歲，母親先喪，父親罹疾。那王春臨終之時，將女兒瓊英托與其弟，囑付道：我並無子嗣，只有此女，你把做嫡女看成，待其長成，好好嫁去潘家。你嫂嫂所遺房奩衣飾之類，盡數與之。有潘家原聘財禮，置下莊田，就把與他做贈嫁之資。

醒世恒言　卷之一　一

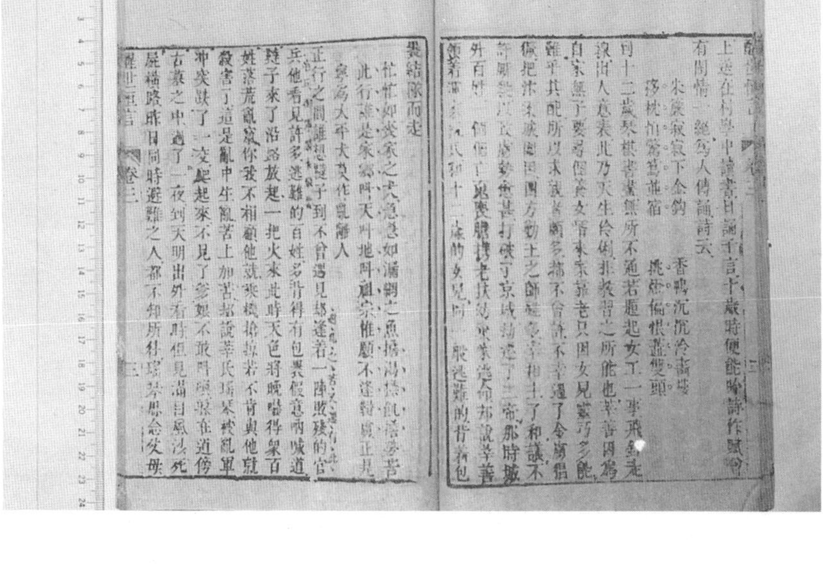

上達，在村學中讀書，日誦千言。十歲時便能吟詩作賦，曾有閨情一絕，為人傳誦。詩云：

朱簾寂寂下金鉤　香鴨沉沉冷畫樓
移枕怕驚鴛並宿　挑燈偏恨蕊雙頭

到十二歲，琴棋書畫，無所不通。若題起女工一事，飛針走線，出人意表。此乃天生伶俐，非教習之所能也。莘善因為自家無子，要尋個養女婿來家靠老。只因女兒靈巧多能，難乎其配，所以求親者頗多，都不曾許。不幸遇了金虜猖獗，把汴梁城圍困。四方勤王之師雖多，宰相主了和議，不許廝殺，以致虜勢愈甚，打破了京城，劫遷了二帝。那時城外百姓，一個個亡魂喪膽，攜老扶幼，棄家逃命。卻說莘善領着渾家阮氏和十二歲的女兒，同一般逃難的，背着包

醒世恒言　卷三　三

裹結隊而走。

忙忙如喪家之犬，急急如漏網之魚。擔渴擔飢擔勞苦，此行誰是家鄉？叫天叫地叫祖宗，惟願不逢韃虜。正是：寧為太平犬，莫作亂離人。

正行之間，誰想韃子到不曾遇見，卻逢着一陣敗殘的官兵。他看見許多逃難的百姓，多背得有包裹，假意吶喊道：韃子來了！沿路放起一把火來。此時天色將晚，嚇得眾百姓落荒亂竄，你我不相顧。他就乘機搶掠，若不肯與他，就殺害了。這是亂中生亂，苦上加苦。卻說莘氏瑤琴被亂軍沖突，跌了一交，爬起來不見了爹娘，不敢叫喚，躲在道傍古墓之中，過了一夜。到天明，出外看時，但見滿目風沙，死屍路臥。昔日同時避難之人，都不知所往。瑤琴思念父母

074 書名：**今古奇觀**四十卷

作者：明、抱甕老人編

版式：明末同文堂刊本

21.7×14.7，半葉12行，行27字。四周單欄，花口，單魚尾。書首冠無年月「姑蘇笑花主人」序，次有總目。扉頁題：「墨憨齋先生手定」、「繡像今古奇觀」，總目首葉題「姑蘇抱甕老人輯、笑花主人閱」。總目後有繡像四十幅，正文部分版心上象鼻題書名，下象鼻題「同文堂」。

編號：文文37B—10

購入：高瀨文庫、集、63

按明末編寫小說，多不署眞實姓名，此編撰人實不可考。刊刻年代亦不詳，惟序內「皇明」二字隔行抬頭，且書中不避清諱，似是明末刊本，待考。

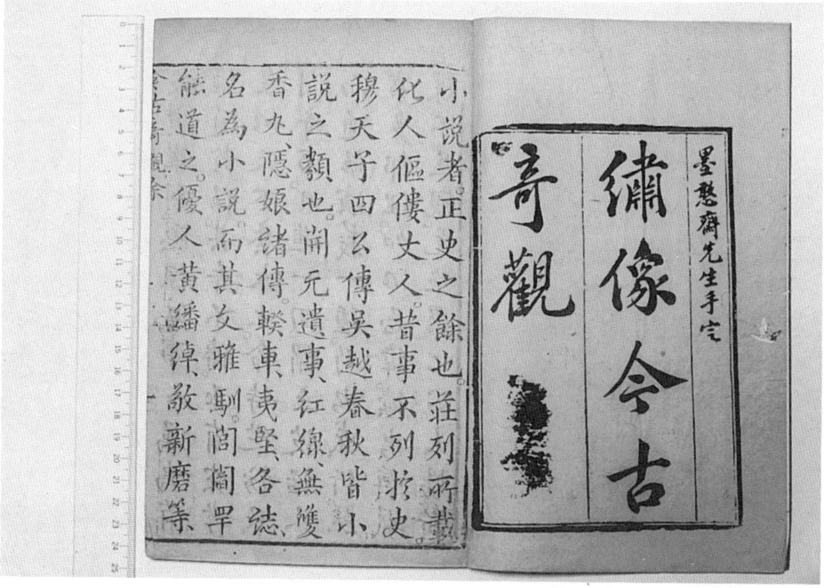

墨憨齋先生手定

繡像今古奇觀

小說者正史之餘也莊列所載
化人傴僂丈人昔事不列於史
穆天子四公傳吳越春秋皆小
說之類也開元遺事紅線無雙
香丸隱娘諸傳輮車夷堅各志
名為小說而其文雅馴閭閻罕
能道之優人黃繙綽敬新磨等

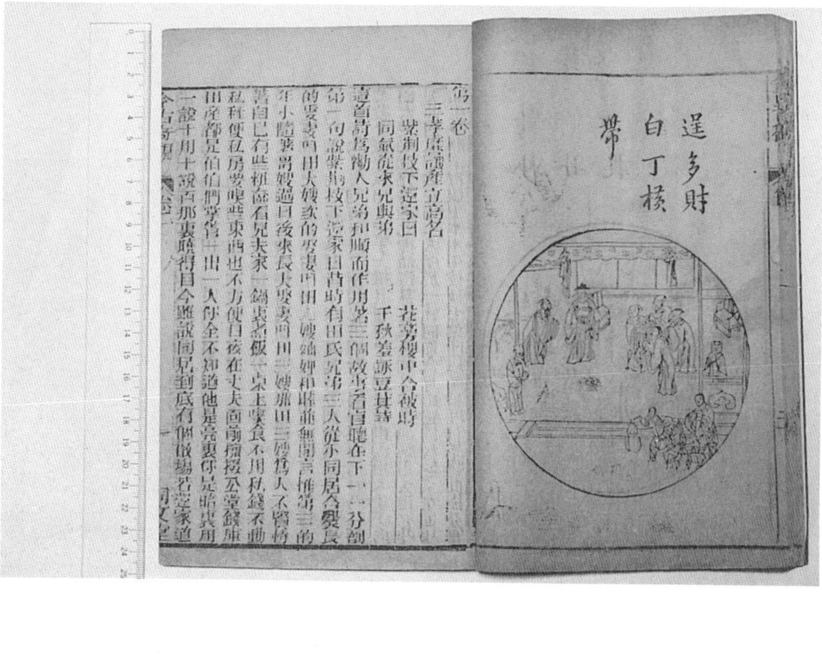

第一卷
三孝廉讓產立高名
紫荊枝下還家日　花萼樓中合被時
同氣從來兄與弟　千秋羞詠豆萁詩
這首詩為勸人兄弟和順而作用著三個故事看官聽在下一一分剖
第一句說紫荊枝下還家昔時有田氏兄弟三人從小同居合爨長
的娶妻叫田大嫂次的娶妻叫田二嫂妯娌和睦並無間言惟第三的
年小隨著哥嫂過日後來長大娶妻叫田三嫂那田三嫂為人不賢恃
著自己有些粧奩看見夫家一鍋裏煮飯一桌上喫食不用私錢不動
私秤便私房要喫些東西也不方便日夜在丈夫面前攛掇公堂錢庫
田產都是伯伯們掌管一出一入你全不知道他是亮裏你是暗裏用
一說十用十說百那裏曉得目今雖說同居到底有個散場若還家道

075 書名：今古奇觀四十卷

作者：明、抱甕老人編

版式：明末金谷園刊本

24.4×15，半葉11行，行23字。四周單欄，花口，單魚尾。書首冠無年月姑蘇笑花主人序。次有總目，總目首葉題「姑蘇抱甕老人輯、笑花主人閱」。扉頁除書名外，題「墨憨齋手定」、「金谷園藏板」。正文前有繡像，每回兩幅，共八十幅。

編號：支文37B—11

購入：昭和9、6、5

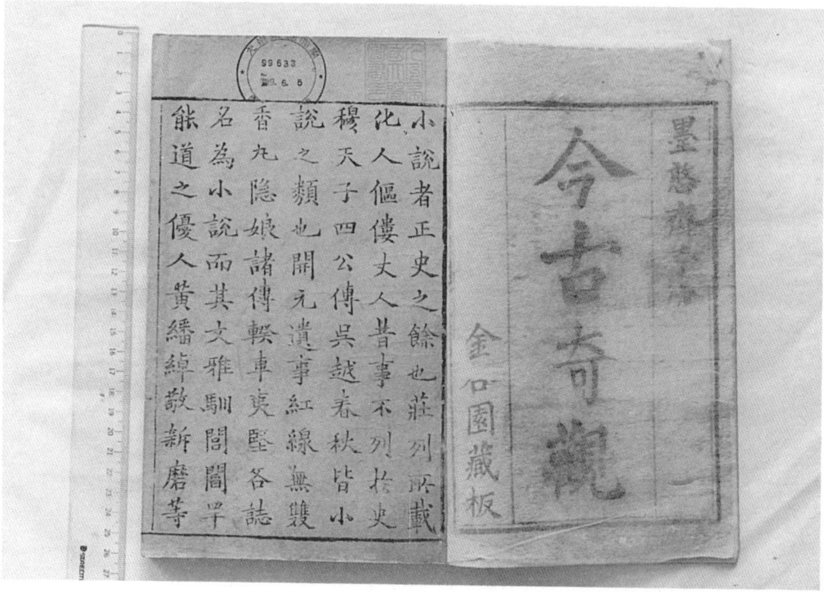
今古奇觀
小說者正史之餘也莊列所載
化人傴僂丈人昔事不列於史
穆天子四公傳吳越春秋皆小
說之類也開元遺事紅線無雙
香丸隱娘諸傳輭車夷堅各誌
名為小說而其文雅馴閭閻罕
能道之優人黃繙綽敬新磨等

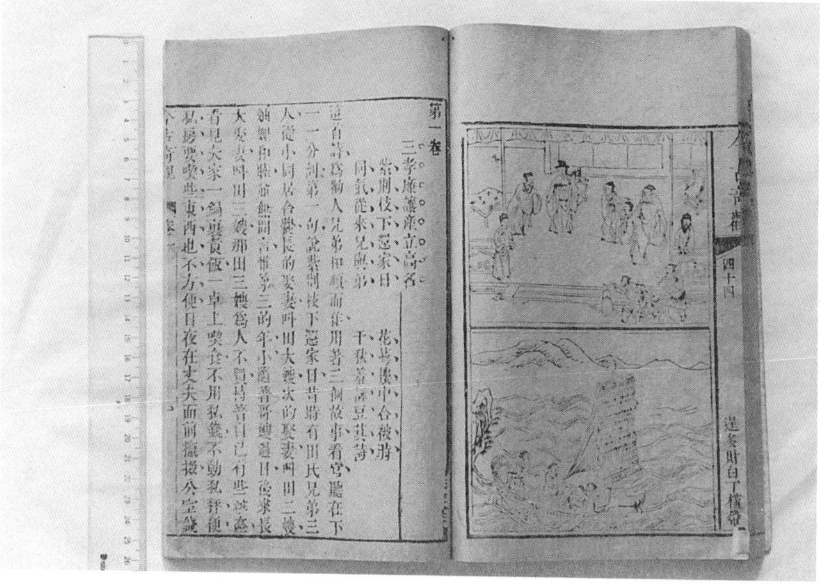
第一卷
三孝廉讓產立高名

076 書名：龍圖公案十卷

作者：明、陶烺元撰

版式：明、金閶種書堂刊本

19.5×12.4，半葉10行，行22字。四周單欄，花口，單魚尾。書首冠無年月陶烺元序，次有總目，正文前有繡像多幅。書首扉頁除書名外，題「新鐫繡像善本」、「金閶種書堂校梓」。

編號：支愛37B—14

購入：昭和7、3、15

按此書無刊書序跋，不詳其刊版情形，惟以紙墨字體及版式觀之，當爲明末刊本。待考。

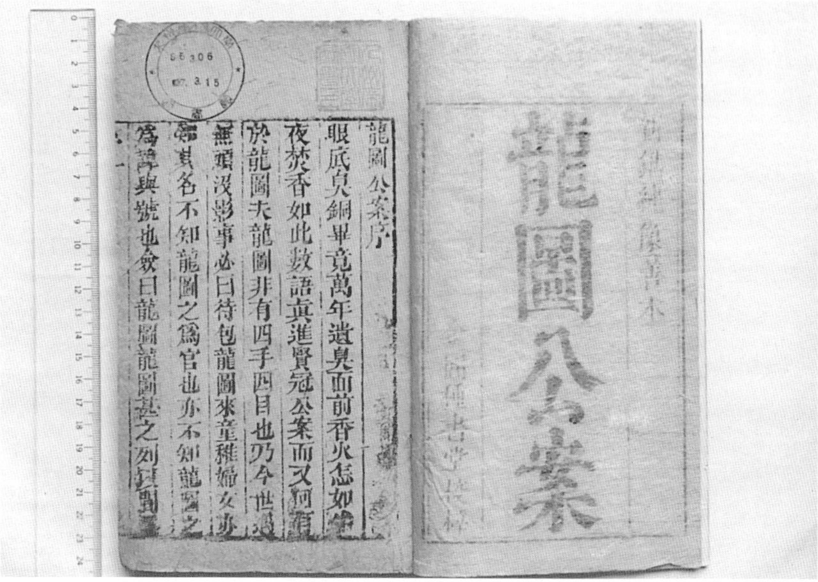
繡像古本
龍圖公案

龍圖公案序
眼底臭銅畢竟萬年遺臭面前香火急如
夜焚香如此數語真進賢冠公案而又何有
於龍圖夫龍圖非有四手四目也乃今世遇
無頭沒影事必曰待包龍圖來童稚婦女亦
知其名不知龍圖之爲官也亦不知龍圖之
爲諱與號也僉曰龍圖龍圖甚之刻畫

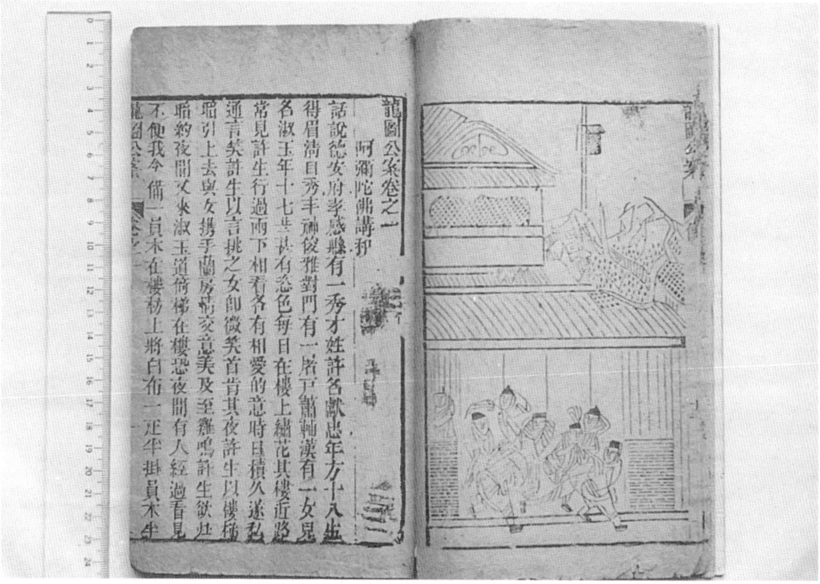
龍圖公案卷之一
阿彌陀佛講和
話說德安府孝感縣有一秀才姓許名獻忠年方十八生
得眉清目秀丰神俊雅對門有一屠戶蕭輔漢有一女兒
名淑玉年十七歲甚有姿色每日在樓上繡花其樓近路
常見許生行過兩下相看各有相愛的意時日積久遂私
通言笑許生以言挑之女即微笑首肯其夜許生以樓梯
蹈引上去與女携手蘭房情交意美及至雞鳴許生欲歸
蹈約夜間又來淑玉道倚梯在樓恐夜間有人經過看見
不便我今備一長木在樓枋上將白布一疋半掛長木上

077 書名：忠義水滸全書一百二十回（兩部）

作者：明、施耐庵撰，李贄評點

版式：明末刊本

20.8×14.4，半葉10行，行22字。四周單欄，花口，無魚尾。扉頁題「卓吾評閱、繡像藏本、水滸四傳全書、本衙藏本」。次有楊定見撰「小引」，不署年月。次有發凡、引首，再次附《宣和遺事》，再次「水滸忠義一百八人籍貫出身」，再次有總目。正文前有圖像多幅，正文內天頭處有批語。

編號：東史37B—20

支文37B—45

按據書首楊定見撰「小引」，知楊氏原爲李卓吾弟子，藏有李氏批點水滸傳。李氏卒後，楊氏遊吳，得識袁無涯氏，遂以此書畀袁無涯氏刊梓。

此刻「校」字或避明熹宗諱，改作「較」字，又不避清諱，當爲明末刊本。九大藏此刻二部，完全相同。

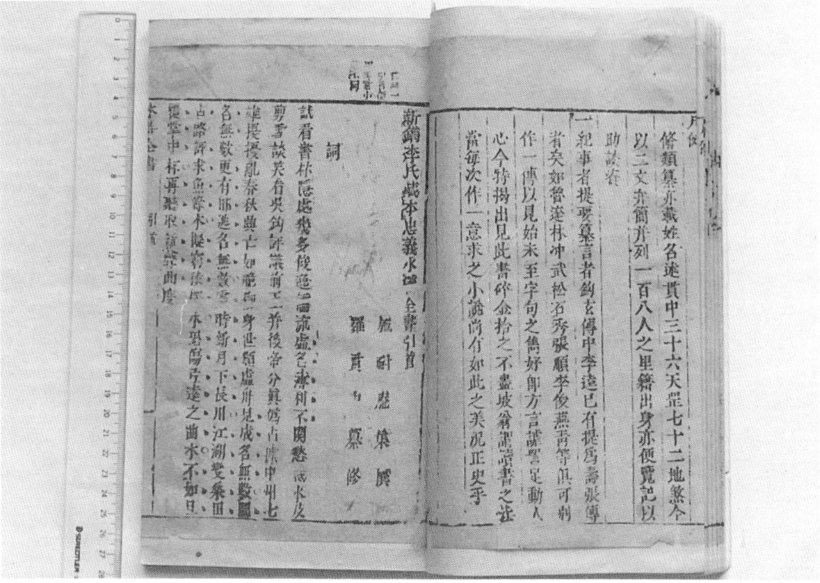
新鐫李氏藏本忠義水滸全書引首
詞

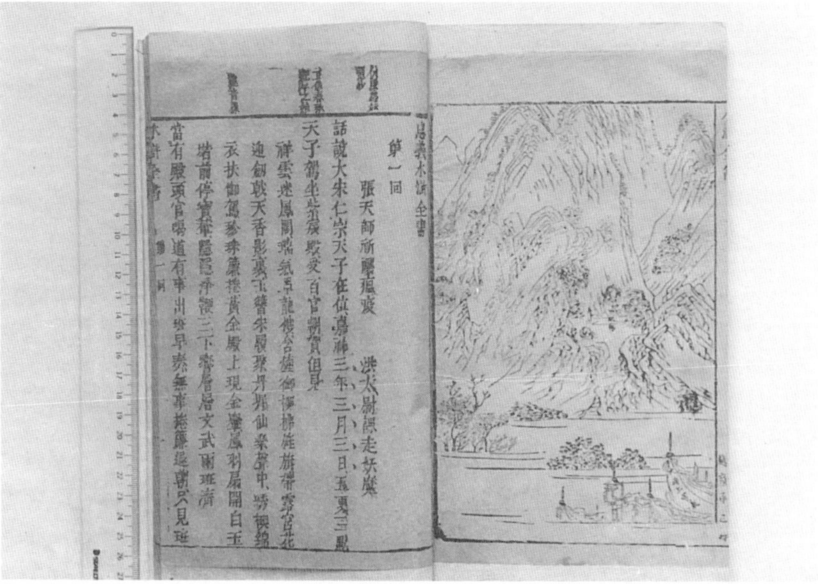
忠義水滸全書
第一回
張天師祈禳瘟疫　洪太尉誤走妖魔

078 書名：往生集三卷

作者：明、釋袾宏撰

版式：明萬曆十二年刊本

20.9×14.7，半葉10行，行20字。四周單欄，花口，單魚尾。書首冠萬曆十二年（1584A.D.）袾宏序，次有總目。

編號：支哲23—35

購入：昭和40、10、8

按此刻不避清諱，應爲明刊本。袾宏爲明三大僧之一，此刻或爲其撰成此書時初刻本，抑或爲後代刻藏經中之一部，姑存疑。

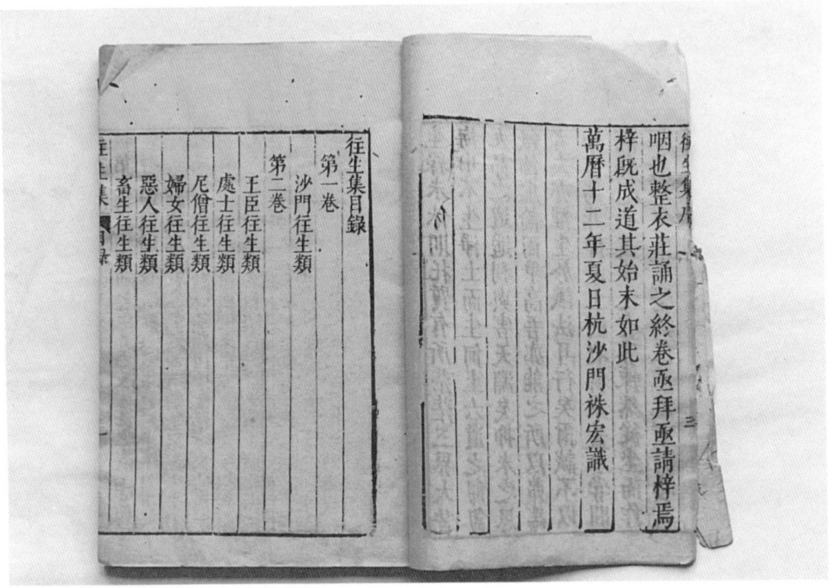

咽也整衣莊誦之終卷亟拜亟請梓焉
梓既成道其始末如此
萬曆十二年夏日杭沙門袾宏識

往生集目錄
第一卷
沙門往生類
第二卷
王臣往生類
處士往生類
尼僧往生類
婦女往生類
惡人往生類
畜生往生類

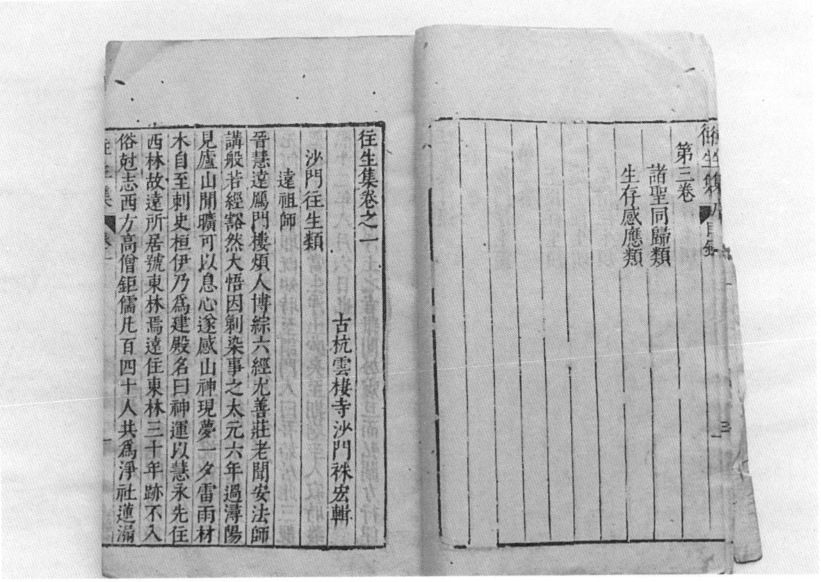

第三卷
諸聖同歸類
生存感應類

往生集卷之一
古杭雲棲寺沙門袾宏輯
沙門往生類
遠祖師
晉慧遠鴈門樓煩人博綜六經尤善莊老聞安法師講般若經豁然大悟因剃染事之太元六年過潯陽見廬山閒曠可以息心遂感山神現夢一夕雷雨材木自至刺史桓伊乃為建殿名曰神運以慧永先住西林故遠所居號東林焉遠住東林三十年跡不入俗刱志西方高僧鉅儒凡百四十人共為淨社蓮漏

079 書名：大慧普覺禪師書不分卷

作者：宋、釋慧然錄

版式：明刊本

18.5×13.3，半葉10行，行18字。四周單欄，白口，雙魚尾。首葉題「參學慧然錄」、「淨智居士黃文昌重編」。卷尾有黃文昌跋。卷末題「弟子聞人諒莫浹戴質楊楷超宗道人普覺超然道人淨覺各施財刊版」、「乾道二年歲次丙戌八月勅賜徑山妙喜庵刊行」。

編號：支哲51—118（貴重書）

購入：昭和10、3、5

按此書乃宋釋大慧禪師說法，經門弟子記錄付梓者。九大所藏，已經重新裝裱，雖有宋乾道二年牌記，然不避宋諱。且由紙墨觀之，頗似明刊本，待考。

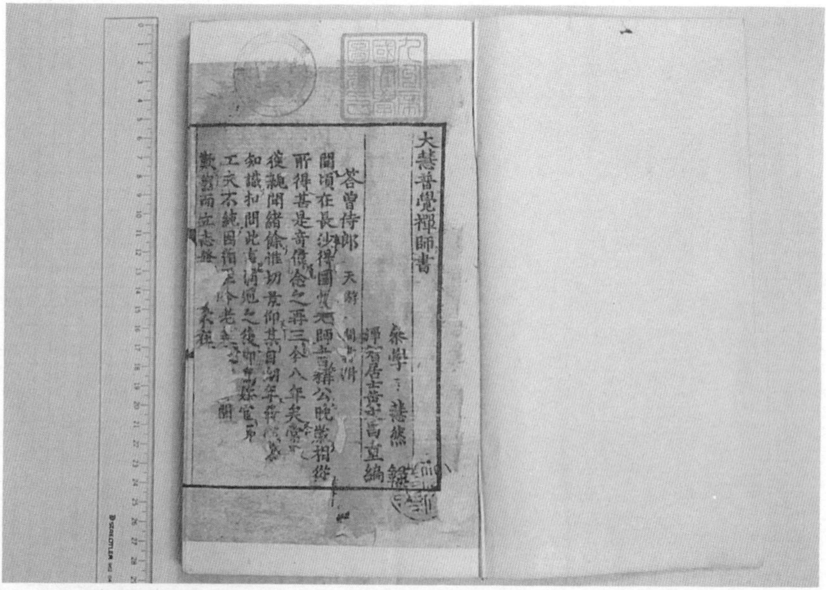

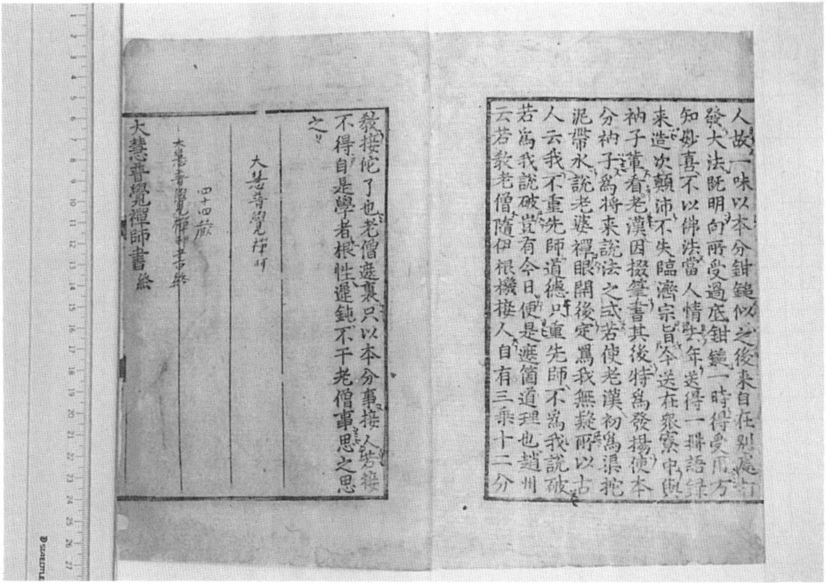
人故一味以本分鉗鎚似之後来自在別處行
發大法既明向所受過底鉗鎚一時得受用方
知妙喜不以佛法當人情数年送得一冊語録
来造次顛沛不失臨濟宗旨今送在衆寮中與
衲子輩看老漢因援筆書其後特為發揚使本
分衲子為将来説法之式若使老漢初為渠拖
泥帶水説老婆禪眼開後定罵我無疑所以古
人云我不重先師道德只重先師不為我説破
若為我説破豈有今日便是遮箇道理也趙州
云若教老僧隨伊根機接人自有三乘十二分

發接他了也老僧遮裏只以本分事接人若接
不得自是學者根性遲鈍不干老僧事思之思
之

大慧普覺禪師書

四十四歲

大慧普覺禪師書終

大慧普覺禪師書　終

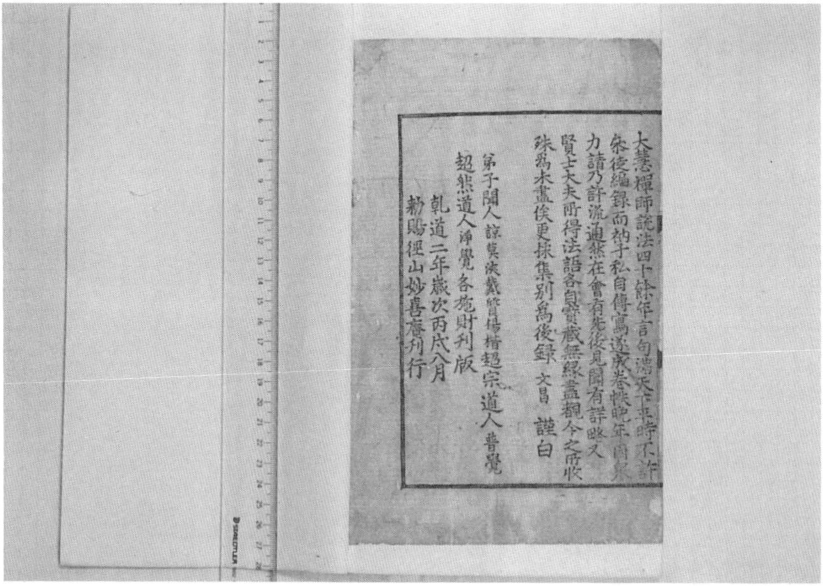
大慧禪師說法四十餘年言句遍天下平時不許
參徒編録而衲子私自傳寫遂成巻帙晚年因衆
力請乃許流通然在會者先後見聞有詳略又
賢士大夫所得法語各自寶藏無繇盡覩今之所收
殊為未盡俟更採集別為後録　文昌　謹白
弟子聞人諒眞淡齋管傳楷超宗道人普覺
超然道人淨覺各施財刊版
乾道二年歲次丙戌八月
勅賜徑山妙喜庵刊行

080 書名：關尹子文始真經一卷

作者：周、關尹子撰

版式：明刊本

19.6×14.1，半葉9行，行18字。左右雙欄，花口，單魚尾。書首冠「關尹子題辭」，次「漢劉向進關尹子書」，次篇目。卷首首葉題「新安黃之宷校」。

編號：高瀨文庫—子部—10

按此書四庫全書總目著錄，曰：「舊本題周尹喜撰，凡九篇。漢志著錄，而隋志、唐志皆不載。知原本久佚，此本出宋人依託」云云。此刻書首題辭則云：

> 關尹者，函谷關尹也。名喜，姓無可考。周末老子西遊，尹望雲氣，候之於關，去吏從學焉。請著道德五千言，因祖述道德，著爲是編。

此刻亦九篇：宇篇、柱篇、極篇、符篇、鑑篇、匕篇、釜篇、籌篇、藥篇。全刻無刊書序跋題記，然以紙墨觀之，或爲明萬曆間刊本。

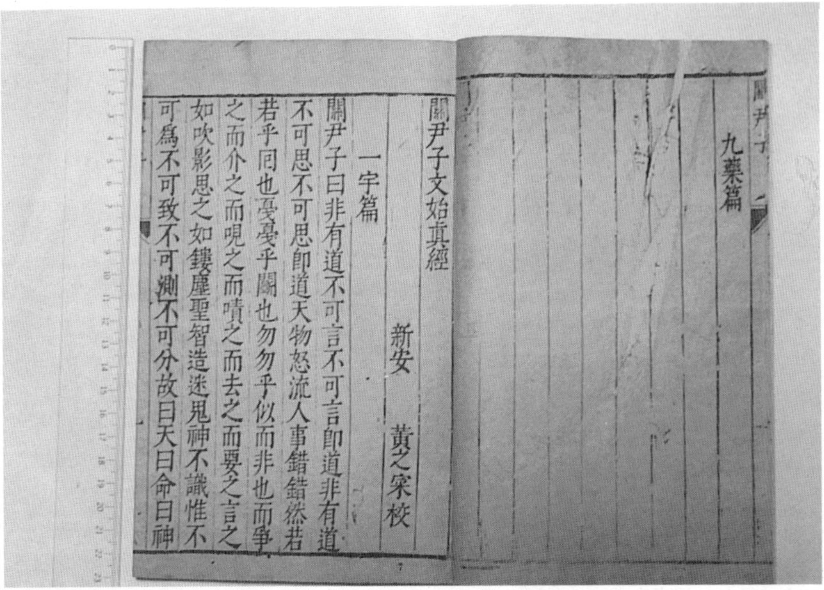

關尹子
九藥篇

關尹子文始真經
新安　黃之寀校
一宇篇
關尹子曰非有道不可言不可言卽道非有道不可思不可思卽道天物怒流人事錯錯然若若乎回也戛戛乎闕也勿勿乎似而非也而爭之而介之而哯之而嘖之而去之而要之言之如吹影思之如鏤塵聖智造迷鬼神不識惟不可爲不可致不可測不可分故曰天曰命曰神

081 書名：南華真經十卷

作者：周、莊周撰

版式：明刊本

19.7×14.3，半葉8行，行17字。四周雙欄，白口，單魚尾。書首冠郭象序，次有總目。每卷首葉題「郭象子玄註、陸德明音義」。

編號：支哲22—12

購入：昭和2、2、1

此刻無刊書序跋，以紙墨觀之，似明代刊本，待考。

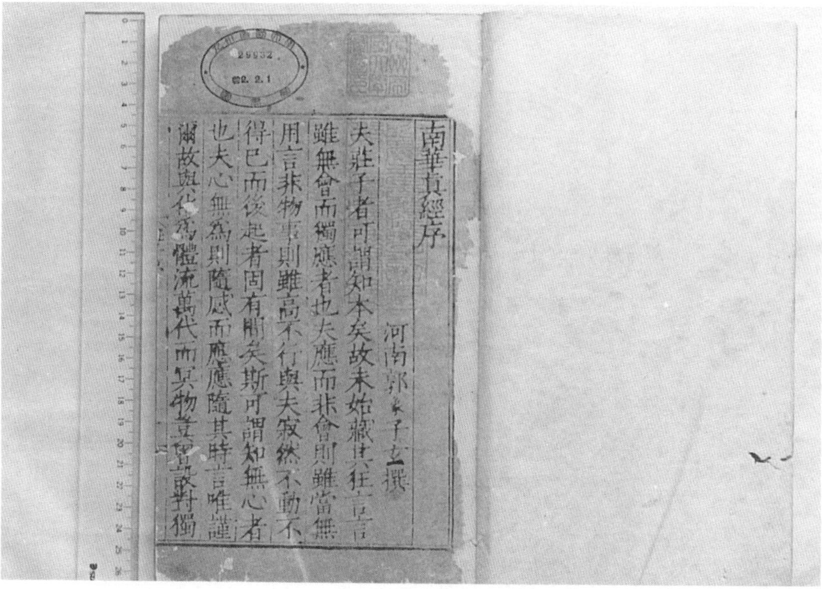

南華眞經序　　河南郭象子玄撰

夫莊子者可謂知本矣故未始藏其狂言言雖無會而獨應者也夫應而非會則雖當無用言非物事則雖高不行與夫寂然不動不得已而後起者固有間矣斯可謂知無心者也夫心無爲則隨感而應應隨其時言唯謹爾故與化爲體流萬代而冥物豈曾設對獨

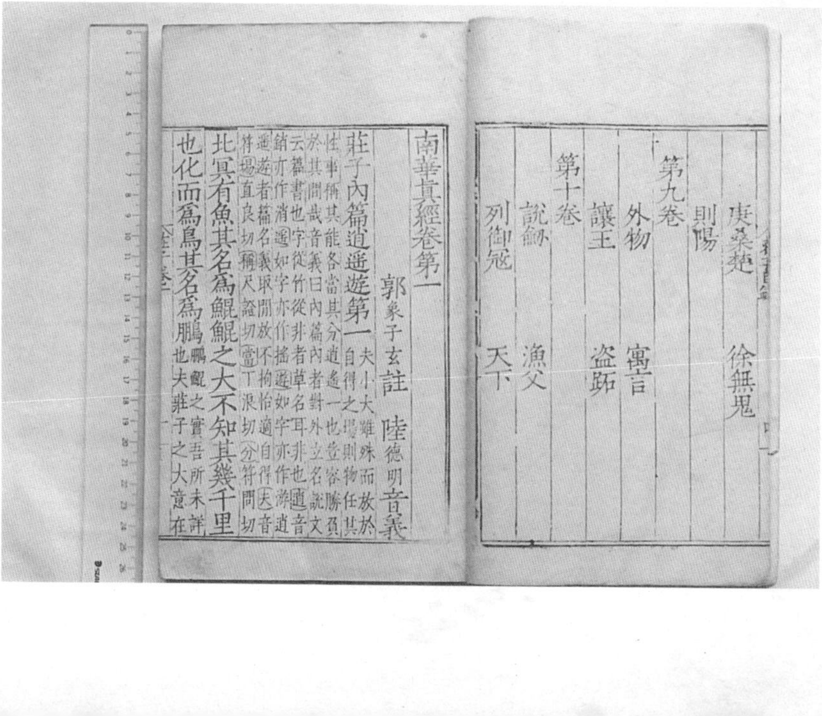

庚桑楚　徐無鬼

則陽

第九卷

外物　寓言

讓王　盜跖

第十卷

說劍　漁父

列御寇　天下

南華眞經卷第一　　郭象子玄註　陸德明音義

莊子內篇逍遙遊第一　夫小大雖殊而放於自得之場則物任其性事稱其能各當其分逍遙一也豈容勝負於其間哉　音義曰內篇內者對外立名說文云篇書也字從竹從非者草名耳非也逍音銷亦作消遙如字亦作搖遊如字亦作遊逍遙遊者篇名義取閒放不拘怡適自得天音符場直良切稱尺證切當丁浪切分符問切

北冥有魚其名爲鯤鯤之大不知其幾千里也化而爲鳥其名爲鵬　鵬鯤之實吾所未詳也夫莊子之大意在

082 書名：**南華經十六卷**

作者：周、莊周撰

版式：明刊四色套印本

20.3×14.5，半葉8行，行18字。四周單欄，白口，無魚尾。書首冠萬曆三十三年（1605A.D.）馮夢禎序，次無年月沈汝序。後附郭象序、莊子列傳，總目。卷一首葉題「晉子玄郭象註、宋林鬳齋口義、劉須溪點校、明王鳳洲評點、附陳明卿批注」。

編號：支哲22—13

購入：昭和5、8、25

按此刻正文用墨筆，圈點用朱筆，批語及天頭處眉批用紫、藍、墨朱色，合爲四色刊本。明代末期刊套色本者，以吳興凌氏、閔氏爲最著。然此刻不似一般所見淩、閔氏所刊之精美，疑爲坊間刊本。

林鬳齋爲南宋理宗端平間進士林希逸，著有老莊列三子口義。此刻即將其莊子口義摘出，分列於全刻天頭處，並與評點、批校等并行，爲明末坊刻本典型特色。

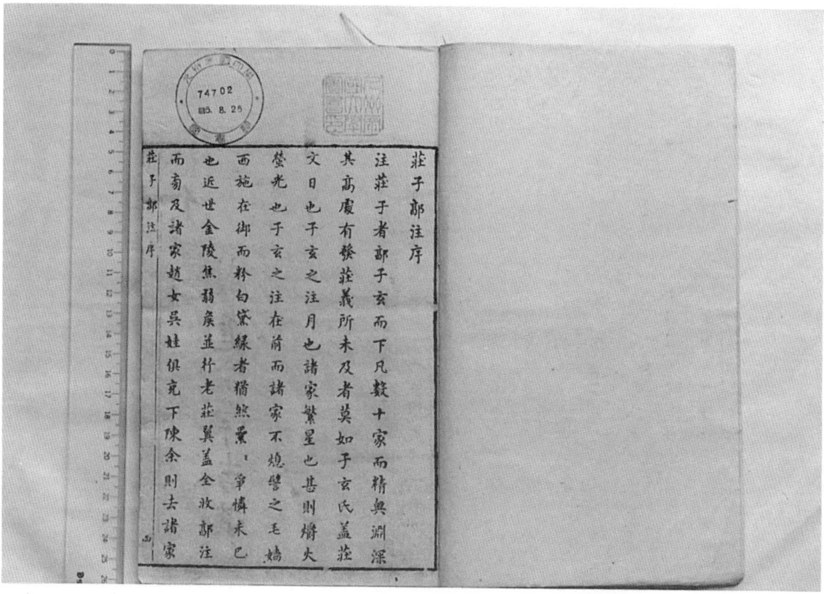

莊子郭注序
注莊子者郭子玄而下凡數十家而精奥淵深
其高處有發莊義所未及者莫如子玄氏蓋莊
文日也子玄之注月也諸家繁星也甚則爝火
螢光也子玄之注在前而諸家不爍譬之毛嬙
西施在御而粉白黛綠者猶然粟粟爭憐未已
也近世金陵焦弱侯并竹老莊翼蓋全收郭注
而翦及諸家趙女吳娃俱充下陳余則去諸家
莊子郭注序

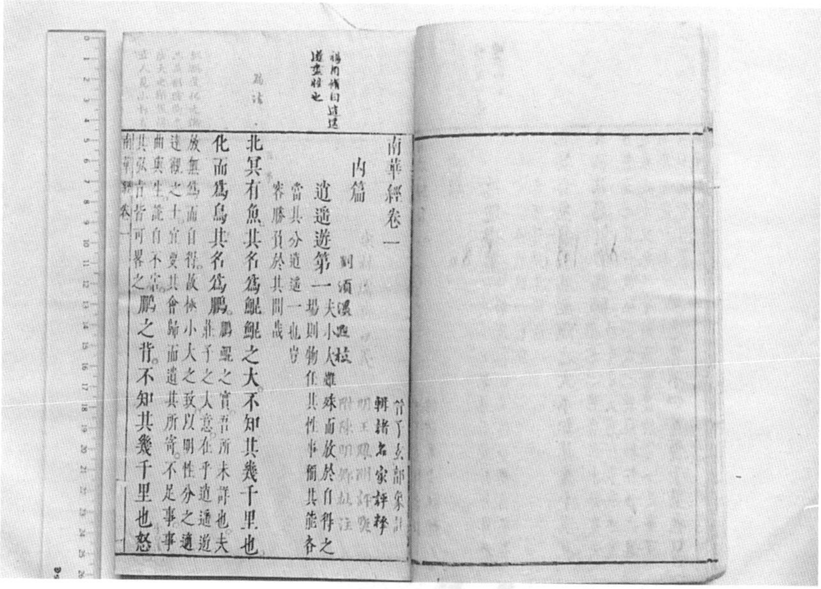

南華經卷一
晉子玄郭象注
[illegible]輯諸名家評釋
內篇
逍遙遊第一
夫小大雖殊而放於自得之場則物任其性事稱其能各當其分逍遙一也豈容勝負於其間哉
北冥有魚其名為鯤鯤之大不知其幾千里也
化而為鳥其名為鵬
鵬鯤之實吾所未詳也夫莊子之大意在乎逍遙遊放無為而自得故極小大之致以明性分之適達觀之士宜要其會歸而遺其所寄不足事事曲與生說自不害其弘旨皆可略之
鵬之背不知其幾千里也怒
南華經卷一

集　部

083 書名：昭明太子集五卷附一卷

作者：梁、蕭統撰

版式：天啓元年刊本

20.7×14.6，半葉9行，行18字。左右雙欄，花口，單魚尾。書首冠天啓元年（1621A.D.）張燮序，次有總目。每卷首葉題「梁昭明太子蕭統著」。

編號：支文33—85

購入：昭和15、6、15

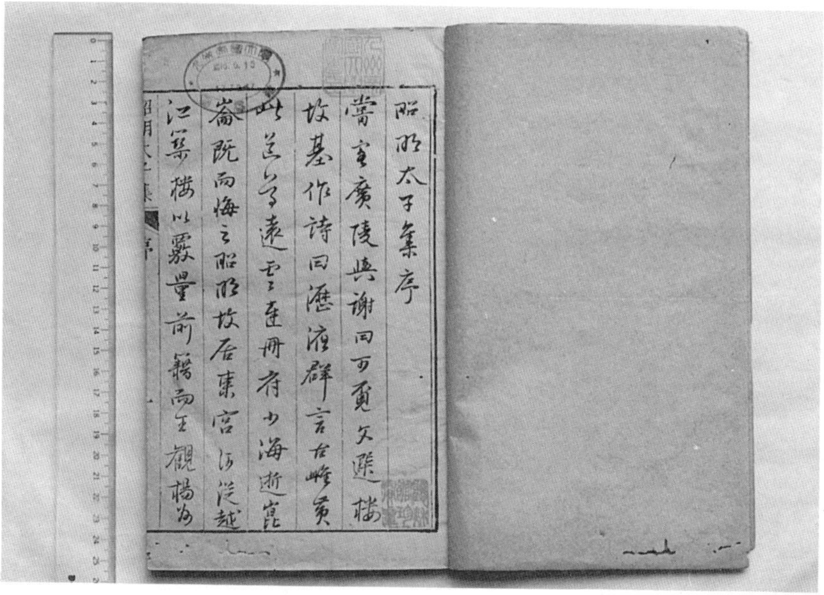

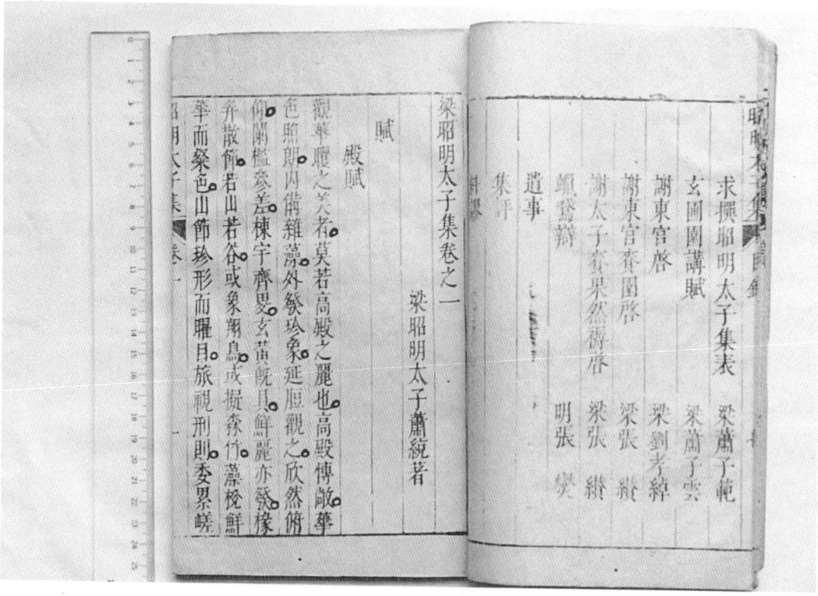

084 **書名：重刊分類補註李詩全集**二十五卷、**編次李太白文集**五卷

作者：唐、李白撰

版式：明、霏玉齋、瑞桃堂刊本

20×14.2，半葉11行，行22字。左右雙欄，白口，單魚尾。書首冠唐寶應元年（762A.D.）李陽冰序、宋樂史、宋敏求、曾鞏序，均不署年月。次有碣記、墓誌、總目。總目及卷一首葉題「春陵楊齊賢子見集註、章貢蕭士贇粹可補註」。詩集總目首葉題「霏玉齋校刻」，文集卷一首葉題「瑞桃堂校刻」。

編號：支文33—104

購入：昭和26、1、22

按樂史序曰：

> 李翰林歌詩，李陽冰纂爲草堂集十卷。史又別收歌詩十卷，與草堂集互有得失，因校勘排爲二十卷，號曰李翰林集。今於三館中得李白賦序表贊書頌等，亦排爲十卷，號曰李翰林別集……。

此即後世李白集之祖本。此三十卷本又經宋敏求、曾鞏等人修纂，各有出入。此明刊本即從此刊本出，分詩集二十五卷，內含古賦、古風、樂府、歌吟、贈、寄、留別、送、酬答、遊宴、登覽、行役、懷古、紀適閒、懷思、感遇、寫懷、詠物、題詠、雜詠、閨情、哀傷。文集五卷，內含表、書、序、記、頌、讚、銘、碑文。

書首有「守眞草堂珍藏」等印記，不知屬誰。

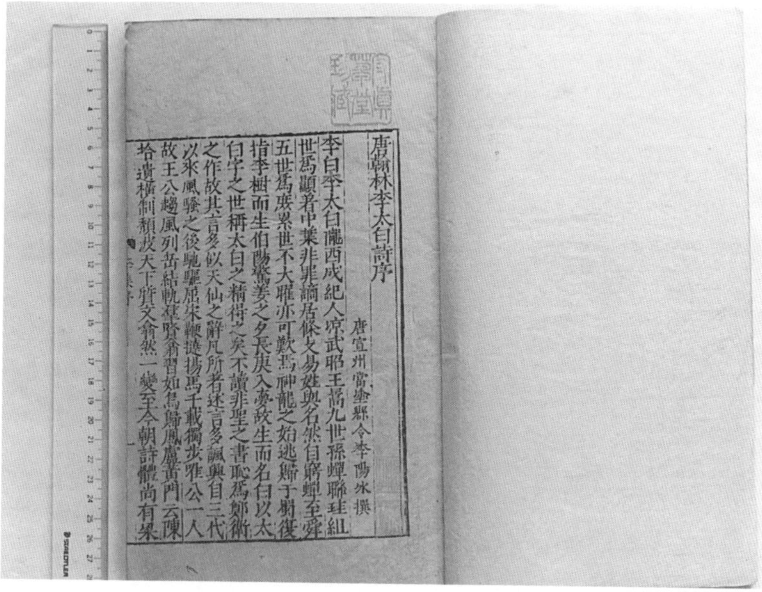
唐翰林李太白詩序
唐宣州當塗縣令李陽冰撰
李白字太白隴西成紀人涼武昭王暠九世孫蟬聯珪組
世為顯著中葉非罪謫居條支易姓與名然自窮蟬至舜
五世為庶累世不大曜亦可歎焉神龍之始逃歸于蜀復
指李樹而生伯陽驚姜之夕長庚入夢故生而名白以太
白字之世稱太白之精得之矣不讀非聖之書恥為鄭衛
之作故其言多似天仙之辭凡所著述言多諷興自三代
以來風騷之後馳驅屈宋鞭撻揚馬千載獨步唯公一人
故王公趨風列岳結軌群賢翕習如鳥歸鳳盧黄門云陳
拾遺橫制頹波天下質文翕然一變至今朝詩體尚有梁

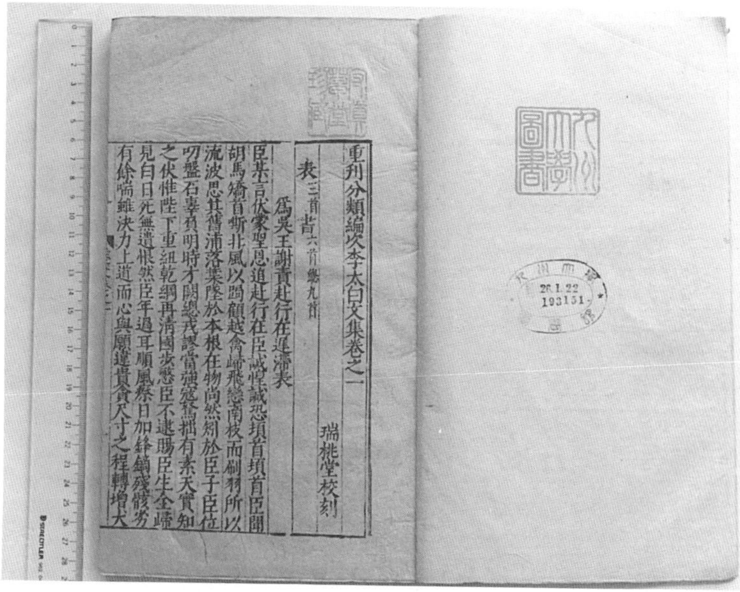
重刊分類編次李太白文集卷之一
瑞桃堂校刻
表三首 書六首 總九首
為吳王謝責赴行在遲滯表
臣某言伏蒙聖恩追赴行在臣誠惶誠恐頓首頓首臣聞
胡馬躡首嘶北風以蹋顧越禽歸飛戀南枝而刷羽所以
流波思其舊浦落葉墜於本根在物尚然矧於臣子臣位
叨盤石寄負明時才闕總戎謀當殄寇驚擧有素天實知
之伏惟陛下重紐乾綱再清國步愚臣不逮賜臣生全歸
見白日死無遺恨然臣年過耳順風瘵日加鋒鏑殘骸勞
有餘喘雖決力上道而心與願違貴賫尺寸之程轉增犬

085 書名：文潞公集四十卷

作者：宋、文彥博撰

版式：明嘉靖五年平陽府解州刊本

20.6×14.6，半葉10行，行20字。四周單欄，白口。

書首冠嘉靖五年（1526A.D.）呂柟序，次錄宋、葉夢得題辭，無總目。

編號：支哲33—54

購入：昭和6、5、15

按書首呂柟序曰：

潞國忠烈公文寬夫集，凡四十卷，蓋其少子維申討求追輯以成帙，而葉尚書少蘊所爲序行者也。然今板本不傳久矣。沁水李司徒公叔淵家有抄本，字多差訛。他日巡按山西，潛江初公啓昭命柟校刊司馬文正公集，李公曰：文公集亦不可以莫之傳也。乃以其本付解州。柟得而校正其十七八焉。初公遂命平陽守王子公濟刊木以行……。

是此刻爲文潞公文集今傳世最古刊本。此刻字體猶爲軟體宋字，版心白口，以白棉紙精印，當爲嘉靖五年初印本。

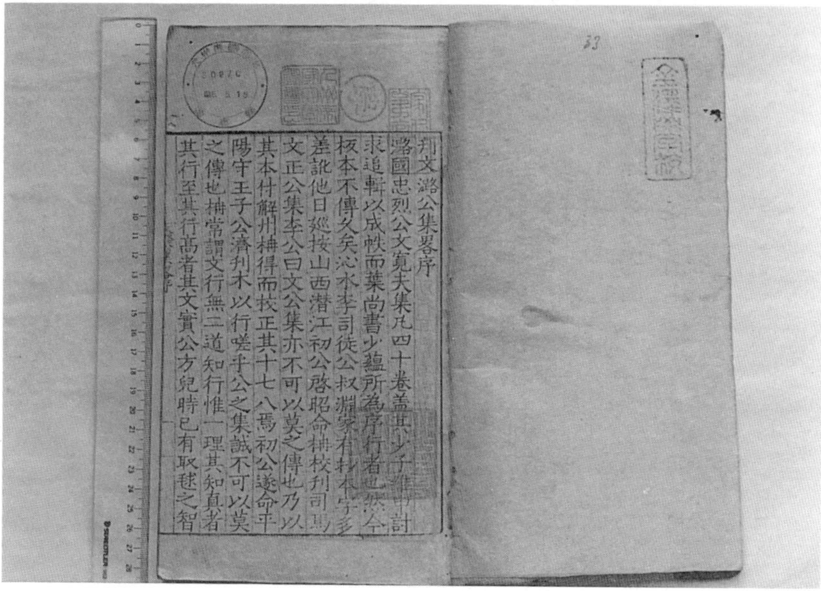
刊文潞公集畧序
潞國忠烈公文寬夫集凡四十卷蓋其少子維申討
求追輯以成帙而葉尚書少蘊所爲序行者也然今
板本不傳久矣沁水李司徒公叔淵家有抄本字多
差訛他日巡按山西潛江初公啓昭命楠校刊司馬
文正公集竟公曰文公集亦不可以莫之傳也乃以
其本付解州楠得而校正其十七八焉初公遂命平
陽守王子公濟刊木以行嗟乎公之集誠不可以莫
之傳也楠常謂文行無二道知行惟一理其知真者
其行至其行高者其文實公方兒時已有取毬之智

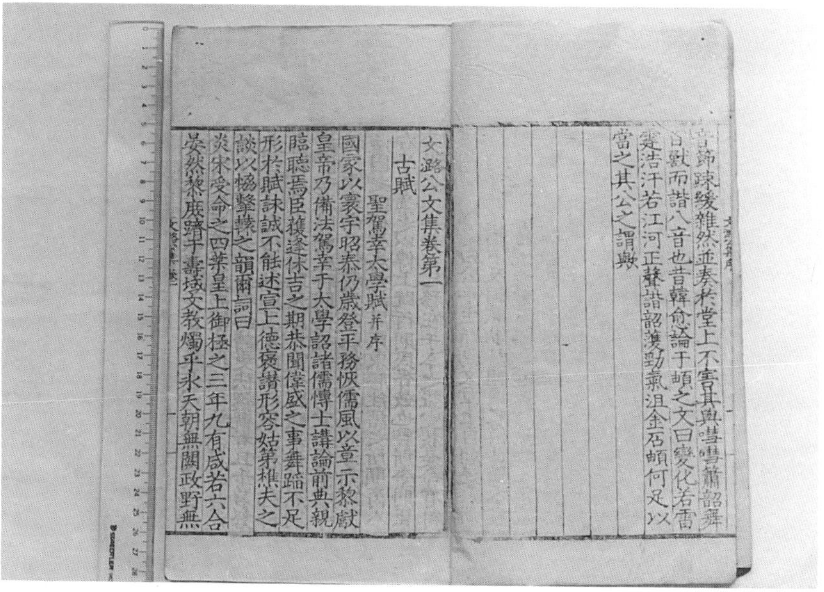
音節疎緩雜然並奏於堂上不害其與嘐嘐簫韶舞
合獸而諧八音也昔韓愈論于頔之文曰變化若雷
霆浩汗若江河正聲諧韶濩勁氣沮金石頔何足以
當之其公之謂歟

文潞公文集卷第一
古賦
聖駕幸太學賦并序
國家以寰宇昭泰仍歲登平務恢儒風以章示黎獻
皇帝乃備法駕幸于大學詔諸儒博士講論前典親
臨聽焉臣獲逢休吉之期恭閱偉盛之事舞蹈不足
形於賦詠誠不能述宣上德褒讃形容姑第僬夫之
談以惱擊轅之韻爾詞曰
炎宋受命之四葉皇上御極之三年九有咸若六合
晏然黎庶躋于壽域文教燭乎氷天朝無闕政野無

086 書名：蘇文忠公全集七種一百一十卷

作者：宋、蘇軾撰

版式：嘉靖十三年江西布政司重刊本

20.1×13，半葉10行，行20字。四周雙欄，花口，雙魚尾。書首冠成化四年（1486A.D.）李紹序，次有「宋贈蘇文忠公太師勅」、宋孝宗御製序、義例。再次爲蘇軾墓誌銘、本傳、年譜、總目。集後題「嘉靖十三年（1534A.D.）江西布政司重刊、南豐縣學教諭繆宗道校正」。

編號：支文33—116

購入：昭和27、7、12

按書首李紹序曰：

（宋代諸家文集）宋時刻本雖存，而藏于內閣，仁廟亦嘗命工翻刻，而……蘇集以工未畢而上升遐矣……海虞程侯自刑部郎來守吉……得宋時曹訓所刻舊本，及仁廟所刻未完新本，重加校閱，仍依舊本卷帙。舊本無而新本有者，則爲續集，并刻之……。

此刻即是據成化本重刊者。其重刊義例記此刻與成化本之異，除校改訛誤外，較特殊者爲：加總目；將舊刻次第更動，舊刻內制外制列於奏議前，今改於後；刪重出者：詩五十一首、論十三首、序一首、奏狀六首、贊十六首、銘三首、啓十首、書十一首、記六首。其餘則更改行款等。

此刻共載東坡著作七種：東坡集四十卷、東坡後集二十卷、奏議集十五卷、內制集十卷、外制集三卷、應詔集十卷。後有續集十二卷，即李序中所謂舊本無而新本有者。合此七種，共一百十一卷。

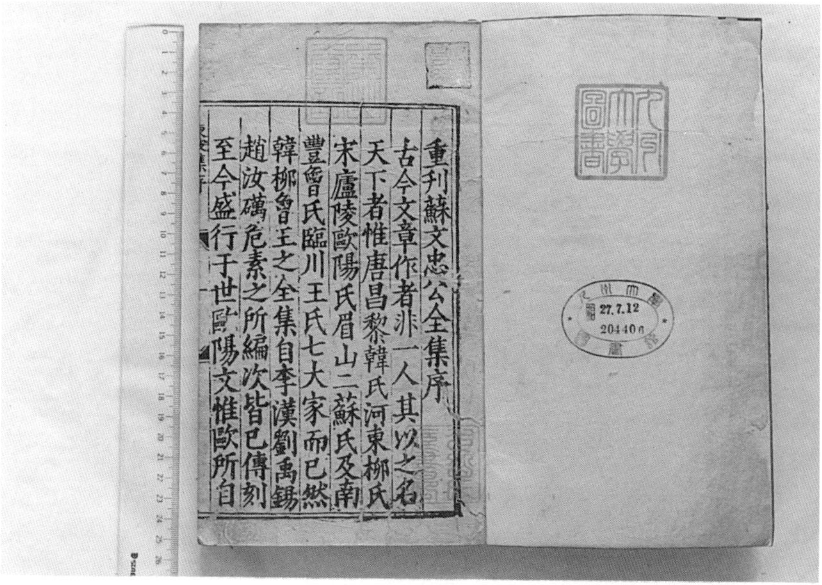

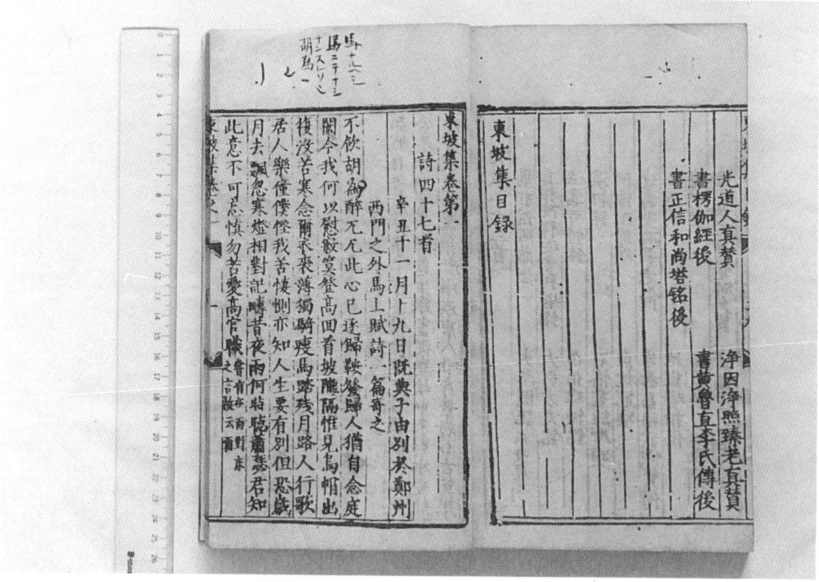

087 書名：蘇文忠公全集四十四卷

作者：宋、蘇軾撰

版式：明、文盛堂刊本

20.3×14.8，半葉10行，行19字。左右雙欄，花口，無魚尾。書首冠無年月項煜序，次有總目。扉頁除書名外，題「陳明卿太史訂正」、「文盛堂藏板」。

編號：支文33—192

購入：昭和39、7、9

按書首項序並未論及刻書始末；扉頁題陳明卿訂正，即陳仁錫，然書內未有陳氏批語。或此本爲明晚期坊間刊本。

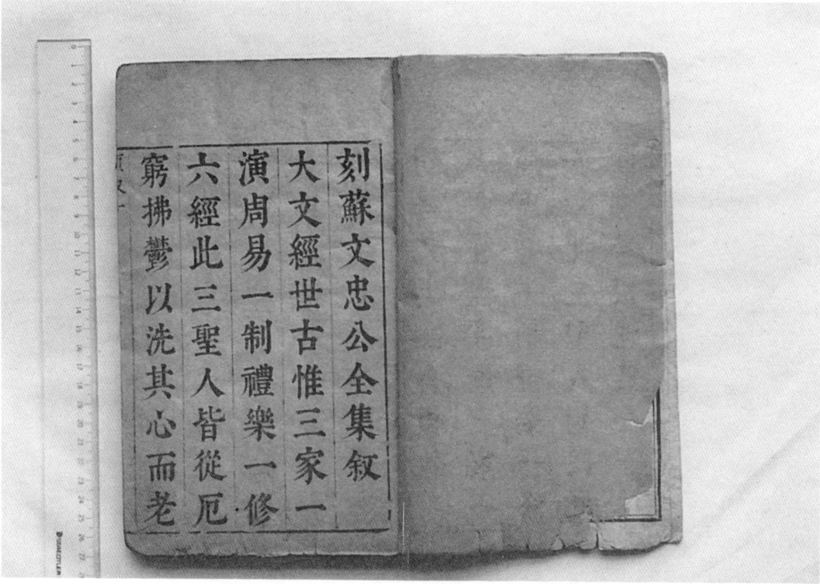

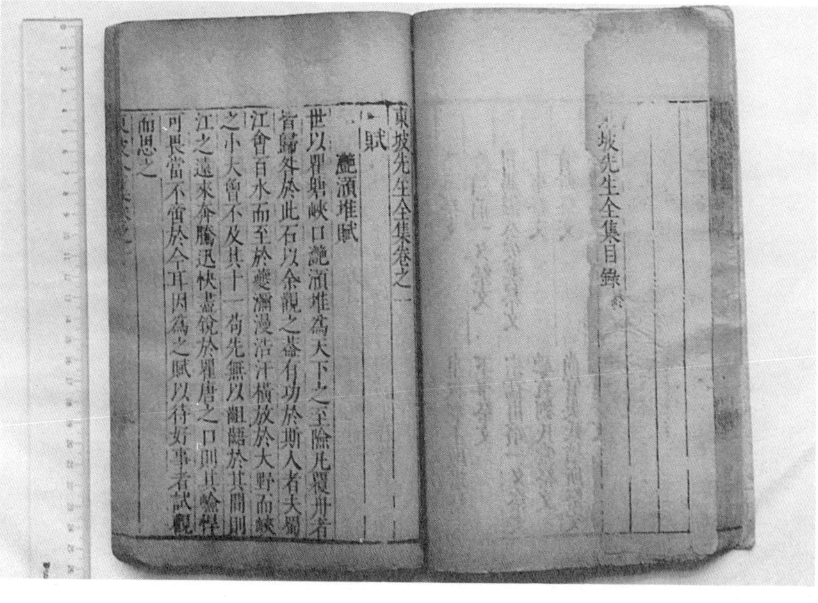

088 書名：山谷先生全書：文集十六卷外集十二卷別集三卷詞一卷（外集卷五至卷十闕）

作者：宋、黃庭堅撰

版式：嘉靖六年刊本

22.6×15.5，半葉12行，行22字。四周雙欄，白口，單魚尾。書首冠嘉靖六年（1527A.D.）周季鳳序。每卷前各有卷目。

編號：支文33—152

購入：昭和36、9、1

按書首周序，略云其故友潘時用自內閣抄出宋蜀人所獻山谷集，凡正集、外集、別集、詞、簡、年譜，合九十七卷，由庠生王朝宗、查應元翻刻云云。

今九大所藏此本，無年譜等，不知是佚去或原刻即闕。且周序云全書有九十七卷，與此本明顯不合，不詳何故，待考。書首有「讀耕齋之家藏」等印記，亦不知屬誰。

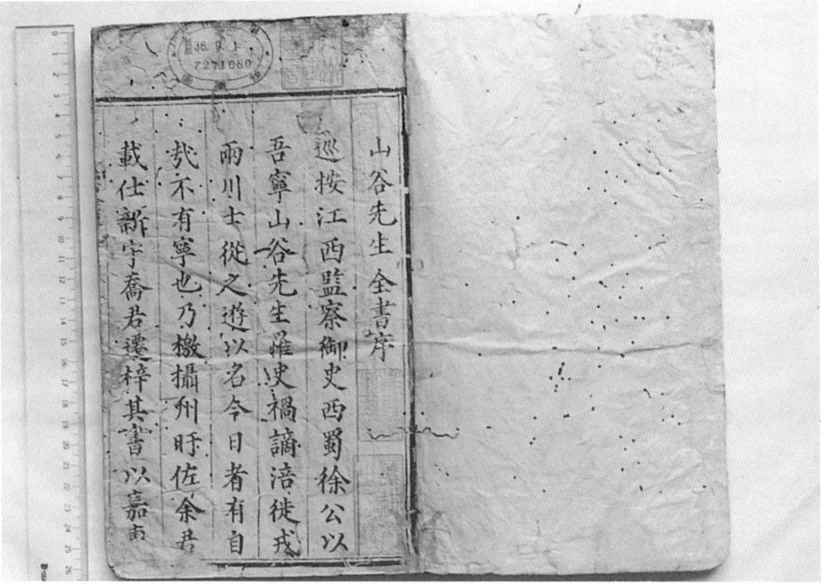

山谷先生全書序
巡按江西監察御史西蜀徐公以
吾寧山谷先生罹史禍謫涪徙戎
兩川士從之遊以名今日者有自
哉不有寧也乃檄攝州畤佐余君
載仕新守喬君遷梓其書以嘉惠

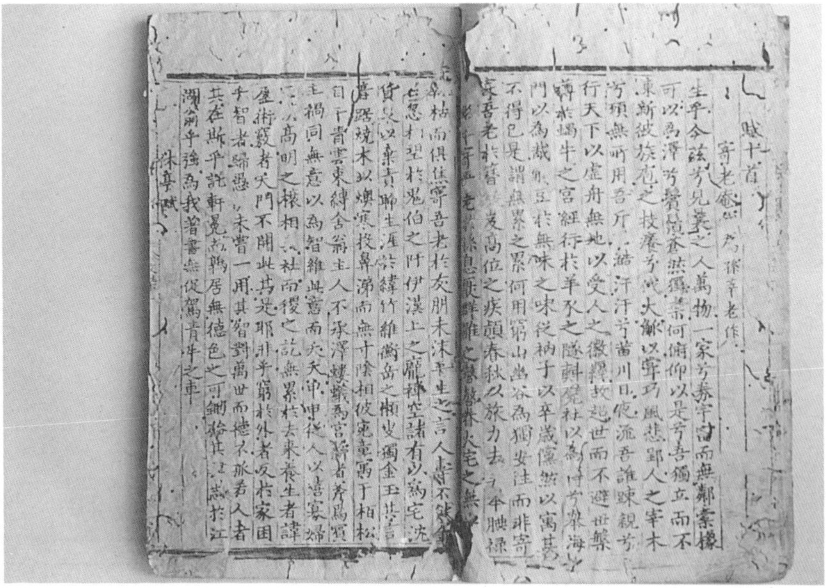

賦十一首
寄老庵賦 為張仲老作
生乎今茲兮見衰之人萬物一家兮恭宇宙而無鄰案椽
可以爲澤兮贅疣蒼然獨立何俯仰以是兮吾獨立而不
東新彼族危之技癢兮代大斲以窮巧風悲郢人之牢木
兮頹無所用吾斤䂓汗汗兮蜀川日夜流吾誰踈親兮
行天下以虛舟無地以受人之徽纆故超世而不避世槃
礴於蝸牛之宮經行於羊豕之隧斛觥社以為竹兮棃海兮
門以為蔵豆於無味之味從衲子以卒歲儻然以寓其
不得已是謂無累之累何用窮山幽谷為獨安往而非寄
寄吾老於菴　友高位之疾頗春秋以旅力去兮本朒䏶
朽枯而俱焦寄吾老於友朋未沐平生之言人者不能
之思木理於鬼伯之阡伊漢上之龐稱空諸有以爲宅洗
貨其以棄責聊生涯於緯竹維鹵之懶叟獨金玉其言
齊踞燒木以燠寒投鼻涕而無十陰相彼宼竟寓于柏松
日干青雲東縛舍翁主人不承澤螻蟻為宮鶺者斧爲寶
主禍同無意以為智維此意而天天伸伸從人以嘉寡婦
高明之樣相社而稷之說無累於去來養生者諱
歷術敎者天門不開此其是耶非乎窮於外者反於家困
乎智者歸歟未嘗一用其智對萬世而德不旅者入者
其在斯乎詭軒冕於鶴居無德色之可鋤捨其志於江
湖劍乎強為我著書無從駕青牛之車
休亭賦

089 書名：邵子全書二十四卷
作者：宋、邵雍撰
版式：萬曆三十四年刊本
20.8×14.6，半葉10行，行20字。四周雙欄，花口，單魚尾。書首冠無年月朱國禎序、萬曆三十四年（1606A.D.）徐必達刻書序。
編號：支哲51—104
購入：昭和9、3、20

按此刻爲徐必達校刊。其序論及此刻內容曰：

……先生書以元會運世相經者三十四篇，以聲音律呂唱和爲圖者十六篇，統名之曰觀物，篇凡五十，爲卷十。內篇十二，舊爲卷二，今仍性理本，益以伯溫解，爲卷三。外篇上下，出門弟子所記，爲卷二。擊壤詩二千餘首，爲卷六。而性理本首二卷，內一元消長之數圖，則三十四篇之總也，四象體用之數圖，則十六篇之總也，大概出伯溫所著。指要等書，則出蔡西山所衍。說者謂當刪去，而晦翁嘗稱其推究縝密，故寧過而存之。漁樵對問，無名公傳，存見性理。而懷古賦等篇，則從別本得之，因併以入。遺行誌狀，則附於後，通爲二十四卷……。

此亦邵雍著作首次彙集整理而付梓者。

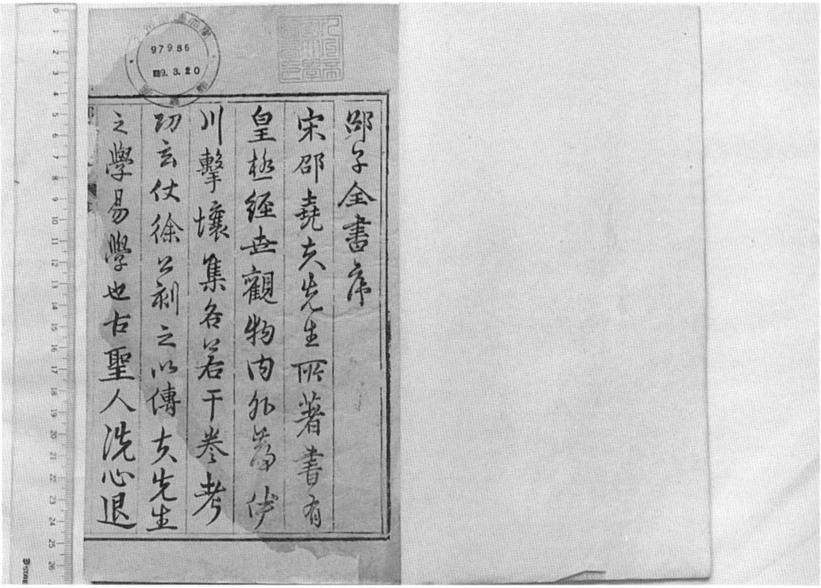
97986
69.3.20
邵子全書序
宋邵堯夫先生所著書有
皇極經世觀物內外篇伊
川擊壤集各若干卷考
功玄仗徐公剞之以傳夫先生
之學易學也古聖人洗心退

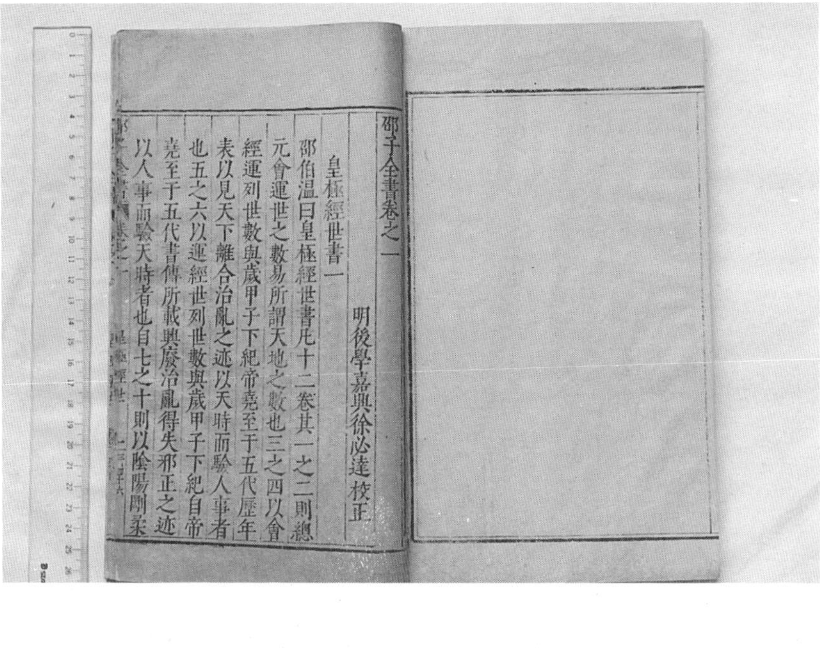
邵子全書卷之一
明後學嘉興徐必達校正
皇極經世書一
邵伯溫曰皇極經世書凡十二卷其一之二則總
元會運世之數易所謂天地之數也三之四以會
經運列世數與歲甲子下紀帝堯至于五代歷年
表以見天下離合治亂之迹以天時而驗人事者
也五之六以運經世列世數與歲甲子下紀自帝
堯至于五代書傳所載興廢治亂得失邪正之迹
以人事而驗天時者也自七之十則以陰陽剛柔

090 書名：朱子文集一百卷續集十一卷別集十卷

作者：宋、朱熹撰

版式：嘉靖十一年刊本

18.9×13.3，半葉12行，行22字。四周單欄，花口，無魚尾。書首冠嘉靖十一年（1532A.D.）蘇信序，次有文集總目，總目後有同年潘潢序。文集末又有成化十九年（1483A.D.）黃仲昭跋。次爲續集，首冠淳祐五年（1245A.D.）王遂序，後有總目。次別集，首有總目，次咸淳元年（1265A.D.）黃鏞序。

編號：支哲51—222

購入：昭和32、12、7

按文集總目末潘潢序曰：

> 右晦庵文公文集百卷，又續集十卷，別集十有一卷，歲久版昏，察使胡仲申岳、副使張用載大輪，先後白巡御史虞惟明守愚、蘇宗玉信、蔣伯宣詔，縮費重雕，藏諸閩臬……。

今考此刻，續集爲十一卷，別集爲十卷，潘氏誤。按此書續集爲宋、王遂編，別集爲宋、黃鏞編。是宋末以來，卷數即已固定。今明代以下刊本續集或作十卷者，蓋所別在「答劉德華」一篇是否併入第十卷中之差異。

此刻出自成化刊本，成化間黃仲昭刊本又直據宋刻而來。黃氏跋文曰：

> 右晦庵朱先生文集一百卷，閩浙舊皆有刻本。浙本洪武初取置南雍，不知輯於何人。今閩藩所存本，則先生季子在所編也。其後又有續集若干卷、別集若干卷

> 二本，亦併刻之。歷歲既久，刓缺寖多，讀者病焉。成化戊子（四年，1468A.D.），仲昭自翰林謫官南都，偶得閩本，公暇因取浙本校之，其間詳略，微有不同……其他無大關繫者，則仍其舊，惟正其亥豕魯魚之訛而已……。

黃氏校本至成化十九年始刊梓完成，可謂綜合宋刻而來。此刻又據成化本重刊，傳承甚佳。

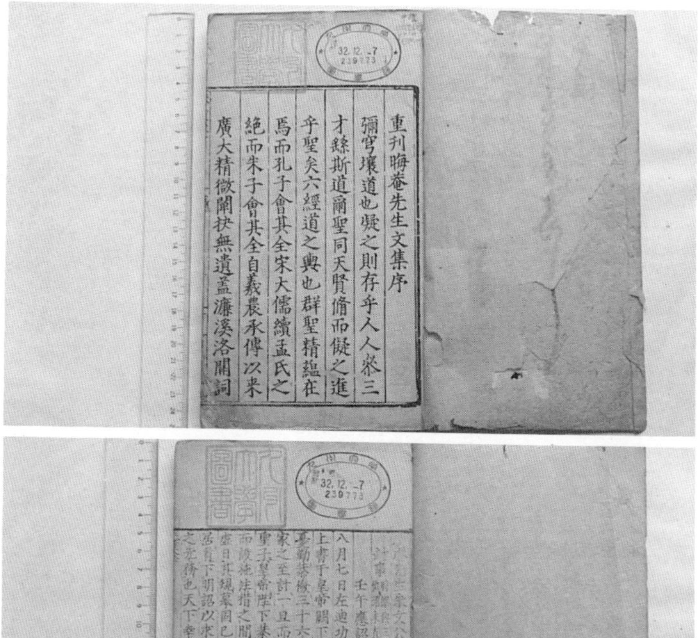
重刊晦菴先生文集序
彌穹壤道也凝之則存乎人人參三
才緜斯道爾聖同天賢脩而凝之進
乎聖矣六經道之輿也群聖精蘊在
焉而孔子會其全宋大儒續孟氏之
絕而朱子會其全自羲農承傳以來
廣大精微闡抉無遺蓋濂溪洛關詞

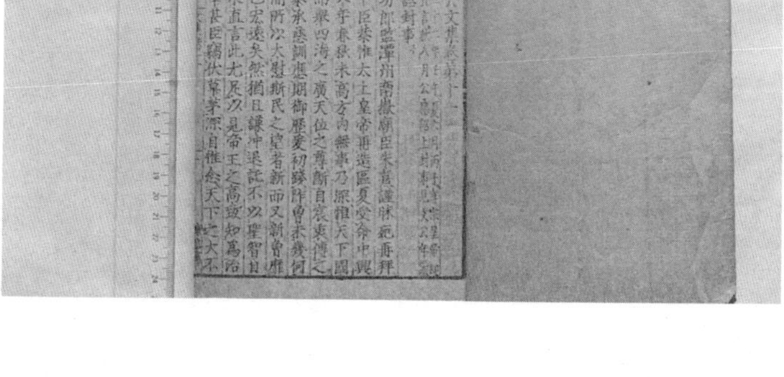
壬午應詔封事
八月七日左迪功郎監潭州南嶽廟臣朱熹謹昧死再拜
上書于皇帝闕下臣恭惟太上皇帝肇造區夏受命中興
憂勤恭儉三十六年春秋未高方內無事乃深惟天下國
家之至計一旦而舉四海之廣天位之尊斷自宸衷傳之
聖子皇帝陛下恭承慈訓嗣御歷服初臨阼曾未幾何
而發施注措之間所以大慰斯民之望者新而又新曾靡
虛日其規摹固已宏遠矣然猶且謙沖退託不以聖智自
居首下明詔以求直言此尤足以見帝王之高致知爲治
之先務也天下幸甚臣竊伏草茅深自惟念天下之大不

091 書名：晦菴先生朱文公續集十卷

作者：宋、朱熹撰

版式：明刊本

20.8×16.2，半葉10行，行18字。左右雙欄，黑口，雙魚尾。書首冠宋淳祐五年（1245A.D.）王遂序，次有總目。書內有部份版口爲三魚尾。

編號：支哲51—38（貴重書）

按書首王遂序云：

> 歲在癸卯（按即淳祐三年，1243A.D.），遂假守建安，從門人弟子之存者而求其議論之極……惟蔡西山之孫覺軒，早從之遊，抄鈔成秩。劉文昌家亦因而抄掇。悉以付友人劉叔忠，刊落其煩而考訂其實，繼是而有得焉，固無所遺棄也……。

是則朱子續集爲王遂所編，此刻版式行款極似宋元版，然由紙張墨色觀之，當爲明刊本。書內有數頁版心爲三魚尾，字體稍異於前，或爲補刻者。

目錄頁有「太傅大學士章」、「朱軾可亭」印記。按朱軾字可亭，康熙間進士，累官文華殿大學士，兼吏部尚書。此人於宋代理學用力甚勤，此本殆其舊藏。

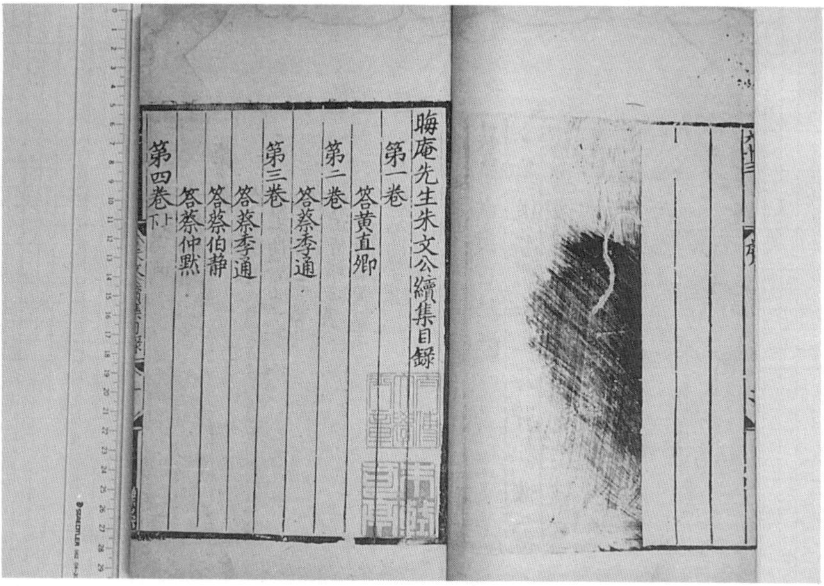
晦庵先生朱文公續集目錄
第一卷
答黃直卿
第二卷
答蔡季通
第三卷
答蔡季通
答蔡伯靜
答蔡仲默
第四卷上下

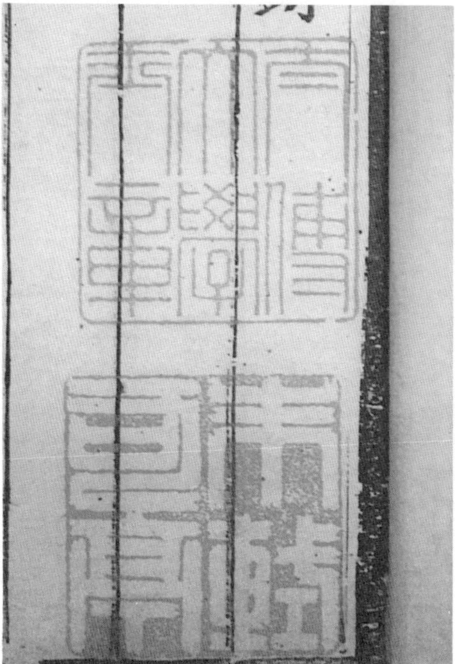

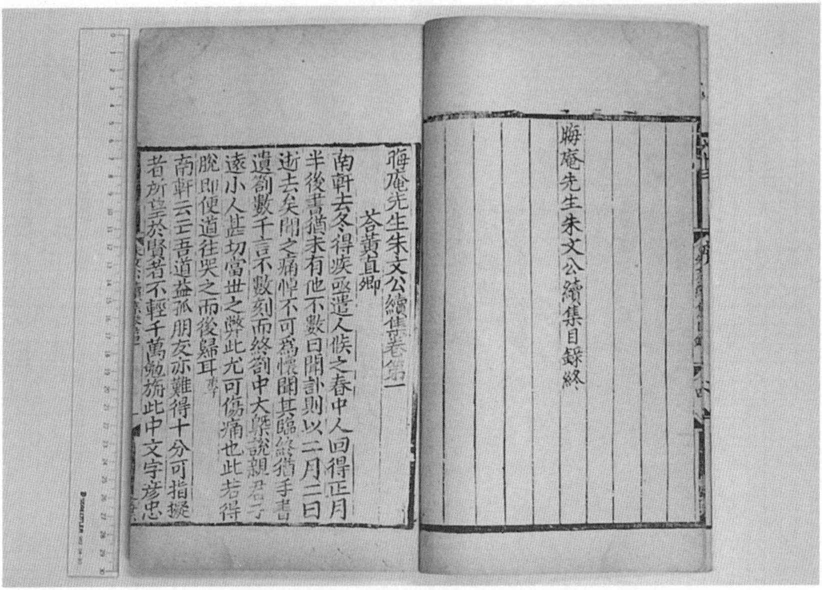

晦庵先生朱文公續集目錄終

晦庵先生朱文公續集卷第一
答黃直卿
南軒去冬得疾亟遣人候之春中人回得正月
半後書猶未有他不數日聞訃則以二月二日
逝去矣聞之痛悼不可爲懷聞其臨終猶手書
遺劄數千言不數刻而終劄中大槩說親君子
遠小人甚切當世之弊此尤可傷痛也此若得
脫即便道往哭之而後歸耳
南軒云亡吾道益孤朋友亦難得十分可指擬
者所望於賢者不輕千萬勉旃此中文字彥忠

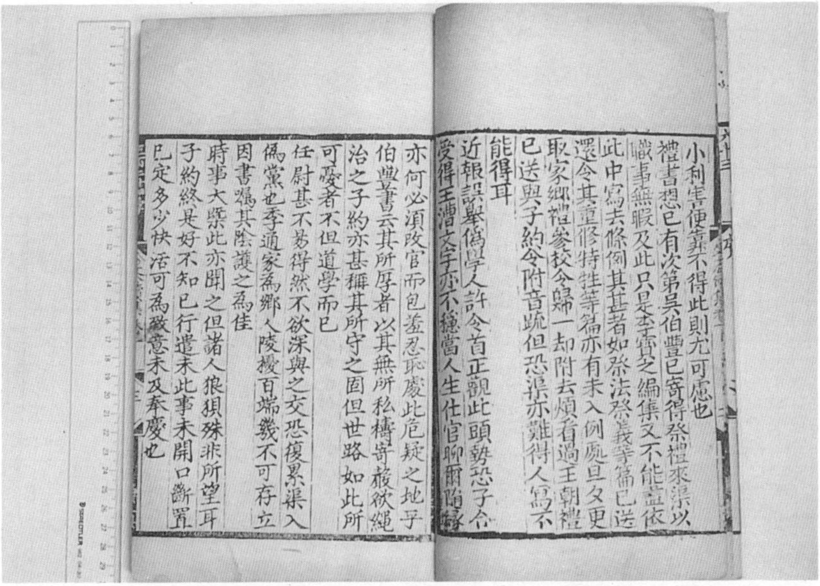

小利害便棄不得此則尤可慮也
禮書想已有次第吳伯豐已寄得祭禮來渠以
職事無暇及此只是李寶之編集又不能盡依
此中寫去條例其甚者如祭法祭義等篇已送
還令其重修特牲等篇亦有未入例處旦夕更
取家鄉禮參校令歸一却附去煩看過王朝禮
已送與子約令附音疏但恐渠亦難得人寫不
能得耳
近報誤舉僞學人許令首正覩此頭勢恐子合
受得王漕文字亦不穩當人生仕宦聊爾隨緣
亦何必須改官而包羞忍恥處此危疑之地乎
伯豐書云其所厚者以其無所私禱寄蘐欲繩
治之子約亦甚稱其所守之固但世路如此所
可憂者不但道學而已
任尉甚不易得然不欲深與之交恐復累渠入
僞黨也季通家爲鄉人陵擾百端幾不可存立
因書爲其陰護之爲佳
時事大槩此亦聞之但諸人狼狽殊非所望耳
子約終是好不知已行遣未此事未開口斷置
已定多少快活可爲致意未及奉慶也

092 書名：晦庵先生朱文公文集一百卷、續集十卷、別集十卷

作者：宋、朱熹撰

版式：明天順四年刊本

20.1×12.9，半葉11行，行22字。四周雙欄，黑口，雙魚尾。書首冠天順四年（1460A.D.）胡緝序，續集前有淳祐五年（1245A.D.）王遂序。文集、續集、別集前各有總目。

編號：支哲51—231

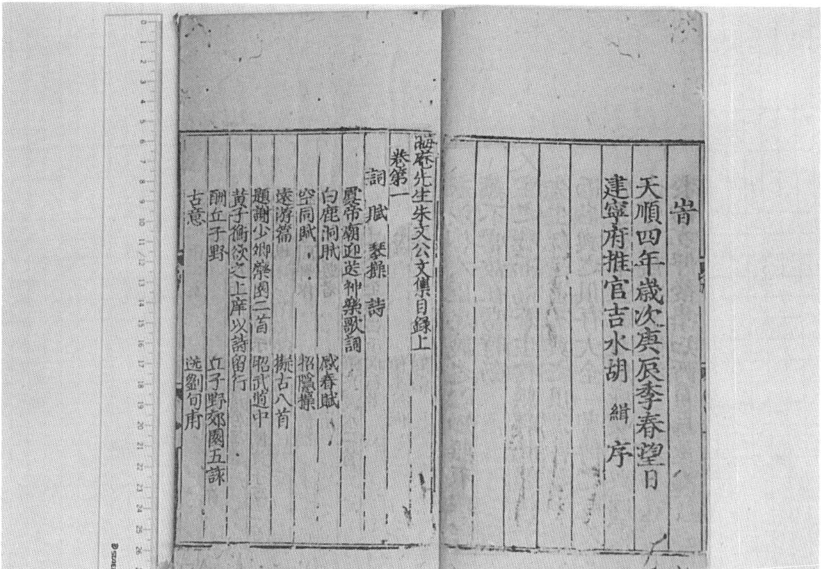

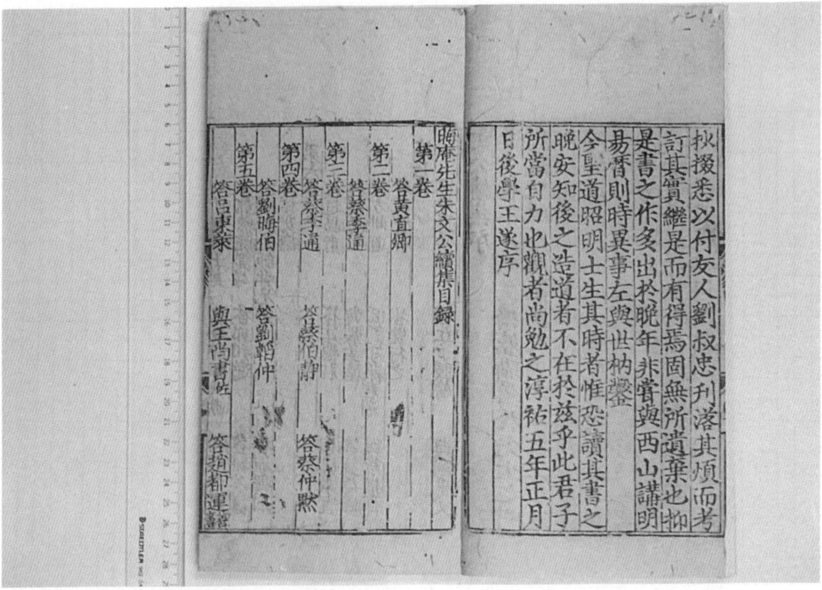
收掇悉以付友人劉叔忠刊落其煩而考
訂其實繼是而有得焉固無所遺棄也抑
是書之作多出於晚年非嘗與西山講明
易簀則時異事左與世枘鑿
今聖道昭明士生其時者惟恐讀其書之
晚安知後之造道者不在於茲乎此君子
所當自力也觀者尚勉之淳祐五年正月
日後學王遂序

晦庵先生朱文公續集目錄
第一卷 答黃直卿
第二卷 答蔡季通
第三卷 答蔡季通 答蔡伯靜 答蔡仲默
第四卷 答劉晦伯 答劉韜仲
第五卷 答呂東萊 與王尚書佐 答趙都運

按書首胡緝序云：

> 大全一書，傳之既久，惜乎舊本湮訛，重增感嘆，故與同寅太守賀侯捐資重壽諸梓，以廣其傳於四方。

然胡氏重梓時所據何本，無從考索。今傳本中有續集作十一卷者，如九大文學部書庫即藏有嘉靖十一年（1531A.D.）刊本（第090條，編號51—222），續集即作十一卷，考其內容，差異在「答劉德華」一文，嘉靖本將該文獨立爲一卷，遂成十一卷。此刻續集中雖於總目之末有「答劉德華」之篇名，但並未題爲第十一卷，且有目無書，故續集爲十卷。

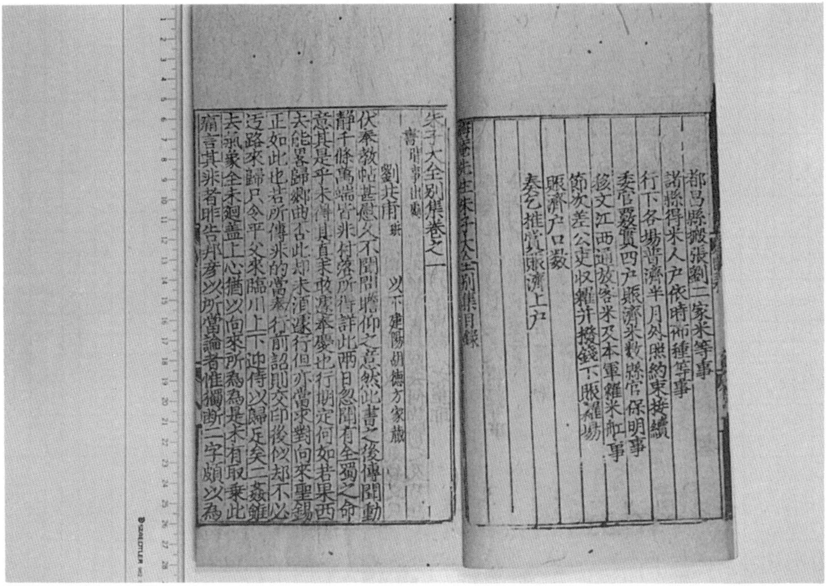
朱子大全別集卷之一
晦菴先生朱子大全別集目錄

093 書名：慈湖先生遺書十八卷

作者：宋、楊簡撰

版式：嘉靖四年刊本

21×14.2，半葉10行，行20字。四周雙欄，花口，單魚尾。書首冠嘉靖四年（1525A.D.）陳洪謨序，同年周廣序。次宋史楊簡傳、總目。

編號：中哲51—87

購入：昭和6、6、15

按書首陳序曰：

侍御史秦君祇命按大江之西……出舊所藏慈胡先生遺書若干篇，手自勘讐，得十有八卷，復節縮稍食，以鑱諸梓……。

是此刻乃秦氏所編梓。由陳序，知秦氏名鉞，字懋功，正德九年（1514A.D.）進士，與楊簡爲同鄉。

九大所藏此本，卷四以前遺失，由照相版配補，原刊僅存卷五至卷十八。

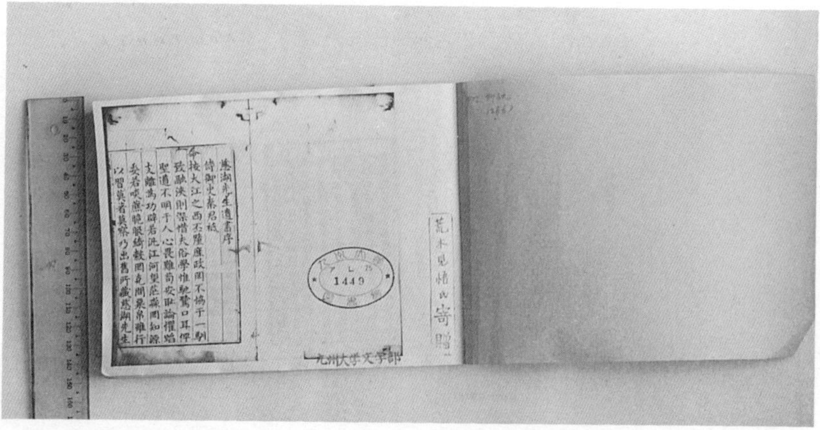

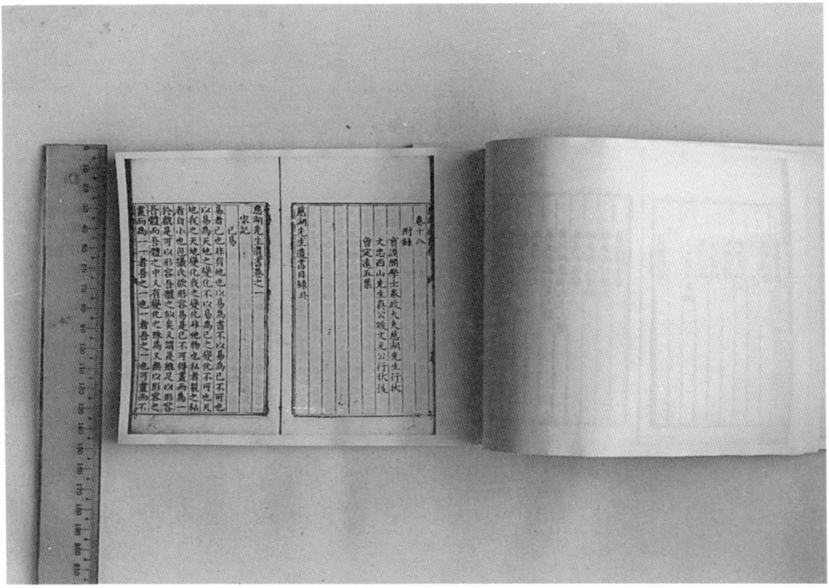

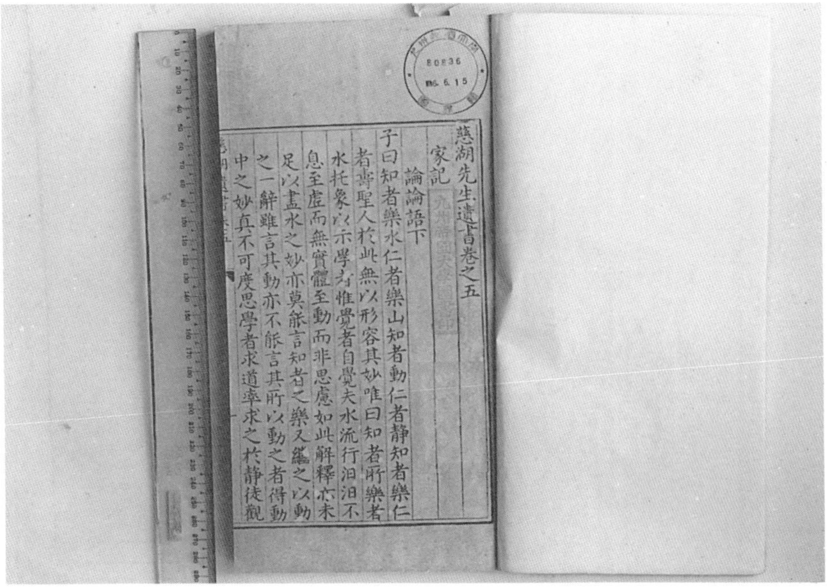

094 書名：陸放翁全集六種一百五十七卷

作者：宋、陸游撰，明末清初毛晉、毛扆編

版式：明末至清初毛氏汲古閣刊本

18.3×14.6，半葉8行，行18字。左右雙欄，花口，無魚尾，下象鼻題「汲古閣」。書首冠宋史陸游傳，每種著作首、末各有其序跋。

編號：支文33—20

購入：昭和7、12、10

按此編乃明末至清初毛晉、毛扆父子彙集陸游作品六種而成。

一、渭南文集五十卷，卷末有宋嘉定十三年（1220A.D.）陸游子陸遹跋，及無年月毛晉跋。

二、劍南詩稿八十五卷。卷末有嘉定十三年陸游子陸虡跋，及無年月毛晉跋。

三、放翁逸稿二卷。每卷末均有無年月毛晉跋，卷尾並附毛扆輯「續添」二十首，毛扆亦有跋尾。

四、南唐書十八卷附音釋。書首冠元趙世延序，卷末有毛晉跋。

五、家世舊聞一卷。卷末有毛晉跋。按毛晉乃據學海及說郛本，共得七條。今臺灣中央圖書館藏有舊抄二卷本，共一百十三條。則毛氏所刊非足本。

六、齋居紀事一卷。卷末有嘉靖五年（1526A.D.）袁褧跋、無年月宇文公諒跋，無年月毛扆跋。按此書毛晉亦未見，乃毛晉卒後，毛扆方自袁褧所撰嘉藝錄中輯出，並附於全集之末者。

按陸游著作原皆散見，毛氏始輯成全集，今坊間所刊陸氏全集，多從此出。惟陸氏尚有著作數種，毛氏並未收入，如天彭牡丹譜一卷、感知錄一卷、緒訓一卷、枕中記一卷等。此外陸氏撰老學庵筆記十卷，毛氏則另載入其汲古閣所刊津逮秘書中。

此本書首有「安東世家」、「北平來薰閣陳氏經籍舖」等印記。

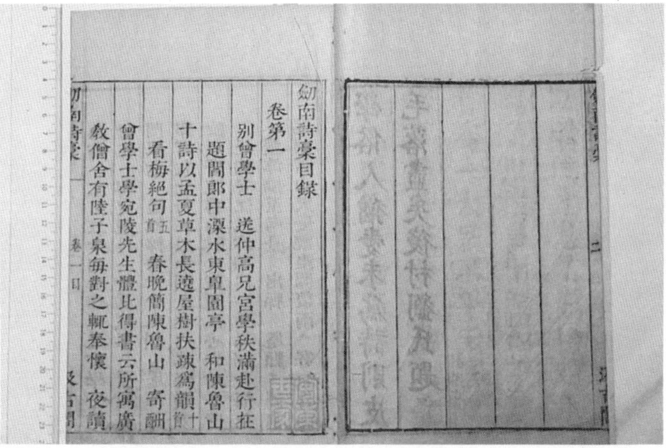

劍南詩稾目錄
卷第一
別曾學士　送仲高兄宮學秩滿赴行在
題閤郎中溧水東皐園亭　和陳魯山
十詩以孟夏草木長遶屋樹扶疎爲韻十首
看梅絶句五首　春晩簡陳魯山　寄酬
曾學士學宛陵先生體比得書云所寓廣
教僧舍有陸子泉每對之輙奉懷　夜讀
劍南詩稾　卷一目　汲古閣

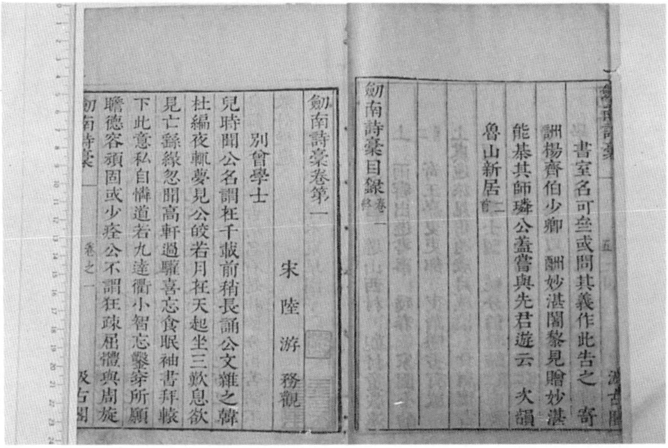

書室名可齋或問其義作此告之　寄
酬揚齊伯少卿　酬妙湛閣黎見贈妙湛
能恭其師璘公蓋嘗與先君遊云　次韻
魯山新居二首
劍南詩稾目錄卷一終

劍南詩稾卷第一
宋　陸　游　務觀
別曾學士
兒時聞公名謂在千載前稍長誦公文雜之韓
杜編夜輙夢見公皎若月在天起坐三歎息欲
見亡繇緣忽聞高軒過驩喜忘食眠袖書拜轅
下此意私自憐道若九達衢小智忘鑿穿所願
瞻德容頑固或少痊公不謂狂疎屈體與周旋
劍南詩稾　卷之一　汲古閣

095 書名：鄭所南先生心史七卷

作者：宋、鄭思肖撰

版式：崇禎十二年刊本

21.1×14，半葉9行，行20字。左右雙欄，花口，單魚尾。書首冠原書版式、總目，及宋德祐五年（1279A.D.）鄭思肖序。首卷首葉題「三山菊山後人所南鄭思肖億翁」。書後附崇禎十二年（1639A.D.）跋文十五篇。

編號：東史33—26

購入：昭和5、4、25

按此刻以上、中、下分卷，實則內含咸淳集一卷、大義集一卷、中興集二卷、久久書一卷、雜文一卷、大義略序一卷，共七卷。後並附鄭氏後序五篇、正覺摩醯首羅天王療一切病咒，及崇禎十二年跋文十五篇。

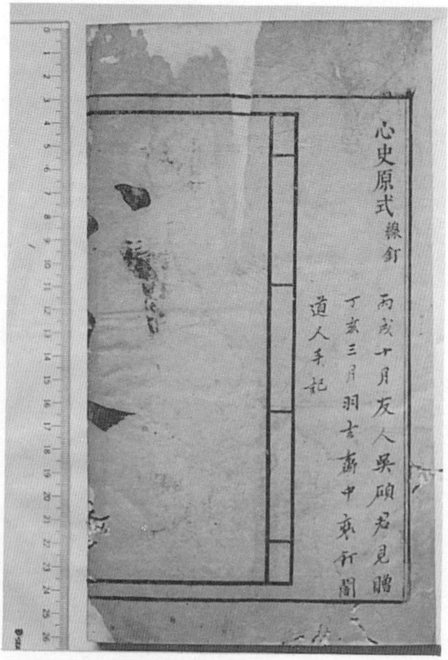

此書內容及於宋亡之後多年，是鄭氏於德祐五年序後，又再有增補，並皆沿用德祐年號。此書於鄭氏沒後久不傳世，崇禎十一年冬，姑蘇久旱，居民於承天寺中濬井，得鐵函，內即此書，

而「所載多宋德祐以後事」。吳中士人陸嘉穎等遂傳抄之，並由中丞張世偉出資刊梓，此書遂得傳世。

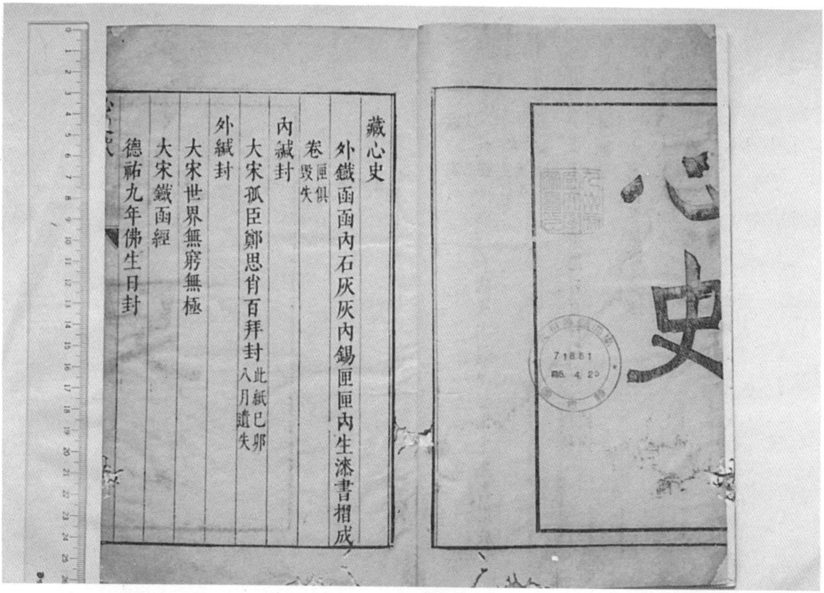

藏心史
外鐵函函內石灰灰內錫匣匣內生漆書楷成
卷匣俱毀失
內緘封
大宋孤臣鄭思肖百拜封 此紙已卯八月遺失
外緘封
大宋世界無窮無極
大宋鐵函經
德祐九年佛生日封

心史

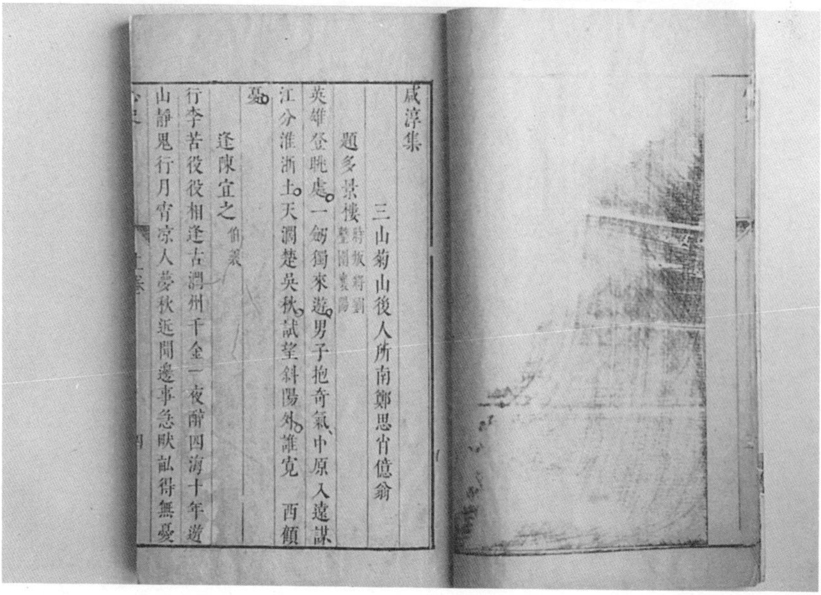

咸淳集
三山菊山後人所南鄭思肖億翁
題多景樓 時叛將劉整圍襄陽
英雄登眺處一舸獨來遊男子抱奇氣中原入遠謀
江分淮浙土天凋楚吳秋試望斜陽外誰究 西傾
憂
逢陳宜之 伯義
行李苦役役相逢古潤州千金一夜酧四海十年遊
山靜鬼行月宵凉人夢秋近聞邊事急臥話得無憂

096 書名：文山先生文集二十卷

作者：宋、文天祥撰

版式：嘉靖三十九年刊本

20.7×14.1，半葉10行，行22字。四周單欄，花口，單魚尾。書首冠嘉靖三十九年（1560A.D.）羅洪先序，次有總目，首葉題「後學浦江張元諭編校」。

編號：東吏33—199

購入：昭和39、10、24

書首羅序曰：

> 吉安舊刻文山先生文集，簡帙龐雜，篇句脱誤，歲久漫漶，幾不可讀。中丞德安何公遷來撫江右……會郡守浦江張公元諭始至，即舉屬之。張公手自編輯，釐類剔訛，出羨帑，選良梓……。

是此刻爲張元諭校梓。全書二十卷，前十八卷爲文天祥所撰詩文，末兩卷爲附錄，載文天祥傳、贊等。

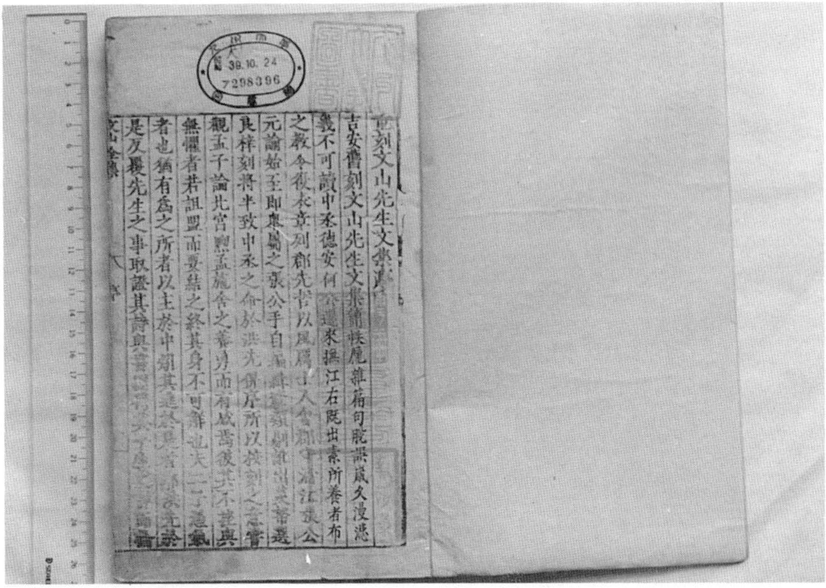

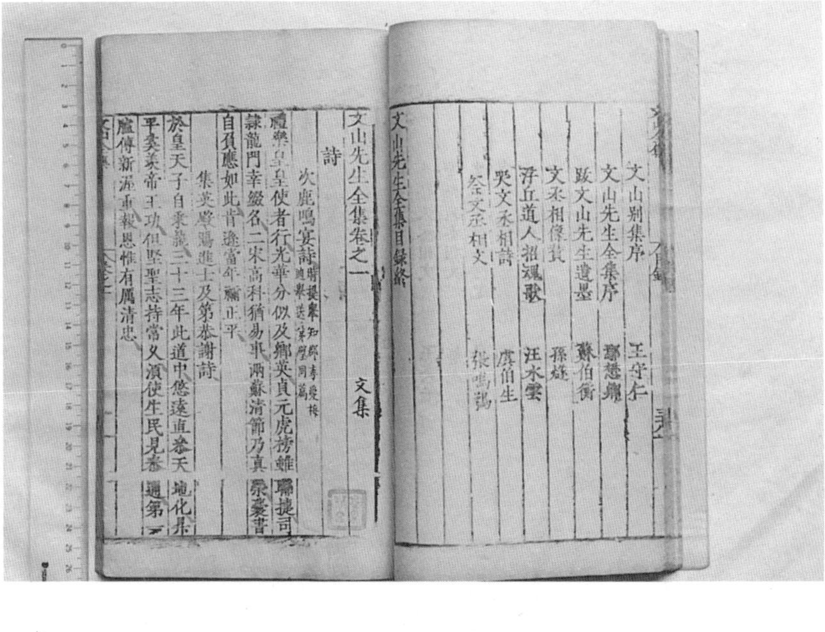

097 書名：豫章羅先生文集十七卷附年譜一卷

作者：宋、羅從彥撰

版式：明成化八年刊本

19.6×12.9，半葉13行，行23字。四周雙欄，黑口，雙魚尾。書首冠成化八年（1472A.D.）張泰撰重刊序，次年譜一卷、次總目，卷一前有牌記云：「刻板捌拾叁片，上下貳帙，壹佰陸拾壹葉，繡梓工資貳拾肆兩」。

編號：支哲51—68（貴重書）

購入：昭和2、12、15

按書首所附羅氏年譜，乃元至正三年（1343A.D.）曹道振所編。全刻以白棉紙、歐陽詢體字精印，版式行款仍是明代中葉以前之型式。

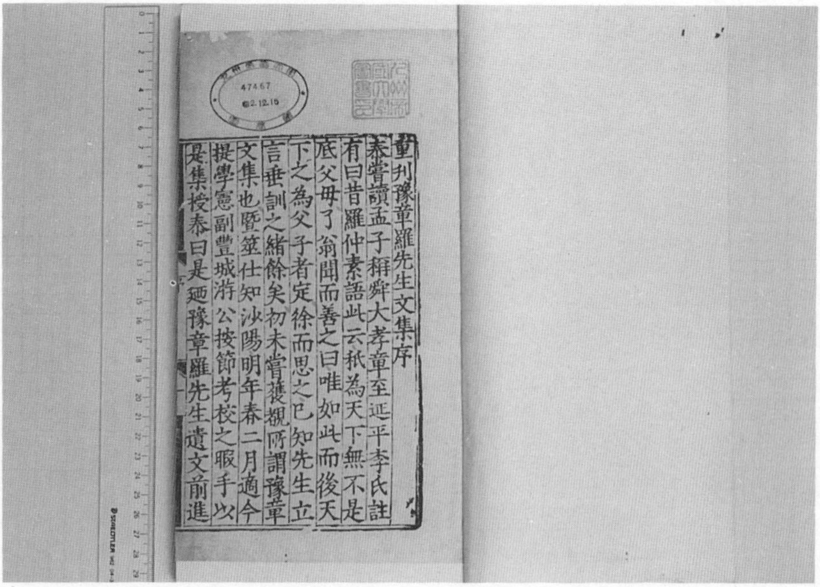
重刊豫章羅先生文集序
泰嘗讀孟子稱舜大孝章至延平李氏註
有曰昔羅仲素語此云秪為天下無不是
底父母了翁聞而善之曰唯如此而後天
下之為父子者定徐而思之已知先生立
言垂訓之緒餘矣初未嘗獲覩所謂豫章
文集也暨筮仕知沙陽明年春二月適今
提學憲副豐城游公按節考校之暇手以
是集授泰曰是廼豫章羅先生遺文前進

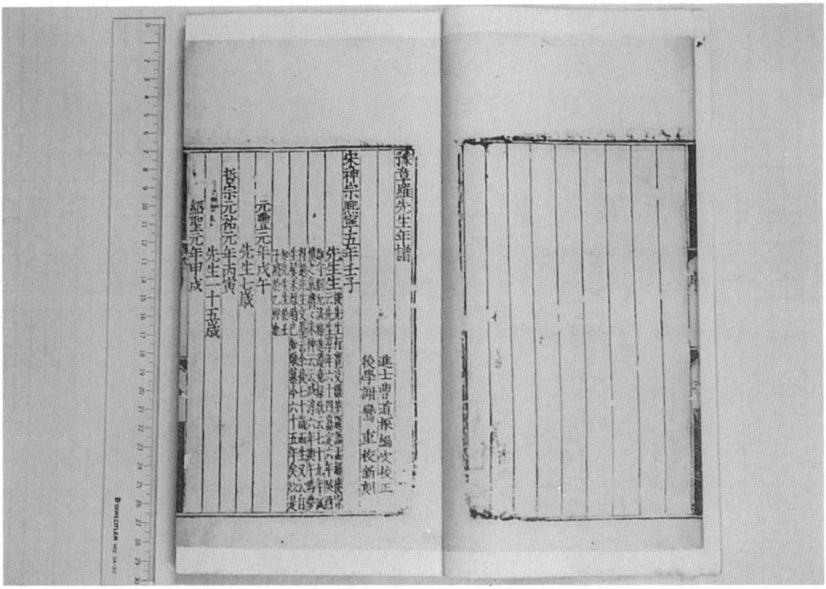
豫章羅先生年譜
宋神宗熙寧五年壬子
元豐元年戊午
先生七歲
哲宗元祐元年丙寅
先生一十五歲
紹聖元年甲戌

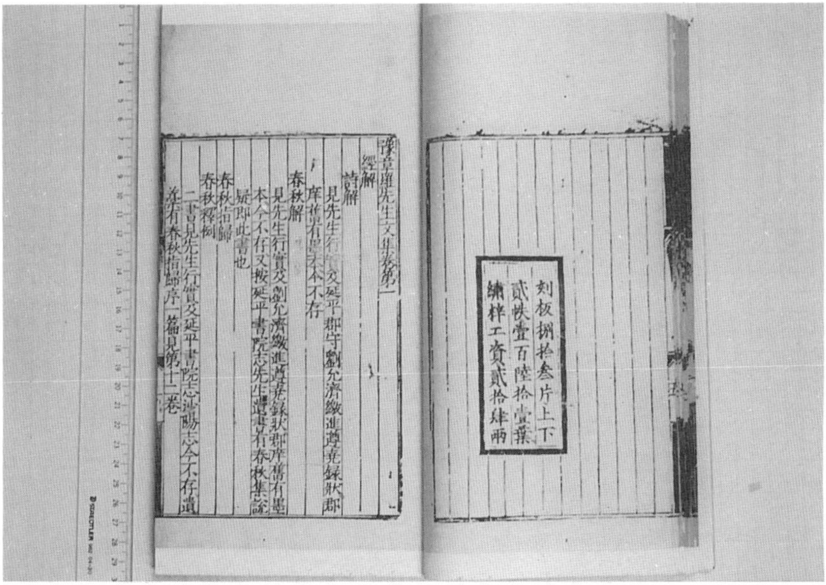
豫章羅先生文集卷第一
經解
詩解
春秋解
春秋指歸
春秋釋例
刻板捌拾叁片上下
貳佚壹百陸拾壹葉
繡梓工資貳拾肆兩

098 書名：師山先生文集八卷**文詩遺錄**五卷附錄一卷

作者：元、鄭玉撰

版式：明刊本

19.4×13，半葉10行，行20字。四周單欄，白口，單魚尾。書首冠元至正七年（1347A.D.）程文序，至正十年（1350A.D.）鄭玉「餘力稿序」。次有總目。文詩遺錄前有洪武三年（1370A.D.）王禕序，亦有總目。

編號：支文33—73

購入：昭和14、12、1

按據文詩遺錄前王禕序，有「今年復獲其師山集」語，則此刻或王氏據元本重刊。書內版心下象鼻處或有刻工名氏，或刻「相補」，疑此刻初刊於洪武三年，九大所藏此本，乃後代補刊再刷印者。存疑。

書首有「高唐郝氏」朱文印記一枚。

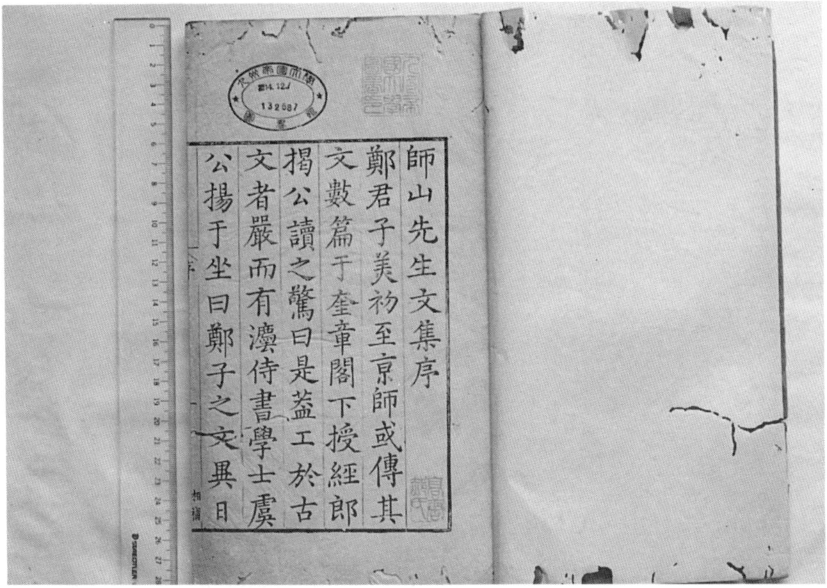
師山先生文集序
鄭君子美初至京師或傳其
文數篇于奎章閣下授經郎
揭公讀之驚曰是蓋工於古
文者嚴而有灋侍書學士虞
公揚于坐曰鄭子之文典且

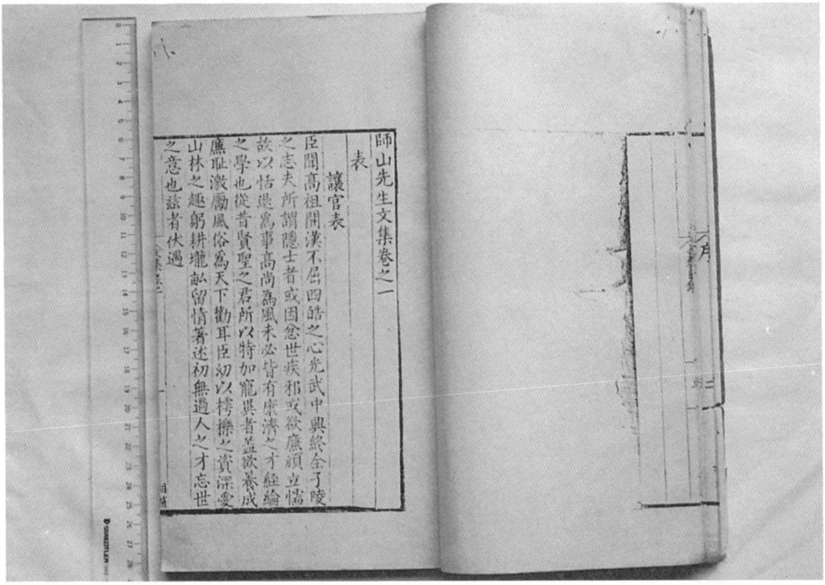
師山先生文集卷之一
表
讓官表
臣聞高祖開漢不屈四皓之心光武中興終全子陵
之志夫所謂隱士者或因忿世疾邪或欲廉頑立懦
故以恬退爲事高尚爲風未必皆有康濟之才經綸
之學也從昔賢聖之君所以特加寵異者蓋欲養成
廉恥激勵風俗爲天下勸耳臣幼以樗櫟之資深愛
山林之趣躬耕壠畝留情著述初無過人之才忘世
之意也玆者伏遇

099 書名：弇州山人四部稿一百七十四卷

作者：明、王世貞撰

版式：萬曆五年世經堂刊本

20.4×15.8，半葉10行，行20字。四周雙欄，花口，單魚尾。書首冠萬曆五年（1577A.D.）汪道昆序，次有總目，每卷首葉題「吳郡王世貞元美著」。版心下象鼻題「世經堂刻」。

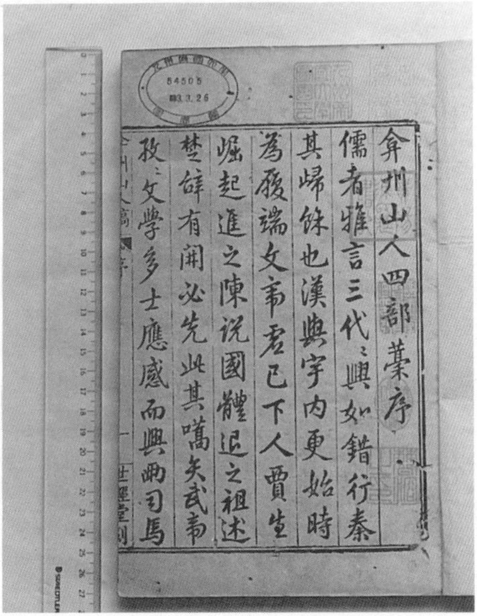

編號：文文33—14

購入：昭和3、3、26

按王世貞所撰四部稿者，賦部、詩部、文部、說部也。四庫全書所載尚有續集，此處未見。

此刻書首有「檇李曹氏藏書印」、「曹溶之印」等朱文印記。按曹溶字秋嶽，號倦圃，明末崇禎間進士。家富藏書，有靜惕堂書目傳世，此本殆即其舊藏之一。又有「安樂堂藏書記」朱文印記，或屬清聖祖第二十二子怡親王允祥所有。又有「松珊收藏」朱文印，則不知屬誰。

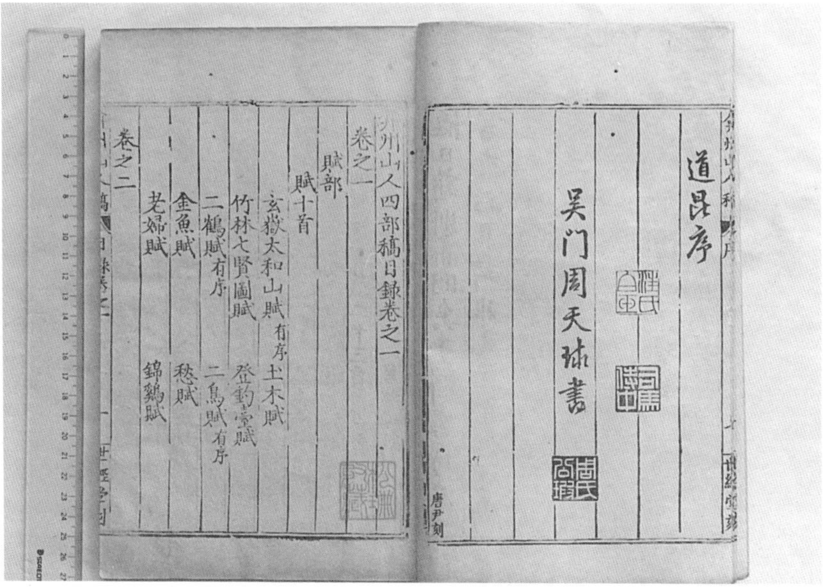
道昆序
吴门周天球書
唐尹刻
弇州山人四部稿目錄卷之一
卷之一
賦部
賦十首
玄嶽太和山賦有序　土木賦
竹林七賢圖賦　登釣臺賦
二鶴賦有序　二鳥賦有序
金魚賦　愁賦
老婦賦　錦雞賦
卷之二
世經堂刻

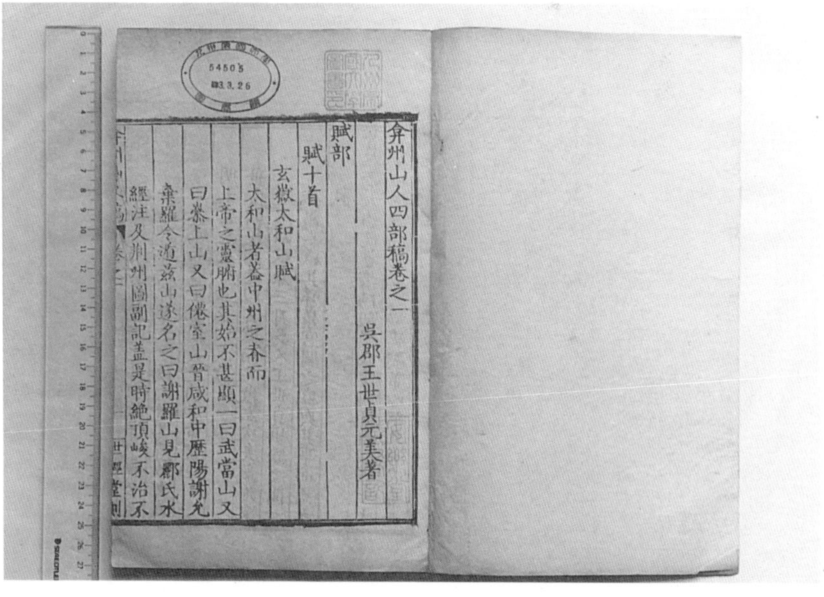
弇州山人四部稿卷之一
吳郡王世貞元美著
賦部
賦十首
玄嶽太和山賦
太和山者蓋中州之奇而
上帝之靈所也其始不甚顯一曰武當山又
曰恭上山又曰僊室山晉咸和中歷陽謝允
棄羅令適茲山遂名之曰謝羅山見酈氏水
經注及荆州圖副記盖是時絕頂峻不治不
世經堂刻

100 書名：篁墩程先生文集九十三卷外集二卷雜著十卷別集二卷

作者：明、程敏政撰

版式：正德二年刊本

19.4×13，半葉13行，行27字。四周單欄，白口，單魚尾。書首冠正德二年（1507A.D.）李東陽序，次總目。文集末有正德二年何歆跋。全書末題「里生東郭汪鎰董工鋟梓並重校對」。

編號：支哲33—70

購入：昭和14、11、21

書首李東陽序曰：

……先生之交有篁墩諸稿，共百有餘卷。沒之七年，爲正德丙寅（元年，1506A.D.），其門人輩摘而刻于徽州，名曰篁墩文粹，論者以爲未盡其選。越明年丁卯（二年， 1507A.D.）知府何君歆暨休寧知縣張九逵、王鍇，徵于其子錦衣千戶壎，得全稿焉。將并鋟諸梓，以示來者……。

由李序，此刻所收內容可稱完足，但此刻刊雕不甚清晰精美，多處漫漶不明，不知是否爲歷經多次刷印所造成。書首有「項儒」、「吳印卓信」、「立峯」等印記。按吳卓信爲清代中期常熟諸生，字項儒，號立峯，此本應爲其舊藏。又有「資江陶氏雲汀藏書」及「印心石屋主人」圖像印記，按印心石屋主人即陶澍，字子霖，號雲汀，嘉慶間進士。則此本又經陶澍遞藏。

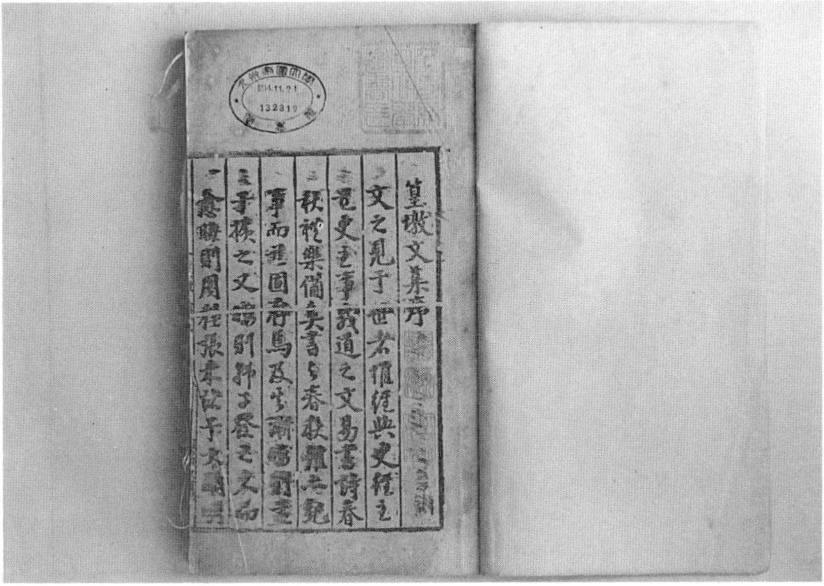

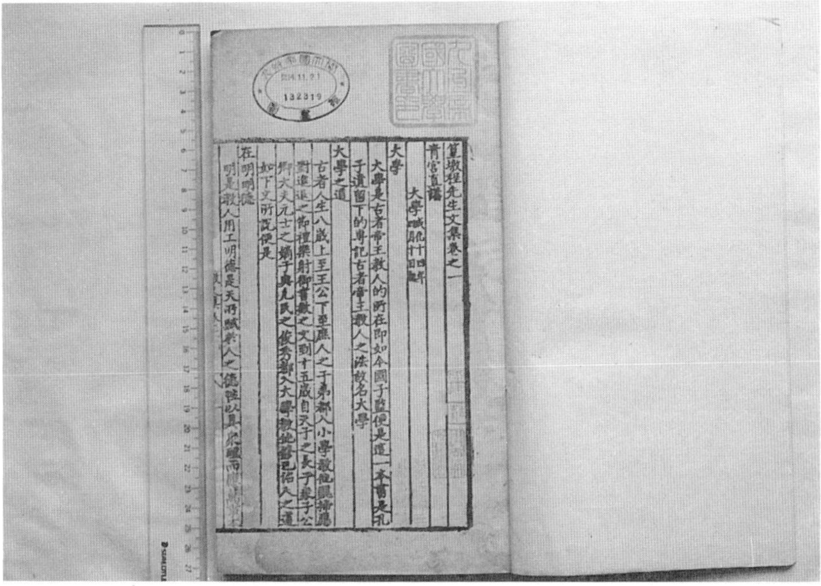

101 書名：譚友夏全集十卷

作者：明、譚元春撰

版式：崇禎六年素堂刊本

19×13.1，半葉9行，行20字。四周單欄，花口，單魚尾。書首冠崇禎六年（1633A.D.）張澤序，每卷前各有卷目，首葉題「竟陵潭元春友夏著，長洲徐汧九一、古吳張澤草臣評」。扉頁除書名外，題「徐九一先生評定」、「素堂繡梓」。

編號：支哲33—76

購入：昭和15、3、16

按書首張序曰：

……坊課見有攜譚子嶽歸堂新詩及鵠灣文草至者……乃合向所去取譚子詩以刻焉……。

是此刻乃張澤所編輯付梓。書內行間或有批語，則張澤與徐汧所評。

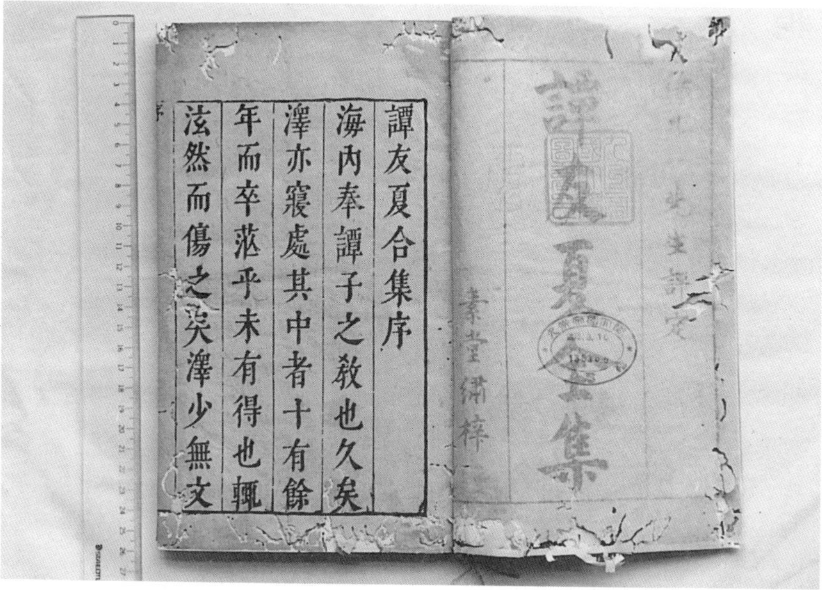

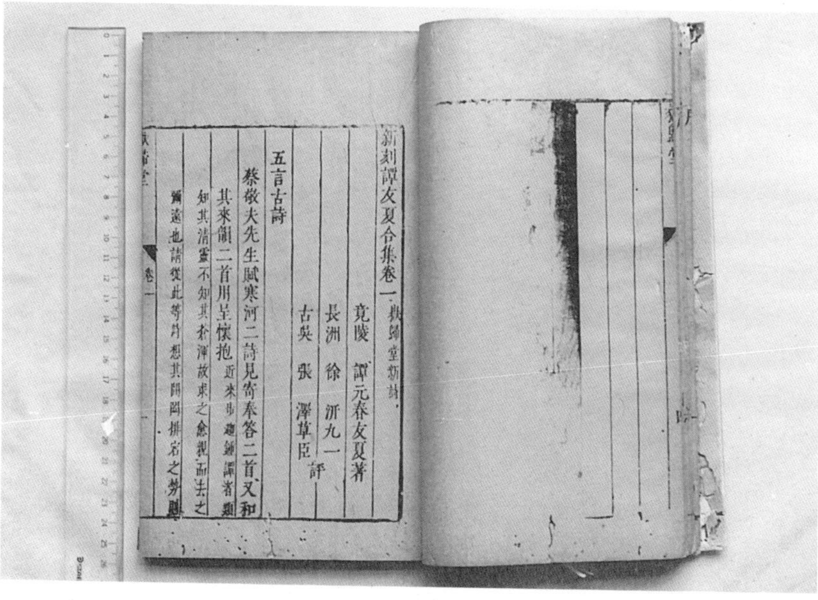

102 書名：徐文長逸稿二十四卷

作者：明、徐渭撰

版式：天啓三年刊本

20.7×14.4，半葉9行，行20字。四周單欄，花口，單魚尾。書首冠天啓三年（1623A.D.）張汝霖序，無年月王思任序。正文前有總目、「徐文長自著畸譜」。每卷首葉題「山陰張汝霖肅之父、王思任季重父評選，張維城宗子父較輯」。

編號：支哲33—78

購入：昭和15、3、22

按書首張序曰「此余孫維城蒐其佚書十數種刻之」云云。是故此書取名「逸稿」。蓋由張維城輯，又經張汝霖、王思任評選之也。此刻「校」字避明熹宗諱，改作「較」。

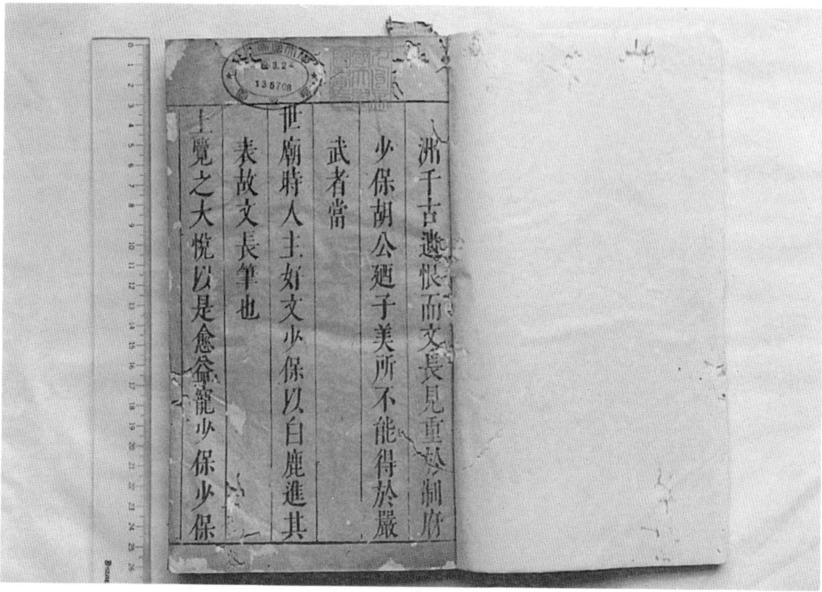
洲千古遺恨而文長見重於胡府
少保胡公迺子美所不能得於嚴
武者甞
世廟時人主好文少保以白鹿進其
表故文長筆也
上覽之大悅以是愈益寵少保少保

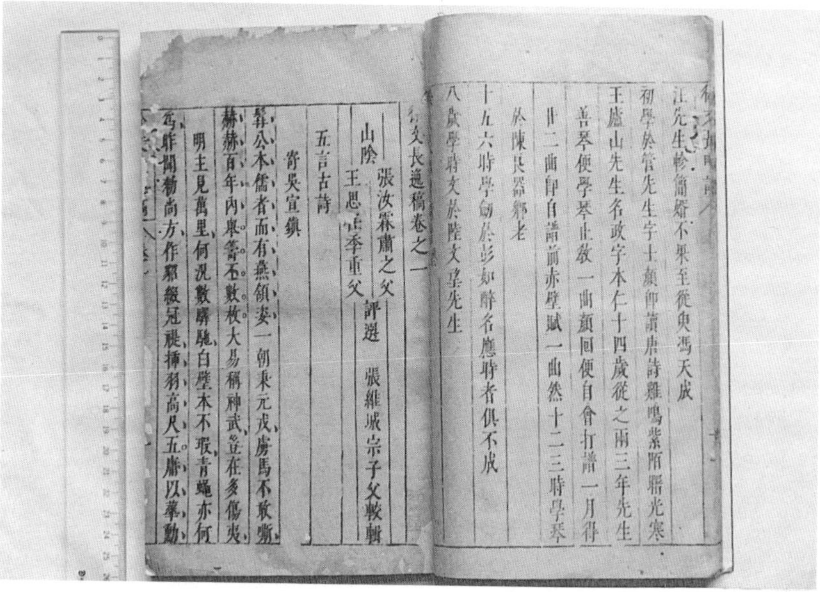
江先生軫崙婚不果至從臾焉天成
初學於管先生字士顏仰蕭唐詩雞鳴紫陌曙光寒
王廬山先生名政字本仁十四歲從之兩三年先生
善琴便學琴止教一曲顏回便自會打譜一月得
廿二曲即自譜前赤壁賦一曲然十二三時學琴
於陳良器鄉老
十五六時學劍於彭如醉名應時者俱不成
八歲學時文於陸文翠先生
徐文長逸稿卷之一
山陰　張汝霖肅之父　評選
王思任季重父
張維城宗子父較輯
五言古詩
寄吳宣鎮
彝公本儒者而有燕頷姿一朝秉元戎虜馬不敢嘶
赫赫百年內舉籌不數枚大易稱神武豈在多傷夷
明主見萬里何況數驊騮白璧本不瑕青蠅亦何
為昨聞勅尚方作罽緞冠褆插羽高尺五廝以犖勳

103 書名：涇野先生文集三十六卷

作者：明、呂柟撰

版式：嘉靖三十四年刊本

21.7×14.4，半葉10行，行23字。四周雙欄，花口，無魚尾。書首冠嘉靖三十四年（1555A.D.）徐階序、無年月馬理序、同年李舜臣序。次有凡例、總目。

編號：支哲33—88

購入：昭和15、5、18

按書首徐階序，云編此集者爲「先生高第弟子侍御徐君思行、吳君公路、吳君惟錫，相與集先生之文，校而梓焉」。商山書院院長馬理序，則云：

> 子之逝也，諸弟子錄其文成集，子仲子昀及長孫師阜藏之家。西安高陵嘗梓之，然豕亥之訛尚多。於是門人侍御建德五台徐君紳、海寧初泉吳君遵，率武強學諭閩中王大經、藁城學諭莆田江從春校正編次，俾眞定守成都于君德昌重梓行。集爲卷凡三十有六，爲編凡一十有六。然尚有遺逸，外此有經說、有語錄、有詩集、有史約、有四子抄釋，爲卷冊頗多。門人與槐謝君少南有刊于西安者，胡子大器有刊于蕪湖者，茲不與。總校斯集而終其事者，則門人侍御彭澤陶君欽皋吾廬子，相其成者則保定巡撫米脂艾公希淳居麓子也。

李舜臣序亦云此刻乃呂氏門人徐紳、吳遵編次，刻於眞定者也。是呂氏著作刻本甚多，然文集仍以此刻最爲通行。

馬序云此刻爲編凡一十有六，蓋分類也：序、記、書、誌銘、墓碣、語、傳、說、文、題辭、跋、策、行狀、誄、議、銘箴。然考此集卷三十六，尚有像贊、解。則爲編當一十有八，不知何故，待考。

此本書首有「衛經堂圖書記」等印記。

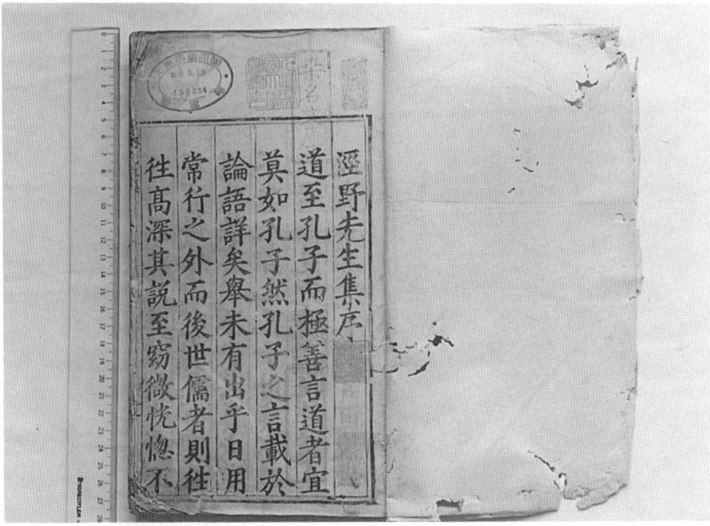
涇野先生集序
道至孔子而極善言道者宜
莫如孔子然孔子之言載於
論語詳矣舉未有出乎日用
常行之外而後世儒者則往
往高深其說至窈微恍惚不

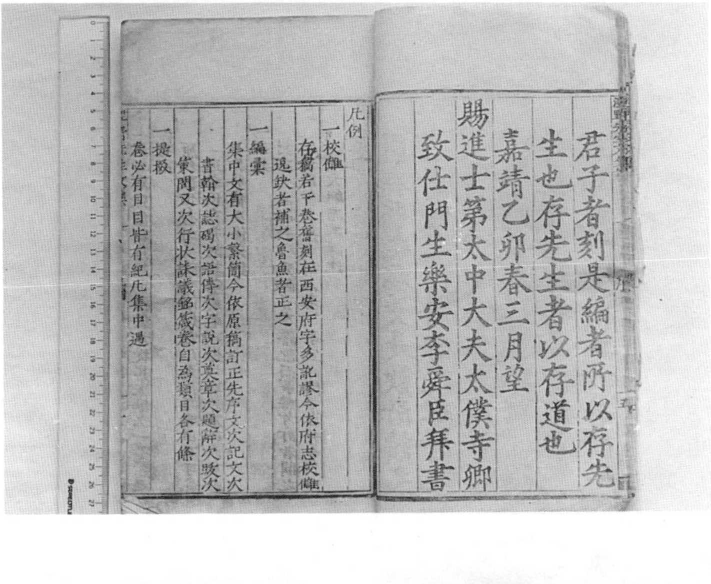
君子者刻是編者所以存先
生也存先生者以存道也
嘉靖乙卯春三月望
賜進士第太中大夫太僕寺卿
致仕門生樂安李舜臣拜書

凡例
一校讎
存稿若干卷舊刻在西安府字多訛謬今依府志校讎
現缺者補之魯魚者正之
一編彙
集中文有大小繁簡今依原稿訂正先序文次記文次
書翰次誌碣次語傳次字說次雜文次題辭次跋次
策問又次行狀誄議銘箴卷自為類目各有條
一提掇
卷必有目目皆有紀凡集中過

104 書名：檀園集十二卷

作者：明、李流芳撰

版式：崇禎二年刊本

19.3×12.8，半葉9行，行18字。左右雙欄，小黑口，無魚尾。書首冠崇禎二年（1629A.D.）謝三賓序。次有總目。卷一首葉題「嘉定李流芳長蘅著」。書末有崇禎二年李宜之跋。

編號：支文33—91

購入：昭和15、11、8

書首謝序曰：

予爲嘉定之三年，始謀刻四家文集。於時長蘅已病，臥檀園，予躬致藥餌，登床握手。長蘅爲強起，盡出所著作，手自芟纂，得詩六卷，序記雜文四卷，畫冊題跋二卷，合十二卷，題曰檀園集，授其姪宜之，以應予之請……。

書末李宜之跋亦有「叔父臥痾檀園，自汰其詩文爲十二卷，命宜之同杭之讐較之」之語。按謝氏擬刻嘉定四先生集，此刻即爲其中之一。刻內「校」字諱改作「較」，爲明末刊本無疑。書首有「知非樓所藏書」、「粹芬閣」等印記。

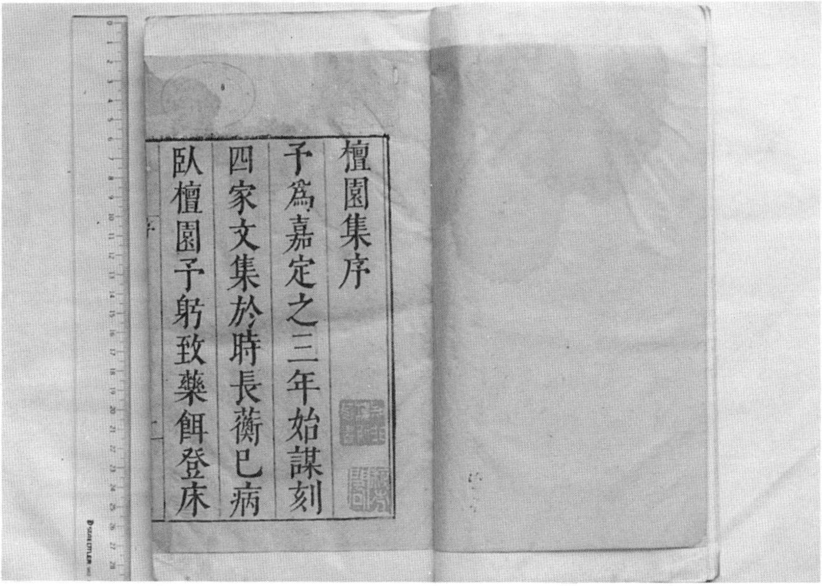

檀園集序
予爲嘉定之三年始謀刻
四家文集於時長蘅已病
臥檀園予躬致藥餌登床

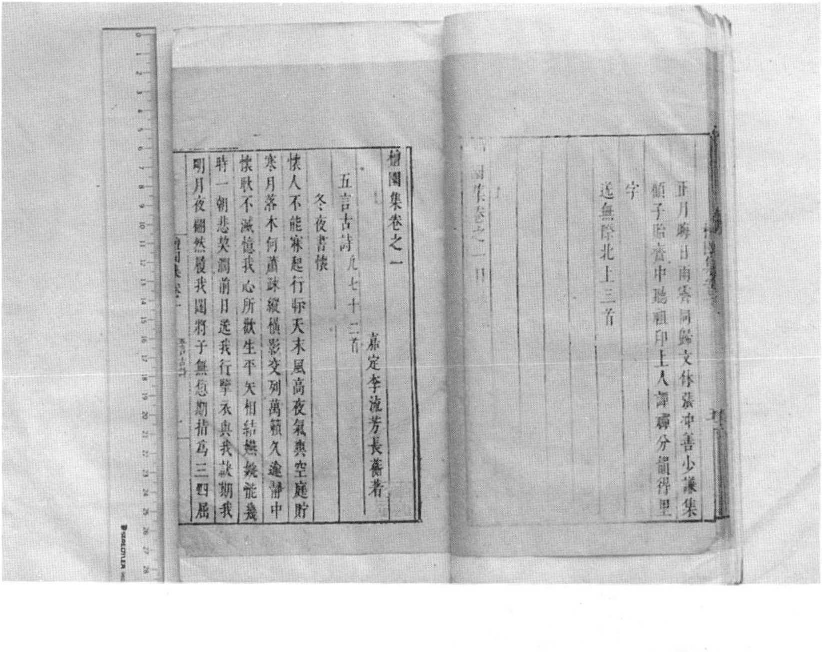

正月晦日雨寄同歸文休張中善少謙集
顧子暗齋中聽祖印上人譚禪分韻得里
字
送無際北上三首

檀園集卷之一
嘉定李流芳長蘅著
五言古詩九七十二首
冬夜書懷
懐人不能寐起行步天末風高夜氣與空庭貯
寒月落木何蕭疎縱橫影交列萬籟久逾靜中
懐耿不滅憶我心所歡生平矢相結戀戀能幾
時一朝悲契闊前月送我行擘衣與我訣期我
明月夜翩然履我園將子無忽期指爲三四屈

105 書名：王文成公文選八卷

作者：明、王守仁撰

版式：崇禎六年金閶溪香館刊本

19.4×13.9，半葉9行，行19字。四周單欄，花口，無魚尾。書首冠無年月鍾惺、王畿序，崇禎六年（1633A.D.）陶珽序。每卷前各有卷目，每卷首葉題「門人王畿選定，後學鍾惺評點」，惟卷七、八爲年譜，卷首題款除前卷所題外，再加「後學李贄刪訂」。扉頁題書名外，並題「鍾伯敬先生評點」、「金閶溪香館發梓」。並有「傳習錄嗣行」印記。

編號：支哲51—72

購入：昭和3、3、15

按此書爲王畿所選，天頭有眉批，即鍾惺所評。名曰文選，實詩、賦亦兼有之。書末後兩卷並爲年譜，由李贄刪訂之。

鍾伯敬先生評點

王文成公文選

金閶溪香館發梓

王文成公文選序

經云敷奏以言蓋謂

人之所性所學無以

自見故托言而敷奏

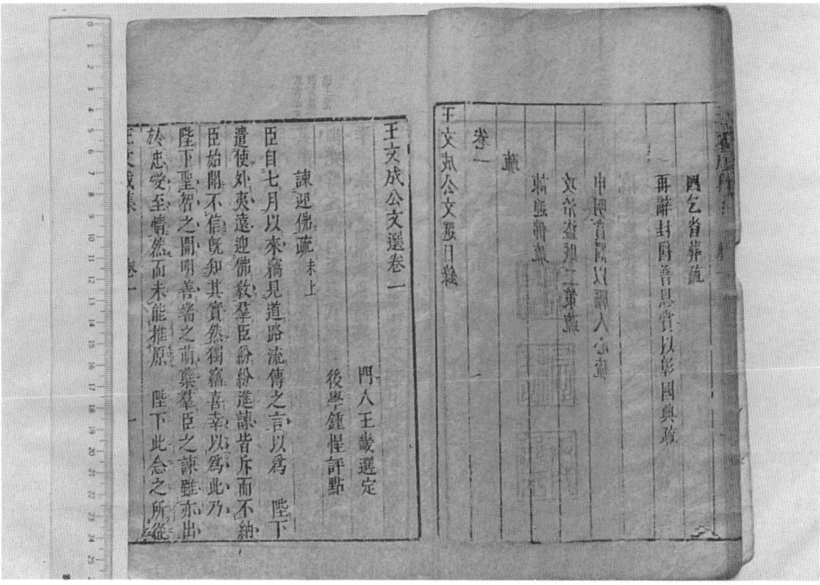
王文成公文選目錄

卷一

申明賞罰以勵人心疏

再辭封爵普恩賞以彰國典疏

四乞省葬疏

王文成公文選卷一

門人王畿選定

後學鍾惺評點

諫迎佛疏　未上

臣自七月以來竊見道路流傳之言以為陛下

遣使外夷遠迎佛教羣臣紛紛進諫皆斥而不納

臣始聞不信既知其實然獨竊喜幸以為此乃

陛下聖智之開明善端之萌蘖羣臣之諫雖亦出

於忠愛至情然而未能推原　陛下此念之所從

106 書名：陽明先生文錄四卷詩錄四卷

作者：明、王守仁撰

版式：嘉靖九年刊本

18.6×13.2，半葉9行，行19字。四周單欄，文錄白口，單魚尾。詩錄花口、無魚尾。除文錄卷一外，皆無卷目。全書之末有嘉靖九年（1530A.D.）薛侃跋。

編號：支哲51—89

購入：昭和7、7、15

按王陽明詩文集行世者甚多，此刻文錄部份，於卷末題「門人岑莊、岑初、徐學校刻」，此三人殆亦編纂者。詩錄部份，卷末薛侃跋曰：

> 先生既沒，吾友寬也檢諸笥，得詩數卷焉。畿也裒諸錄，得詩數卷焉。侃受而讀之，付姪鎧鋟諸梓……。

是詩錄乃薛侃編輯者也。

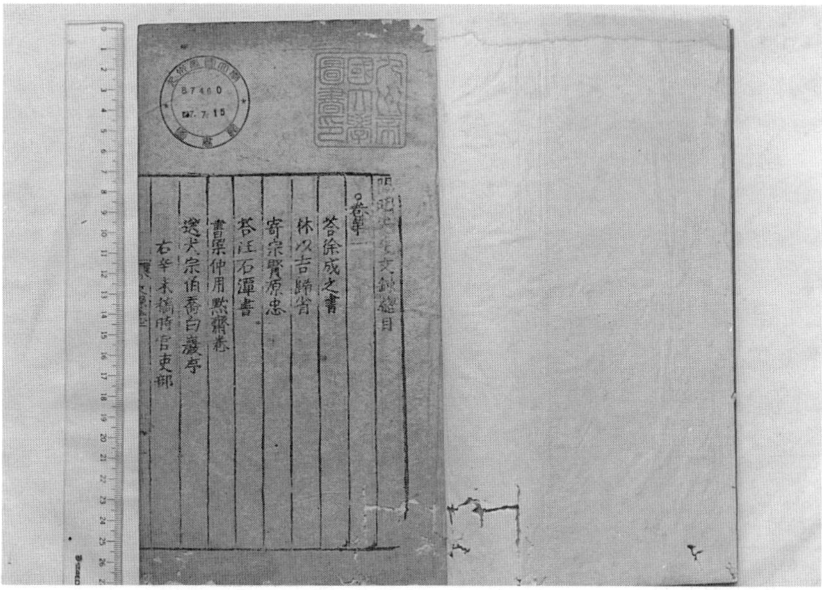
陽明先生文錄總目
卷第一
答徐成之書
林以吉歸省
寄宗賢原忠
答汪石潭書
書宗仲用默齋卷
送大宗伯喬白巖亭
右辛未稿時官吏部

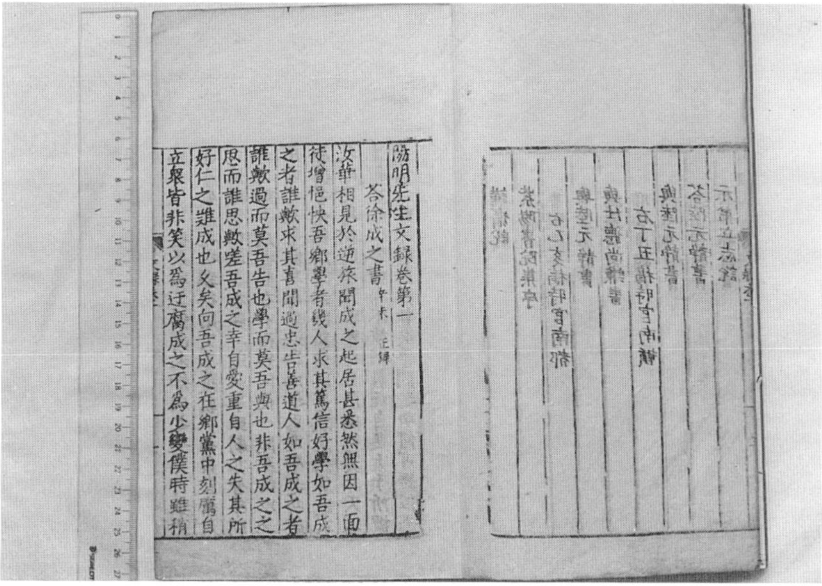
陽明先生文錄卷第一
答徐成之書 辛未 在銓
汝華相見於逆旅聞成之起居甚悉然無因一面
徒增悒怏吾鄉學者幾人求其篤信好學如吾成
之者誰歟求其喜聞過忠告善道人如吾成之者
誰歟過而莫吾告也學而莫吾與也非吾成之之
思而誰思歟嗟吾成之幸自愛重自人之失其所
好仁之難成也久矣向吾成之在鄉黨中刻厲自
立衆皆非笑以爲迂腐成之不爲少變僕時雖稍

107 書名：陽明先生集要三編：理學集四卷經濟集七卷文章集四卷

作者：明、王守仁撰

版式：崇禎八年刊本

21.8×14.9，半葉10行，行20字。左右雙欄，花口，單魚尾，版心下象鼻間有刻工名氏；扉頁內有「漳南道發刻」牌記。書首冠無年月林釬序、崇禎八年（1635A.D.）王志道序、同年黃道周序、無年月顏繼祖序、崇禎七年曹惟木序。次有年譜。每卷之前各有卷目，首葉題「同邑後學施邦曜重編、江右後學曾櫻參訂」，末葉題「臨海後學王立準較梓」。書末有王立準跋。

編號：支哲51—90

購入：昭和7、9、10

按據書首諸序，知此書爲施邦曜所編。書末王立準跋，曰「肇工甲戌之秋，以乙亥夏杪報竣」云云。甲戌爲崇禎七年，乙亥爲八年，此刻即於該年竣工。書首有「洗心齋圖書記」白文長方印記。按清初以「洗心齋」爲書房號者，有王睿及張承烈二人，此本不知原屬誰所有。

陽明先生集要三編
陽明先生集敘

108 書名：陽明先生文錄五卷外集九卷別錄十卷

作者：明、王守仁撰

版式：嘉靖十五年刊本

19.3×14.7，半葉10行，行20字。左右雙欄，白口，單魚尾。書首冠嘉靖十四年（1535A.D.）黃綰序、嘉靖十五（1536A.D.）鄒守益序。次有總目。

編號：支哲51—156

購入：昭和29、8、25

按書首黃綰序曰：

（陽明先生著作）其僅存者惟文錄、傳習錄、居夷集而已。其餘或散亡，及傳寫訛錯，撫卷泫然，豈勝斯文之慨。乃與歐陽崇一、錢洪甫、黃正之，率一二子姪，檢粹而編訂之，曰陽明先生存稿。洪甫攜之吳中，與黃勉之重爲釐類，曰文錄、曰別錄。謀諸提學侍御聞人邦正刻梓以行，庶傳之四方……。

鄒守益序則曰：

錢子德洪刻先師文錄于姑蘇，自述其裒次之意：以純于講學明道者爲正錄，曰明其志也。以詩賦及酬應者爲外集，曰盡其全也。以奏疏及文移爲別錄，曰究其施也。於是先師之言粲然聚矣……。

據此，則此刻原無外集，乃錢氏在姑蘇「重爲釐類」時方始別出。此刻爲陽明先生歿後最爲完足之著作集，全刻以白棉紙精印，字劃猶有歐體字筆意，爲嘉靖間初印本，誠可寶也。

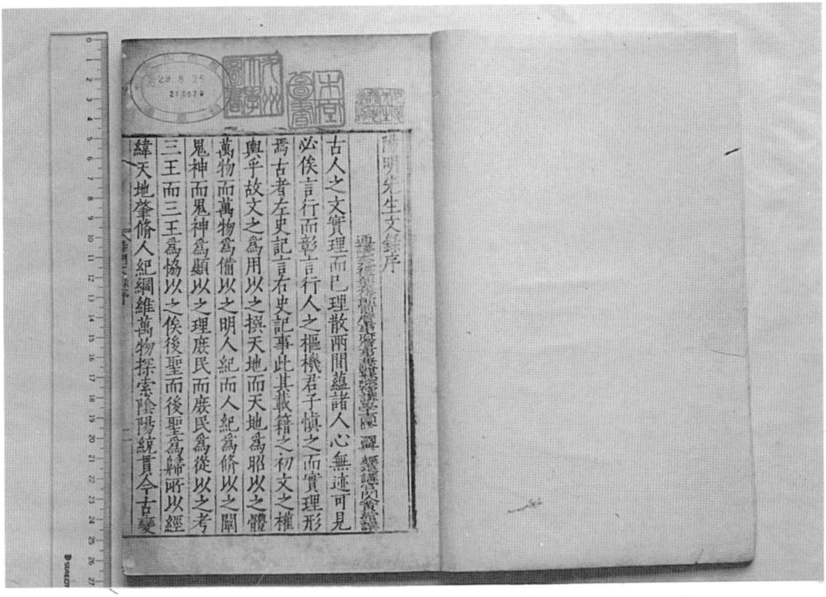

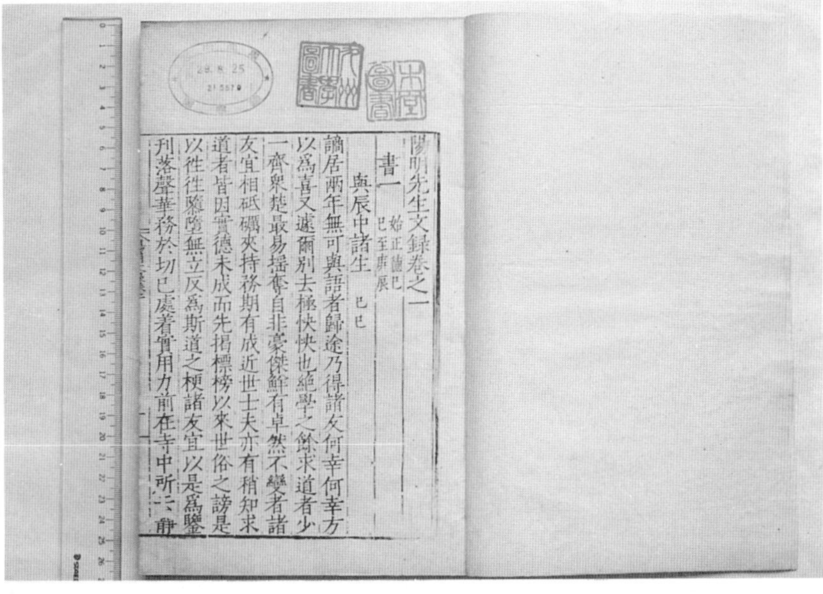

109 書名：陽明先生正錄五卷別錄七卷

作者：明、王守仁撰，陸問禮編

版式：崇禎七年刊本

22.7×14.9，半葉10行，行20字。四周單欄，花口，單魚尾。書首冠崇禎七年（1634A.D.）陸問禮撰「重刻王陽明先生文錄序」。無總目，但各卷前各有卷目。卷一首葉題「南贛巡撫海虞陸問禮重輯」。

編號：高瀨文庫、集、25

按此刻分正錄、別錄兩部分。正錄五卷，卷一至卷三書，卷四序、記、說，卷五雜著。別七卷，則皆爲奏疏。

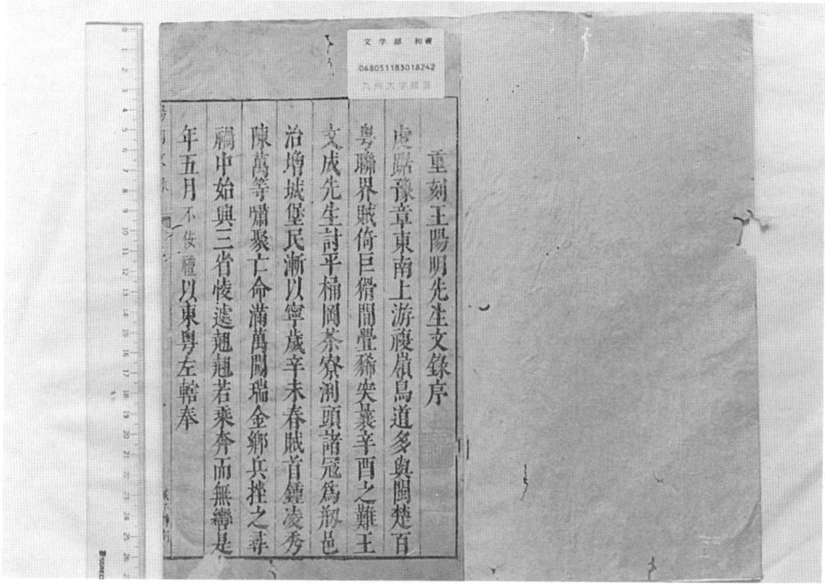

重刻王陽明先生文錄序

虔臨豫章東南上游複嶺鳥道多與閩楚百粵聯界賊倚巨猾聞豐豨突曩辛酉之難王文成先生討平桶岡茶寮浰頭諸寇爲郡邑治增城堡民漸以寧歲辛未春賊首鍾凌秀陳萬等嘯聚亡命蒲萬闖瑞金鄉兵挫之尋竄中始與三省帹遞翹翹若乘奔而無轡是年五月不佞禮以東粵左轄奉

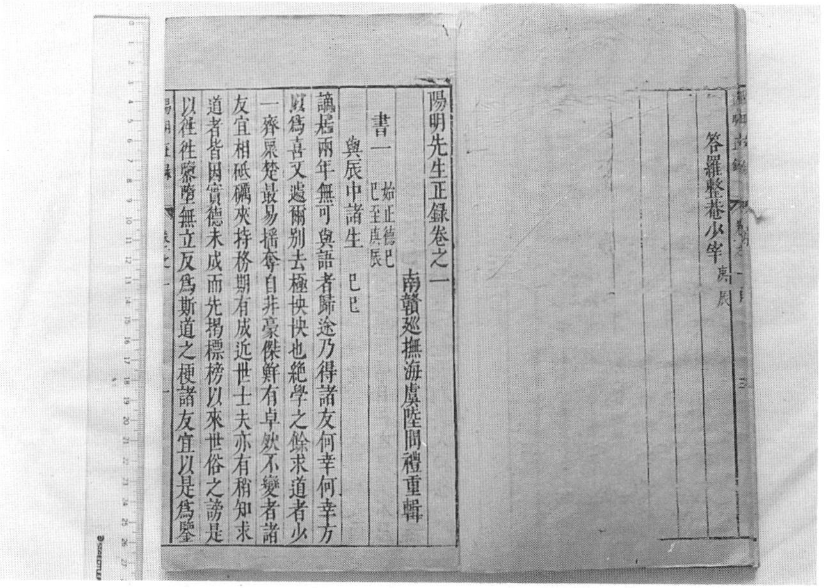

陽明先生正錄卷之一

南贛巡撫海虞陸問禮重輯

書一　始正德己巳至庚辰

與辰中諸生　己巳

謫居兩年無可與語者歸途乃得諸友何幸何幸方以爲喜又遽爾别去極怏怏也絕學之餘求道者少一齊衆楚最易搖奪自非豪傑鮮有卓然不變者諸友宜相砥礪夾持務期有成近世士夫亦有稍知求道者皆因實德未成而先揭標榜以來世俗之謗是以往往隳墮無立反爲斯道之梗諸友宜以是爲鑒

答羅整菴少宰　庚辰

110 書名：陳眉公先生晚香堂小品二十四卷

作者：明、陳繼儒撰

版式：明刊本

21.3×14.8，半葉9行，行20字。四周單欄，花口，單魚尾。書首冠無年月王思任序，陶珽序，次附參訂者姓氏，再次例言、總目，每卷首葉題「雲間陳繼儒著」。扉頁題「陳眉公先生小品」、「簡綠居珍藏」。

編號：文文33—107

購入：昭和26、1、27

按此刻例言署名「簡綠居主人湯大節」，則此刻當湯氏所刊。例言曰「撮其簡要者，別爲品類，密加較讎，竊自壽梨」云云。是此書亦湯氏編。全刻「校」字諱改爲「較」，當爲明末刊本。

書首有「知止堂」、「舌在齋」等印記，知止堂或屬清代賈敦臨，其餘不詳，均待考。

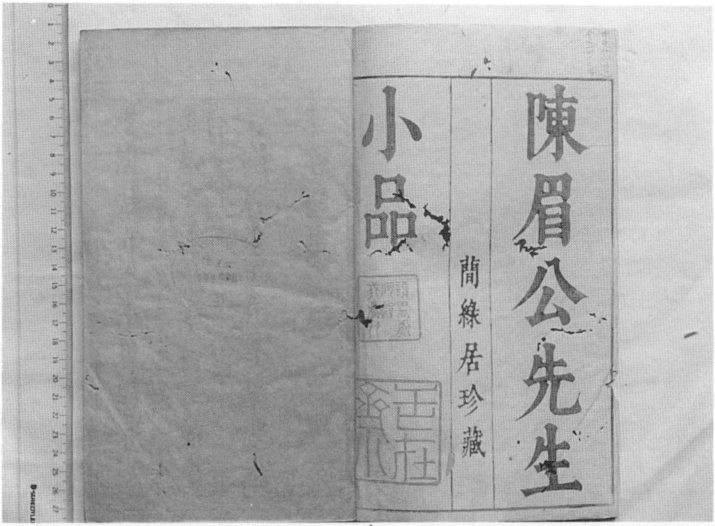

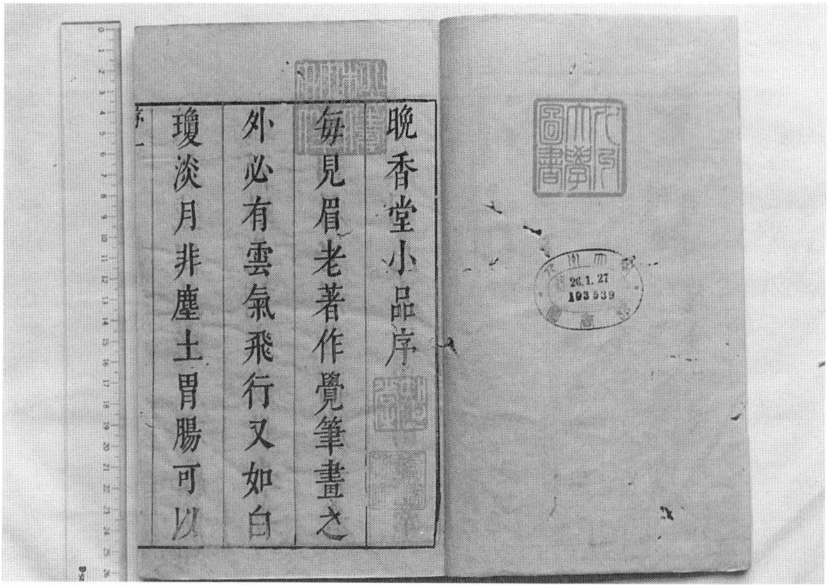

晚香堂小品序

每見眉老著作覺筆畫之

外必有雲氣飛行又如白

瓊淡月非塵土胃腸可以

序一

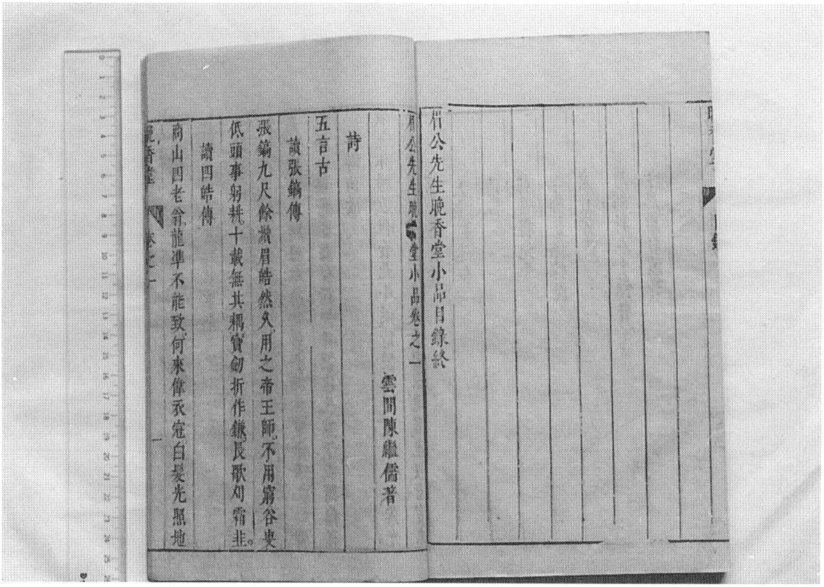

眉公先生晚香堂小品目錄終

眉公先生晚香堂小品卷之一

雲間陳繼儒著

詩

五言古

讀張鎬傳

張鎬九尺餘蒼眉皓然久用之帝王師不用窮谷叟

低頭事躬耕十載無其耦寶劍折作鎌長歌刈霜韭。

讀四皓傳

南山四老翁龍準不能致何來偉衣冠白髮光照地

晚香堂　卷之一　一

111 書名：袁中郎全集二十四卷

作者：明、袁宏道撰

版式：明刊本

22.2×14，半葉8行，行18字。四周單欄，白口，無魚尾。書首冠袁氏著作集舊序多篇，均不署年月。次有總目，每卷首葉題校閱者名氏，惟各卷不盡相同。各卷卷名題爲「梨雲館類定袁中郎全集」。

編號：支哲33—108

購入：昭和26、3、19

按此刻乃將袁氏著作分類編次而成。或爲明代晚期坊間刊本。

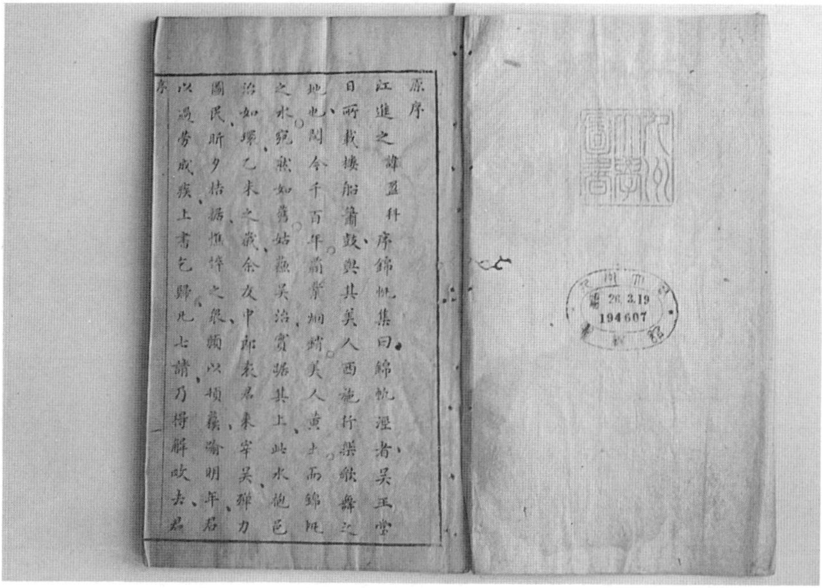
原序
江進之 諱盈科 序錦帆集曰錦帆涇者吳王當
日所載樓船簫鼓與其美人西施行樂歡舞之
地也閱今千百年前賞烟蹟美人黃土而錦帆
之水窕然如帶姑蘇吳治實據其上此水抱邑
治如環乙未之歲余友中郎袁君來宰吳殫力
圖民昕夕拮据恒悴之狀頓以損羸喻明年君
以過勞成疾上書乞歸凡七請乃得解政去君
序

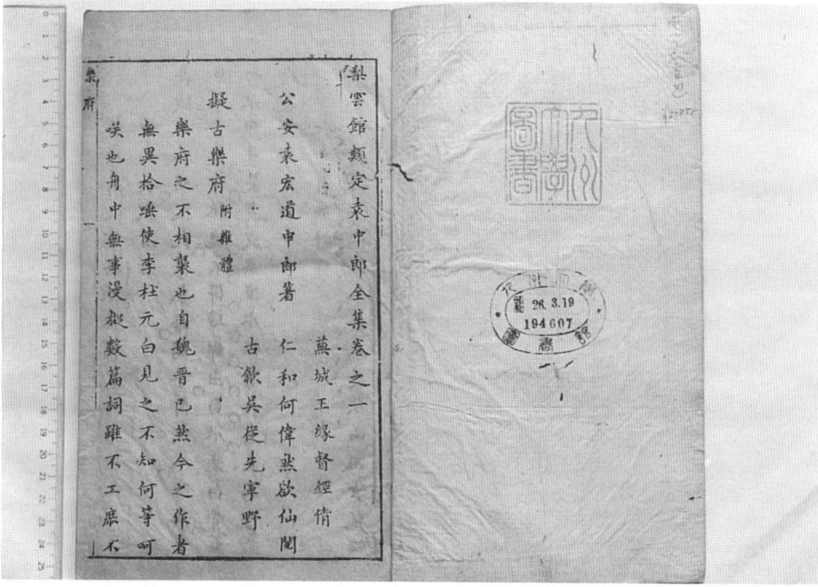
梨雲館類定袁中郎全集卷之一
燕城王緣督經倩
公安袁宏道中郎著　仁和何偉然欲仙閱
古歙吳從先寧野
擬古樂府 附雜體
樂府之不相襲也自魏晉已然今之作者
無異拾唾使李杜元白見之不知何等呵
咲也舟中無事漫擬數篇詞雖不工庶不
樂府 一

112 書名：唐荊川文集十七卷

作者：明、唐順之撰

版式：明刊本

20.3×14.6，半葉10行，行20字。左右雙欄，白口，單魚尾。書首冠孫愼行序，次有總目。

編號：支哲33—109

購入：昭和26、5、25

按書首孫愼行序題爲「讀外大父荊翁集識」。九大所藏本序末被剜去，不知是否署年月。再考以九大所藏光緒二十一年武進盛氏思惠齋刊本唐荊川先生文集，孫序亦不署年月。孫序內有「從甲寅歸，杜門兀坐，諸應酬文一切盡謝，年餘而後醒悟」云云，按孫愼行爲萬曆間人，序中所謂甲寅，當即萬曆四十二年（1614A.D.）。再檢此刻內，「校」字不諱，則此刻或刊於萬曆末年。

此刻與明、在茲堂刊十二卷本（第113條，編號中文33—474）內容頗異。此刻卷一賦、詩，卷二～卷四詩，卷五～卷九書，卷十～卷十一序，卷十二記，卷十三說、銘、誄、贊、祭文，卷十四～卷十五誌銘、行狀，卷十六墓表、傳，卷十七雜著、數論五篇。書首有「伯融」等印記。

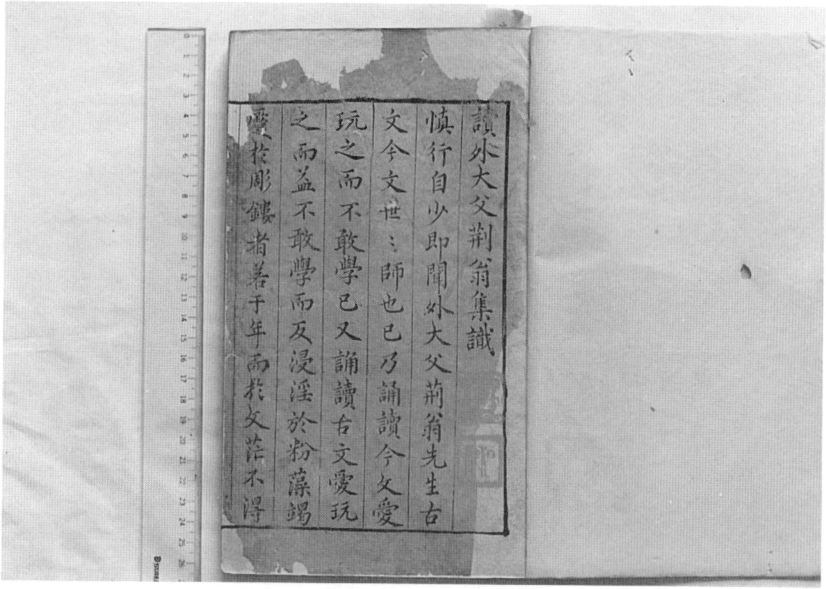

讀外大父荊翁集識

慎行自少即聞外大父荊翁先生古文今文世〻師也已乃誦讀今文愛玩之而不敢學已又誦讀古文愛玩之而益不敢學而反浸淫於粉藻竭蹷於彫鏤者若干年而於文茫不得

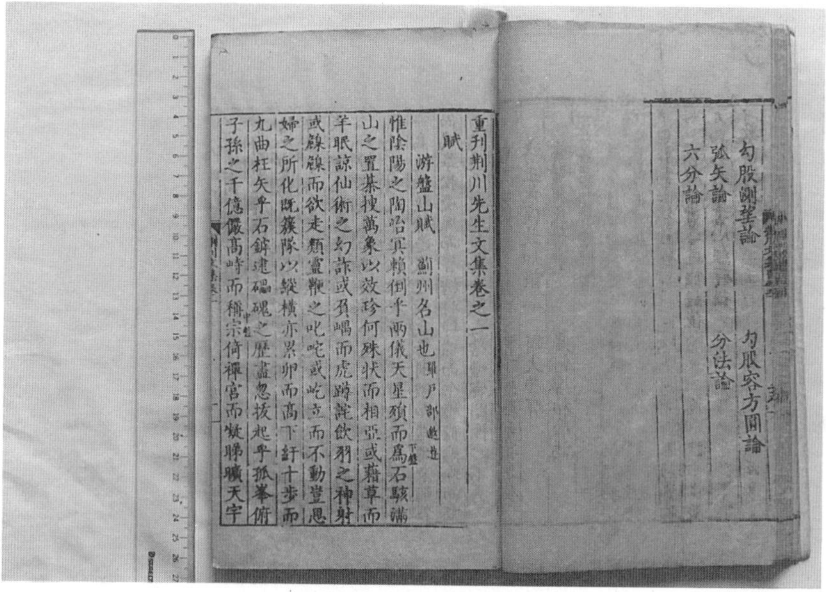

勾股測望論　勾股容方圓論

弧矢論　分法論

六分論

重刊荊川先生文集卷之一

賦

游盤山賦　薊州名山也　畢尸部邀遊

惟陰陽之陶冶兮賴倒乎兩儀天星殞而爲石駭譎（下盤）山之罝綦搜萬象以效珍何殊狀而相亞或藉草而羊眠諒仙術之幻詐或負嵎而虎蹲詑飲羽之神射或顤顤而欲走類靈鞭之叱咤或屹立而不動豈愚婦之所化既蔟隊以縱橫亦累卵而高下紆十步而九曲枉矢乎石鋒建磊磈之歷盡忽拔起乎孤峯俯子孫之千億儼高峙而稱宗（中盤）倚禪宮而凝睇矚天宇

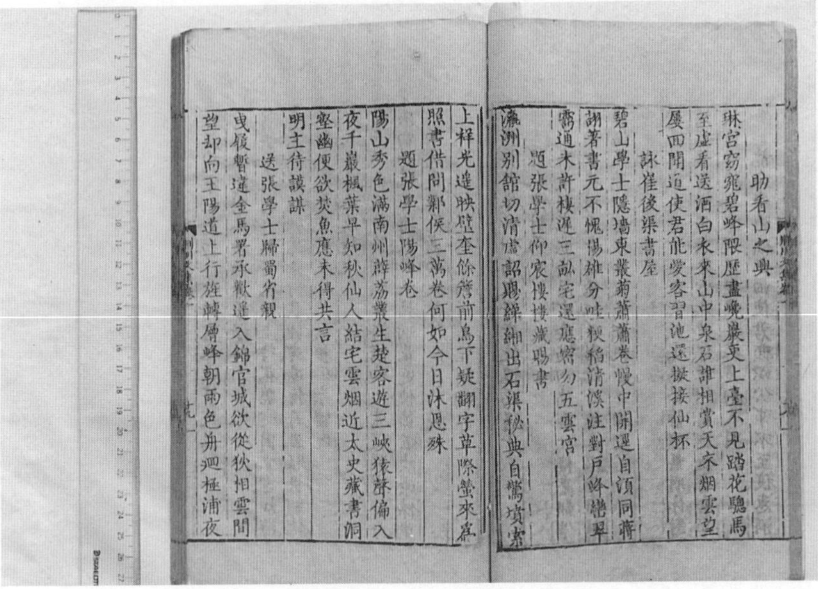
助看山之興
琳宮窈窕碧峰隈歷盡巉巖更上臺不見踏花驄馬
至虛看送酒白衣來山中泉石誰相賞天末烟雲望
屢回聞道使君能愛客習池還擬接仙杯
詠崔後渠書屋
碧山學士隱墻東叢菊蕭蕭巷幔中開逕自須同蔣
詡著書元不愧揚雄分畦杭稻清溪注對戶峰巒翠
靄通未許棲遲三畝宅還應密勿五雲宮
題張學士仰宸樓樓藏賜書
瀛洲別館切清虛詔賜緗緗出石渠秘典自驚墳索
上祥光遙映壁奎餘齊前鳥下疑翻字草際螢來窓
照書借問鄴侯三萬卷何如今日沐恩殊
題張學士陽峰卷
陽山秀色滿南州薜荔叢生楚客遊三峽猿聲偏入
夜千巖楓葉早知秋仙人結宅雲烟近太史藏書洞
壑幽便欲焚魚應未得共言
明主待謨謀
送張學士歸蜀省親
曳履暫違金馬署承歡遥入錦官城欲從秋柏雲間
望却向王陽道上行旌轉層峰朝雨色舟迴極浦夜

113 書名：唐荊川先生全集十二卷

作者：明、唐順之撰

版式：明、古吳在茲堂刊本

21.6×14.6，半葉10行，行20字。四周單欄，花口，單魚尾。書首冠無年月王慎中序，次有總目。扉頁題書名，及「古吳在茲堂藏板」。卷一首葉原有題款兩行，前一行存「晉陵」二字，餘被剜去，後一行題「秣陵振吾唐國達刊」。

編號：史文33—474

按此刻書首王慎中序不署年月。今考九大文學部所藏光緒二十一年（1895A.D.）武進盛氏思惠齋刊唐荊川先生文集，（不在本書收錄範圍內，編號中文33—457）其所附王

愼中序署嘉靖二十八年（1549A.D.）。按王、唐二人於嘉靖中齊名，此書當即嘉靖間編纂。惟此刻之刊刻年代，由紙張及版式觀之，當已在萬曆以後。

此書收錄策一卷，詩二卷，書二卷，序二卷，記、說合一卷，墓誌銘一卷，墓銘表一卷，傳、祭文、雜文合一卷，卷十二則又爲雜文。刻內提及明代國號或天子，均隔行頂格或空一格書之。

九大所藏此本，書內原有鈐印處，多被剜去。僅書首有「雨山草堂」朱文印記一枚，不知屬誰。九大另藏有明刊本唐荊川文集十七卷，參第112條，編號支哲33—109。

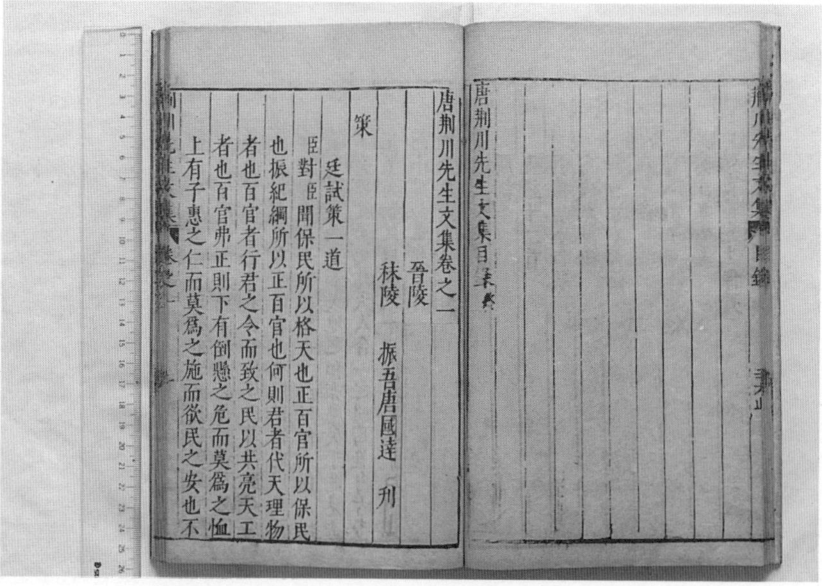
唐荊川先生文集目錄

唐荊川先生文集卷之一
晉陵
秣陵　振吾唐國達　刊
策
廷試策一道
臣對臣聞保民所以格天也正百官所以保民
也振紀綱所以正百官也何則君者代天理物
者也百官者行君之令而致之民以共亮天工
者也百官弗正則下有倒懸之危而莫爲之恤
上有子惠之仁而莫爲之施而欲民之安也不

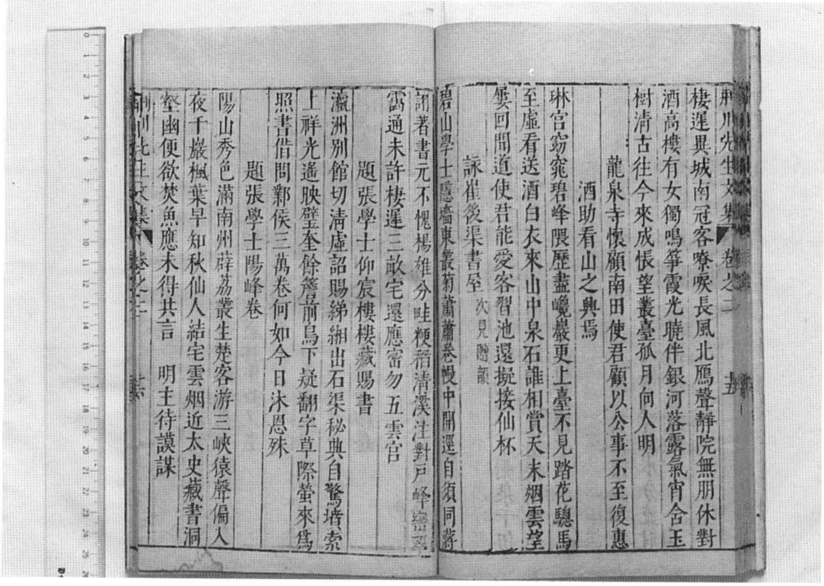
荊川先生文集 卷之二 五

棲遲異城南冠客嘹唳長風北鴈聲靜院無朋休對
酒高樓有女獨鳴箏霞光曉伴銀河落露氣宵含玉
樹清古往今來成悵望叢臺孤月向人明

龍泉寺懷顧南田使君顧以公事不至復惠
酒助看山之興焉

琳宮窈窕碧峰隈歷盡巉巖更上臺不見踏花驄馬
至虛看送酒白衣來山中泉石誰相賞天末烟雲望
屢回問道使君能愛客習池還擬接仙杯

詠崔後渠書屋 次見贈韻

碧山學士隱牆東叢菊蕭蕭巷幔中開選自須同蔣
詡著書元不愧揚雄分畦種稻清溪注對戶峰巒翠
靄通未許棲遲三畝宅還應密勿五雲宮

題張學士仰宸樓樓藏賜書

瀛洲別館切清虛詔賜綈緗出石渠秘典自驚堦索
上祥光遙映壁奎餘簷前鳥下疑翻字草際螢來雋
照書借問鄴侯三萬卷何如今日沐恩殊

題張學士陽峰卷

陽山秀色滿南州薜荔叢生楚客游三峽猿聲偏入
夜千巖楓葉早知秋仙人結宅雲烟近太史藏書洞
壑幽便欲焚魚應未得共言　明主待謨謀

荊川先生文集 卷之二 六

114 **書名：蒼霞草**二十卷

作者：明、葉向高撰

版式：明刊本

20.3×14.5，半葉10行，行19字。左右雙欄，花口，單魚尾。書首冠無年月郭正域、顧起元、董應舉序，並無年月葉氏自序。次有總目，每卷前又各有卷目。每卷首葉題「福清葉向高進卿甫著」。

編號：支哲33—115

購入：昭和26、11、22

按此刻序文均不署年月，惟由字體觀之，當係明末刊本，待考。書首有「賴古堂家藏」印記，當爲清初周亮工家故物，表紙鈐有「仙臺府學圖書」白文印記。

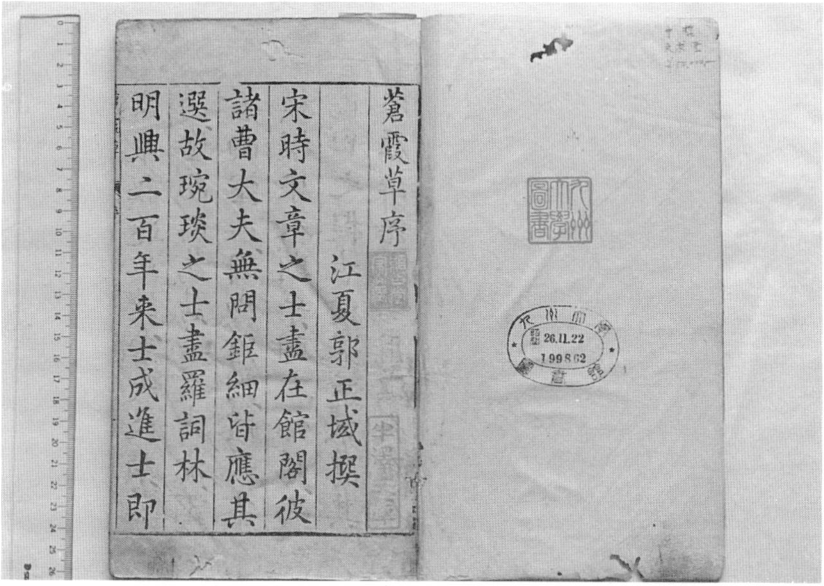
蒼霞草序
江夏郭正域撰
宋時文章之士盡在館閣彼
諸曹大夫無問鉅細皆應其
選故琬琰之士盡羅詞林
明興二百年來士成進士即

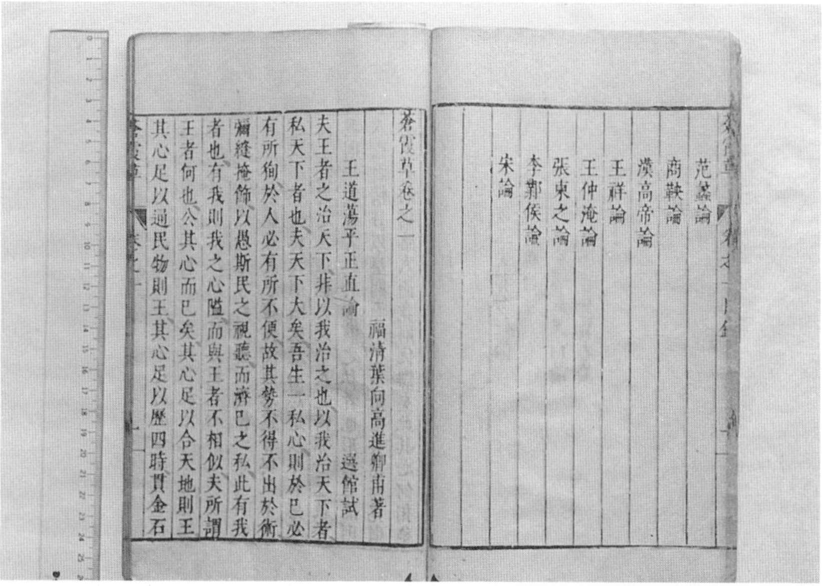

蒼霞草卷之一
福清葉向高進卿甫著
王道蕩平正直論　館試
夫王者之治天下非以我治之也以我治天下者
私天下者也夫天下大矣吾生一私心則於已必
有所徇於人必有所不便故其勢不得不出於術
彌縫掩飾以愚斯民之視聽而濟已之私此有我
者也有我則我之心隘而與王者不相似夫所謂
王者何也公其心而已矣其心足以合天地則王
其心足以通民物則王其心足以歷四時貫金石

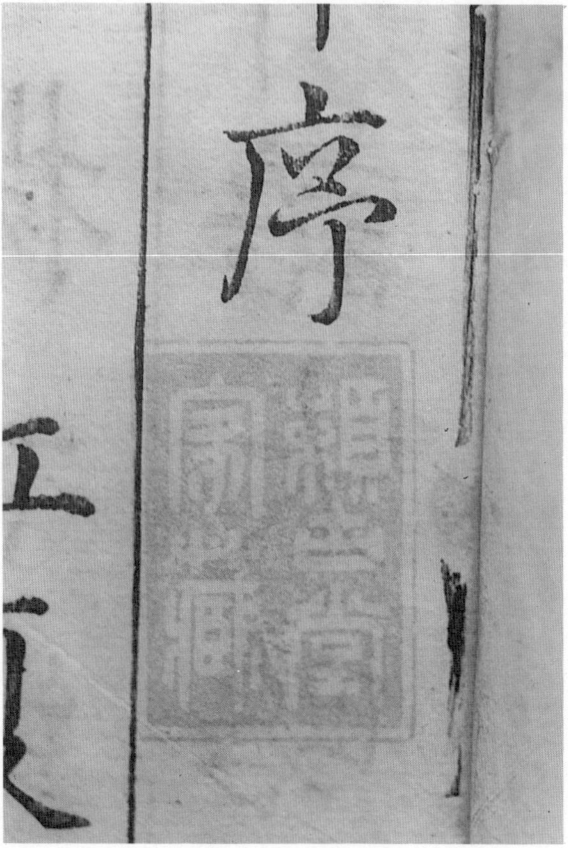

115 書名：甘泉先生文錄類選二十一卷

作者：明、湛若水撰，周孚先編

版式：明嘉靖八年刊本

20.1×14.8，半葉10行，行20字。左右雙欄，白口，單魚尾。書首冠嘉靖八年（1529A.D.）周孚先序，次有總目，卷一首葉題：「門人朝陽周孚先編輯、門人金谿黃綸類校、門人永豐呂懷參定、門人朝陽鄭經正、經哲重訂」。卷末有嘉靖八年呂懷跋。

編號：支哲51—153（貴重書）

按此書乃湛若水弟子周孚先所選輯，共分十類，故曰類選。其類爲：說類、序類、記、雜著、跋、傳、贊附、書、文、誌銘表。此刻字體、版式及紙墨，均爲典型嘉靖刊本形式。

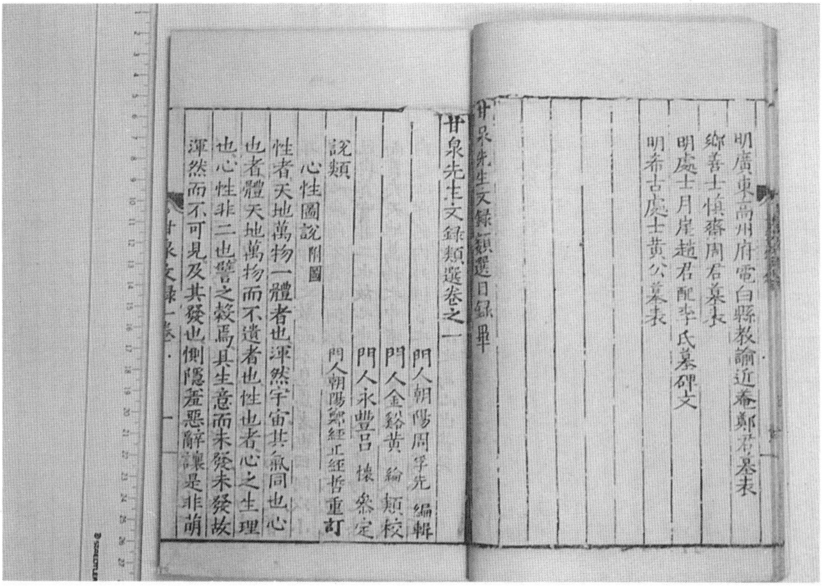

明廣東高州府電白縣教諭近齋鄭君墓表
鄉善士慎齋周君墓表
明處士月崖趙君配李氏墓碑文
明希古處士黃公墓表
甘泉先生文録類選目録畢

甘泉先生文録類選卷之一
門人朝陽周孚先 編輯
門人金谿黃 綸 類校
門人永豐呂 懷 參定
門人朝陽鄭經正 經哲 重訂
說類
心性圖說 附圖
性者天地萬物一體者也渾然宇宙其氣同也心
也者體天地萬物而不遺者也性也者心之生理
也心性非二也譬之穀焉具生意而未發未發故
渾然而不可見及其發也惻隱羞惡辭讓是非萌

116 書名：舒梓溪集十卷

作者：明、舒芬撰

版式：嘉靖三十二年刊本

19.4×13.7，半葉10行，行20字。四周單欄，花口，無魚尾。書首冠嘉靖三十二年（1553A.D.）萬虞愷序、嘉靖三十年黃佐序、嘉靖三十年黃佐序、嘉靖三十年張鏊序。次附舒梓溪傳，署「門人南昌熊杰撰」，次有總目。每卷首葉題「明翰林院修撰舒芬著按察司副使萬虞愷校門人熊杰輯」。卷末有嘉靖三十二年熊杰跋。

編號：支哲51—76

購入：昭和5、8、25

按此書爲舒氏門弟子熊杰所輯。熊氏跋語並日「彙次梓溪詩文，刻諸閩省」云云，是此刻爲福建刊本。蓋閩省爲舒芬謫居地，萬虞愷及熊杰遂攜該書至閩地求貲而刻者也。

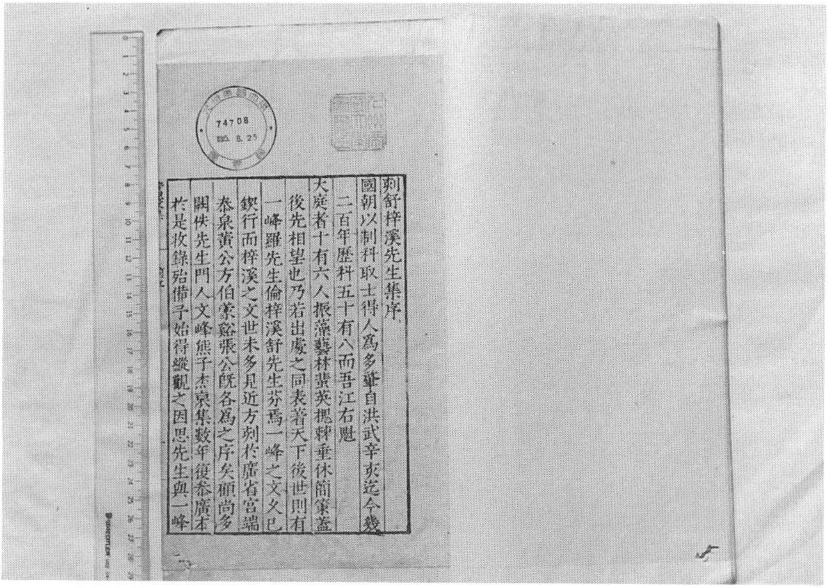

刻舒梓溪先生集序

國朝以制科取士得人爲多肇自洪武辛亥迄今幾
二百年歷科五十有八而吾江右魁
大庭者十有六人振藻藝林蜚英褫𩌏垂休簡策蓋
後先相望也乃若出處之同表著天下後世則有
一峰羅先生倫梓溪舒先生芬爲一峰之文久已
鋟行而梓溪之文世未多見近方刻於廣省宮端
泰泉黃公方伯蒙谿張公既各爲之序矣顧尚多
闕佚先生門人文峰熊子杰裒集數年復杂廣本
於是收錄殆備予始得縱觀之因思先生與一峰

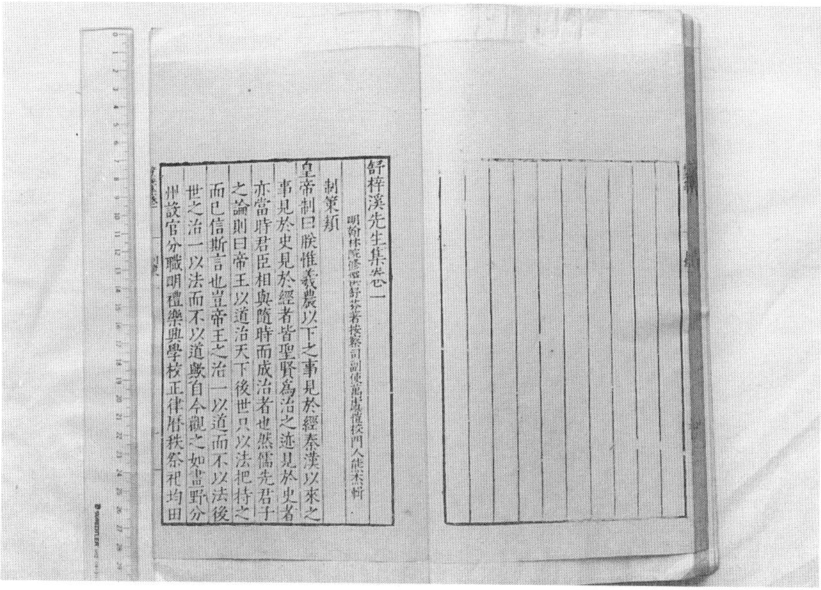

舒梓溪先生集卷之一

明翰林院修撰舒芬著　按察司副使萬虞愷校　門人熊杰刊

制策類

皇帝制曰朕惟羲農以下之事見於經秦漢以來之
事見於史見於經者皆聖賢爲治之迹見於史者
亦當時君臣相與隨時而成治者也然儒先君子
之論則曰帝王以道治天下後世只以法把持之
而已信斯言也豈帝王之治一以道而不以法後
世之治一以法而不以道歟自今觀之如畫野分
州設官分職明禮樂興學校正律曆秩祭祀均田

117 書名：歐陽南野先生文集三十卷

作者：明、歐陽德撰

版式：明嘉靖三十七年刊本

20×15.2，半葉10行，行20字。四周單欄，花口，單魚尾。書首冠嘉靖三十七年（1558A.D.）梁汝魁、嘉靖三十五年（1556A.D.）王宗沐序。次有總目，總目首頁題「門人王宗沐編校」、「不肖男餘慶、紹慶手抄」。

編號：支哲51—77

購入：昭和5、8、25

按歐陽德氏，明正德年間拜王陽明爲師，爲明代理學大家。此集爲歐陽氏卒後，其門人王宗沐等代爲編梓。據梁汝魁序，當年此集乃與王陽明先生集並梓行世。此集卷一至卷十爲書信、序、記、雜著，稱爲內集；卷十一至卷十六爲外集，所載皆奏疏；卷十七至卷三十爲序、記、墓誌銘、雜著、祭文、詩。稱爲別集。而其論學諸作，皆在內集之中。

此刻以白棉紙印成，字體猶有歐陽詢筆意，刷印甚爲精美，當爲嘉靖間原刊本。

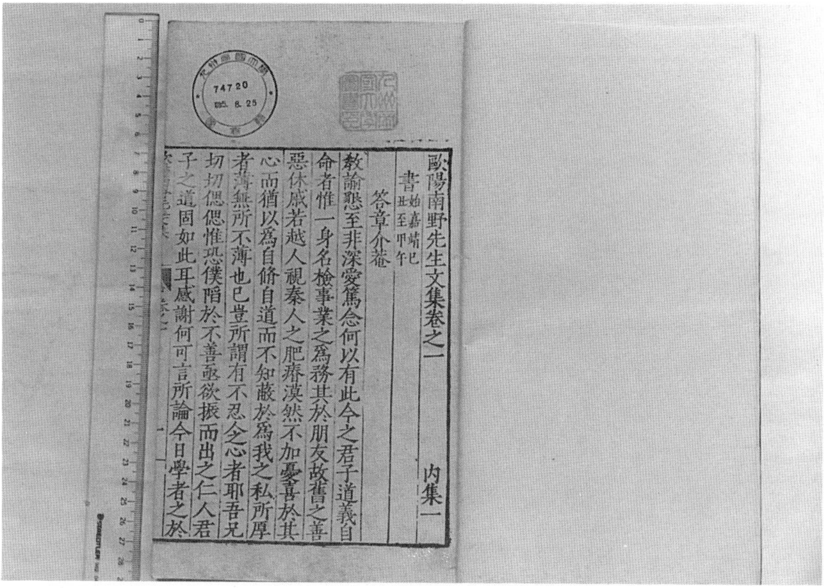

歐陽南野先生文集卷之一　　內集一

書始嘉靖己丑至甲午

答章介菴

教諭懇至非深愛篤念何以有此今之君子道義自命者惟一身名檢事業之爲務其於朋友故舊之善惡休戚若越人視秦人之肥瘠漠然不加憂喜於其心而循以爲自脩自道而不知蔽於爲我之私所厚者薄無所不薄也已豈所謂有不忍人之心者耶吾兄切切偲偲惟恐僕陷於不善亟欲振而出之仁人君子之道固如此耳感謝何可言所論今日學者之於

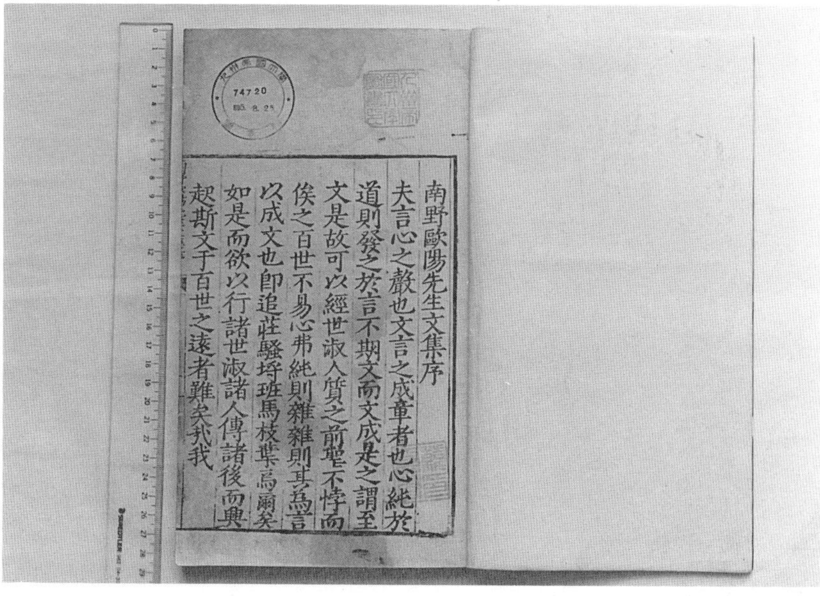

南野歐陽先生文集序

夫言心之聲也文言之成章者也心純於道則發之於言不期文而文成是之謂至文是故可以經世淑人質之前聖不悖而俟之百世不易心弗純則雜雜則其爲言以成文也卽追莊騷埒班馬枝葉爲爾矣如是而欲以行諸世淑諸人傳諸後而興起斯文于百世之遠者難矣哉我

118 書名：念菴羅先生集十三卷

作者：明、羅洪先撰

版式：明嘉靖四十三年刊本

20.7×14.2，半葉11行，行20字。四周單欄，花口，單魚尾。書首冠嘉靖四十三年（1564A.D.）俞憲、嘉靖四十二年胡松序。次有總目，每卷前又各有卷目。

編號：支哲51—81（貴重書）

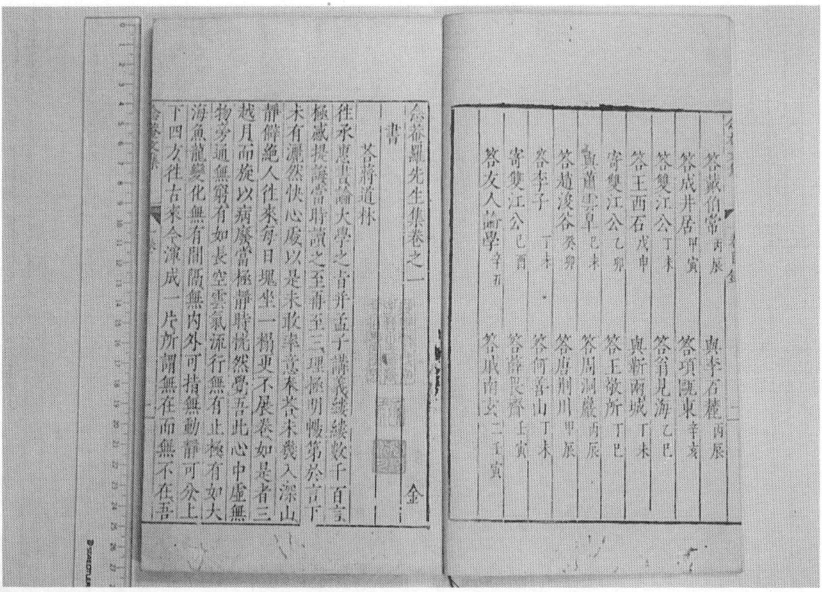

119 書名：高子遺書十二卷附錄一卷

作者：明、高攀龍撰

版式：明崇禎四年刊本

21×14.5，半葉9行，行19字。四周單欄，花口，單魚尾。首冠崇禎四年（1631A.D.）陳龍正序，次有高忠憲公小像，次總目，署「門人陳龍正訂次」。

編號：支哲51—109（貴重書）

按此書係明崇禎四年由高氏弟子陳龍正編輯付梓。書後附錄一卷，載題詠贊跋，及朱國楨撰墓誌銘、錢謙益撰神道碑、葉茂才撰行狀、范鳳翼撰祭文。全刻用長型匠體字，以竹紙印成，爲典型崇禎間刊本。

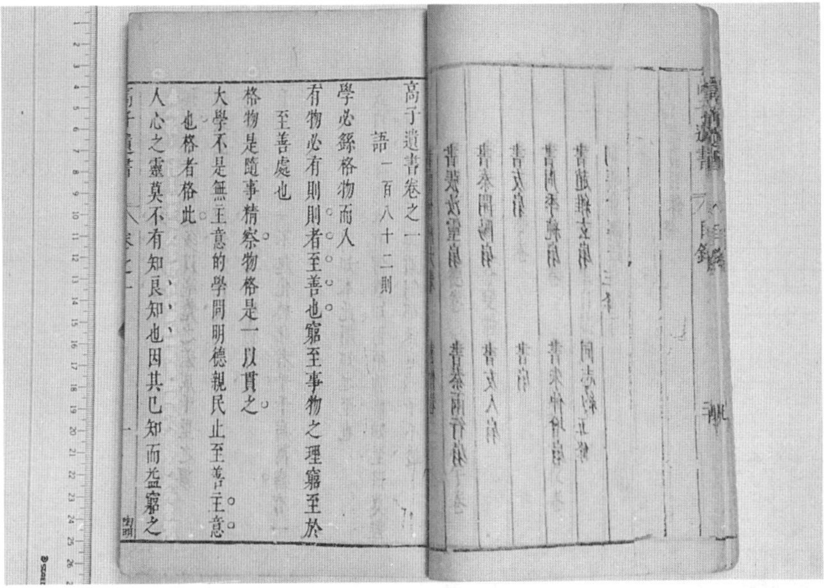
高子遺書卷之一
語一百八十二則
學必繇格物而入。。。
有物必有則則者至善也窮至事物之理窮至於
至善處也。
格物是隨事精察物格是一以貫之
大學不是無主意的學問明德親民止至善主意
也格者格此。
人心之靈莫不有知良知也因其已知而益窮之

120 書名：羅近溪全集七種

作者：明、羅汝芳撰

版式：明萬曆間刊本

20.5×14，半葉9行，行18字。四周單欄，花口，單魚尾。每種著作集各有其序跋多篇，均萬曆間撰。然無總序，亦無總目。

編號：支哲51—110（貴重書）

按此書收羅汝芳著作七種：

一、近溪子集。不分卷，但以禮、樂、射、御、書、數分六部分。天頭處有批語，首葉次行題「楚黃友人耿定向評」，殆即耿氏評語。卷前有季膺序云：

> 丙戌（按即萬曆十四年）首春，見天台耿先生於邸第，授以是集，手加評騭，謂可傳也。乃……以所聞於公者，參互印證，稍見一斑，遂刻而傳之……。

此外尚有萬曆十一年耿定向、十五年楊起元、十年胡信、四年郭斗序；卷末有萬曆十三年耿定向、詹事講、萬曆十二年杜應奎跋。

二、庭訓二卷。卷前有萬曆三十五年章潢、二十八年郭煒、三十七年黃湛序等。

三、附集二卷、首一卷。

四、續集二卷。

五、尊賢錄十卷。

六、詩集二卷。

七、一貫編不分卷。

由於全刻並無總序、總跋，故不知何人編輯而成。待考。

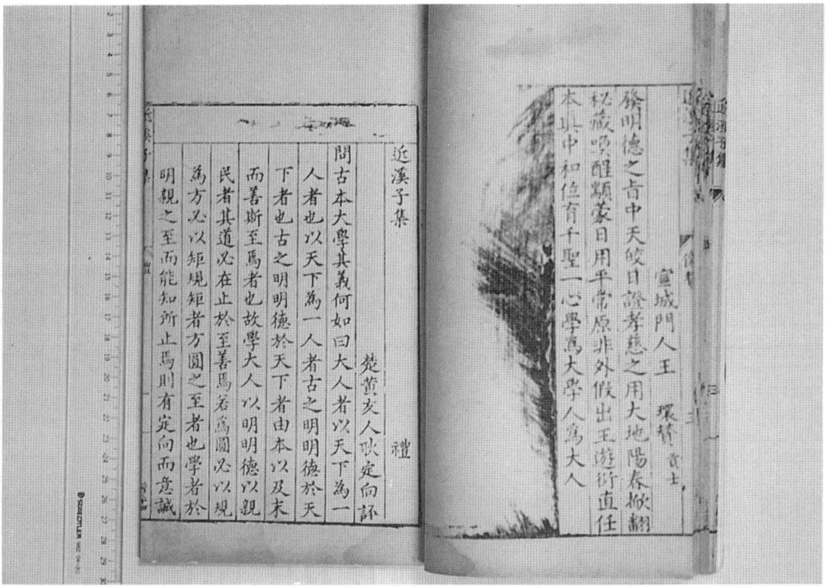
發明德之旨中天皎日諧孝慈之用大地陽春掀翻
秘藏喚醒顓蒙日用平常原非外假出王遊衍直任
本此中和位育千聖一心學爲大學人爲大人
宣城門人王璟贊書

近溪子集　禮
楚黃友人耿定向評
問古本大學其義何如曰大人者以天下爲一
人者也以天下爲一人者古之明明德於天
下者也古之明明德於天下者由本以及末
而善斯至焉者也故學大人以明明德以親
民者其道必在止於至善焉若爲圓必以規
爲方必以矩規矩者方圓之至者也學者於
明親之至而能知所止焉則有定向而意誠

121 書名：遜志齋集二十四卷附一卷

作者：明、方孝儒撰

版式：明正德二年刊本

18.9×13.2，半葉10行，行20字。四周單欄，白口，無魚尾。書首冠洪武三十年（1397A.D.）林右序，及無年月王紳序。次爲凡例、小傳、總目。卷末有正德二年（1507A.D.）顧璘跋。

編號：支哲33—112（貴重書）

購入：昭和26、7、25

按此書雜著八卷、文十四卷、詩二卷，凡二十四卷。卷末附錄，爲方氏與友人贈答詩文。書首有「炳卿珍藏舊槧古鈔之記」等印記，不知屬誰。

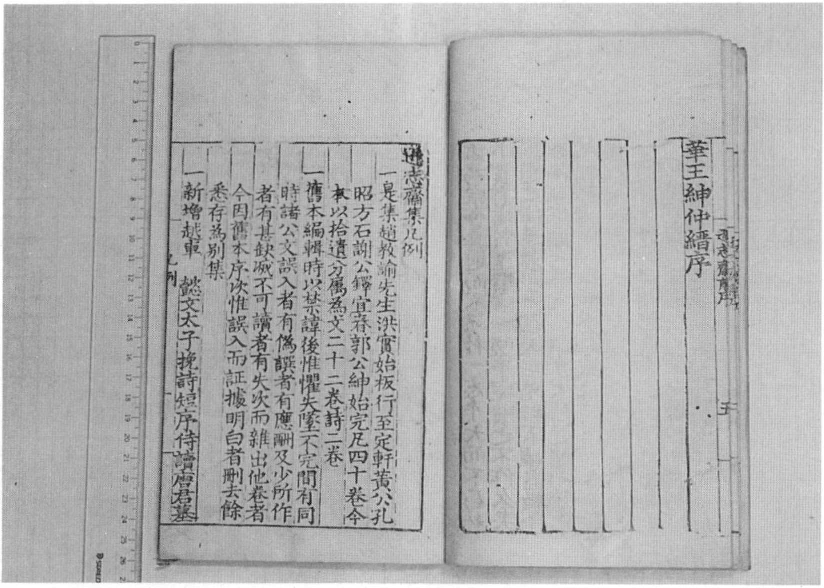

遜志齋集凡例

一是集趙教諭先生洪實始板行至定軒黃公孔昭方石謝公鐸宜春郭公紳始完凡四十卷今本以拾遺分屬爲文二十二卷詩二卷

一舊本編輯時以禁諱後惟懼失墜不完間有同時諸公文誤入者有僞譔者有應酬及少所作者有其缺滅不可讀者有失次而雜出他卷者今因舊本序次惟誤入而証據明白者删去餘悉存爲別集

一新增越東懿文太子挽詩短序侍讀唐君墓

華王紳仲縉序

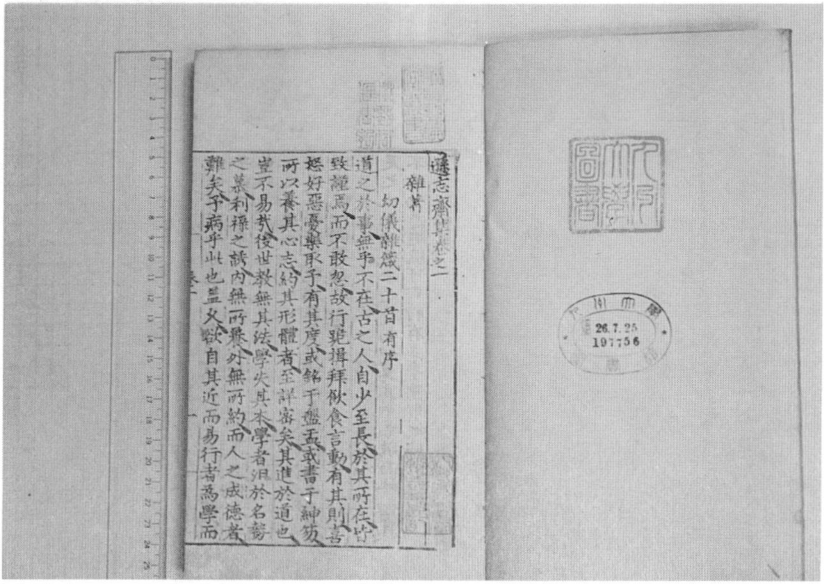

遜志齋集卷之一

雜著

幼儀雜箴二十首有序

道之於事無乎不在古之人自少至長於其所在皆致謹焉而不敢忽故行跪揖拜飲食言動有其則喜怒好惡憂樂取予有其度或銘于盤盂或書于紳笏所以養其心志約其形體者至詳密矣其進於道也豈不易哉後世教無其法學失其本學者汨於名勢之慕利祿之誘內無所養外無所約而人之成德者難矣予病乎此也蓋久欲自其近而易行者爲學而

122 **書名：李氏焚書**六卷

作者：明、李贄撰

版式：明刊本

22.9×15.4，半葉9行，行20字。四周單欄，花口，單魚尾。有總目。無序跋。

編號：支哲51—157（貴重書）

購入：昭和30、2、25

按李卓吾所著書，明季以降即遭禁燬，此刻應爲萬曆間刊本，十分可貴。

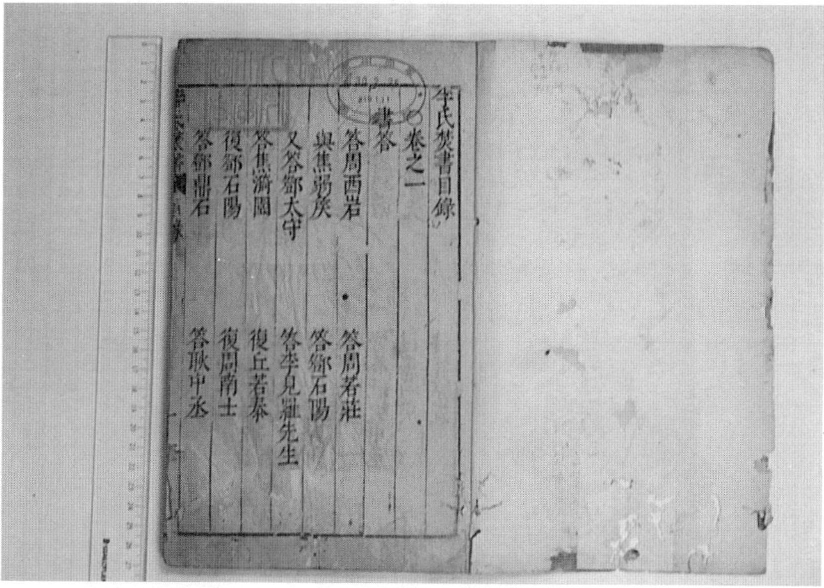
李氏焚書目錄
◯卷之一
書答
答周西岩　答周若莊
與焦弱侯　答鄧石陽
又答鄧太守　答李見羅先生
答焦漪園　復丘若泰
復鄧石陽　復周南士
答鄧鼎石　答耿中丞

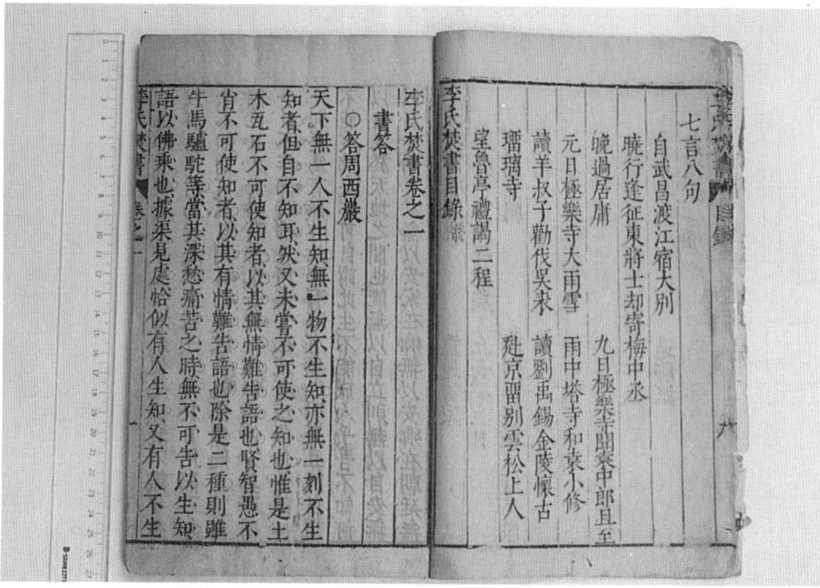
七言八句
自武昌渡江宿大別
曉行逢征東將士却寄梅中丞
晚過居庸　九日極樂寺聞袁中郎且至
元日極樂寺大雨雪　雨中塔寺和袁小修
讀羊叔子勸伐吳表　讀劉禹錫金陵懷古
瑠璃寺　赴京留別雲松上人
望魯亭禮謁二程
李氏焚書目錄
李氏焚書卷之一
書答
◯答周西巖
天下無一人不生知無一物不生知亦無一刻不生知者但自不知耳然又未嘗不可使之知也惟是土木瓦石不可使知者以其無情難告語也賢智愚不肖不可使知者以其有情難告語也除是二種則雖牛馬驢駝等當其深愁痛苦之時無不可告以生知語以佛乘也據渠見處恰似有人生知又有人不生

123 書名：文選六十卷

作者：梁、蕭統編

版式：萬曆六年冰玉堂刊本

20.2×15.3，半葉9行，行18字。四周雙欄，白口，單魚尾。書首冠萬曆二年（1574A.D.）汪道昆序，後題「冰玉堂重校」。次附昭明太子小傳，次萬曆六年（　1578A.D.）徐成位題識，次萬曆六年重錄田汝成序。

編號：支文34—20

購入：昭和10、6、20

按徐成位題識曰：

郡齋舊有六臣文選，刻久而殘失。山東崔大夫領郡，重爲剞劂，但校讐者鹵莽，中多舛訛，甚以俗字竄古文，觀者病之。余暇日屬二三文學詳校，凡正壹萬五千餘字……。

是此刻乃萬曆二年崔氏刊梓，至萬曆六年徐成位重校刷印者。惟崔氏不詳其名，汪道昆序亦僅云崔大夫。書首有「北平來薰閣陳氏經籍舖」朱文印記。

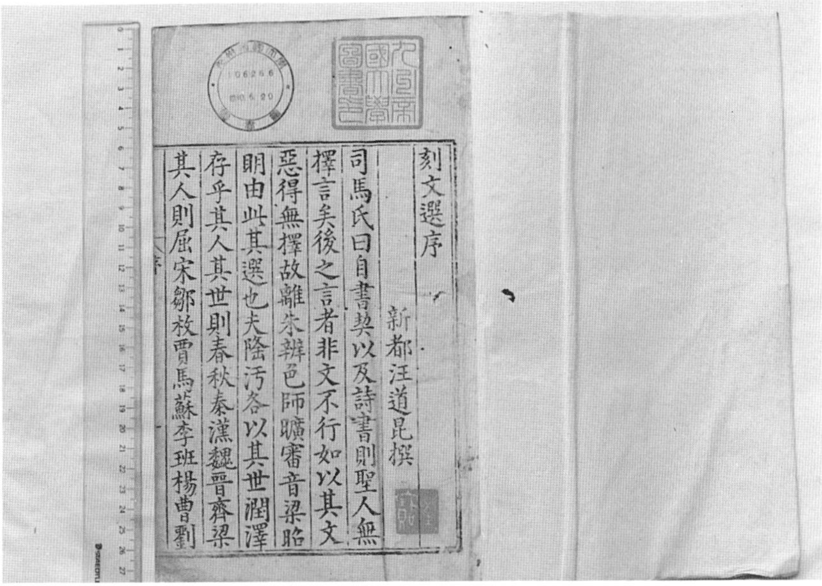

刻文選序

新都汪道昆撰

司馬氏曰自書契以及詩書則聖人無擇言矣後之言者非文不行如以其文惡得無擇故離朱辨色師曠審音梁昭明由此其選也夫隆汚各以其世潤澤存乎其人其世則春秋秦漢魏晉齊梁其人則屈宋鄒枚賈馬蘇李班楊曹劉

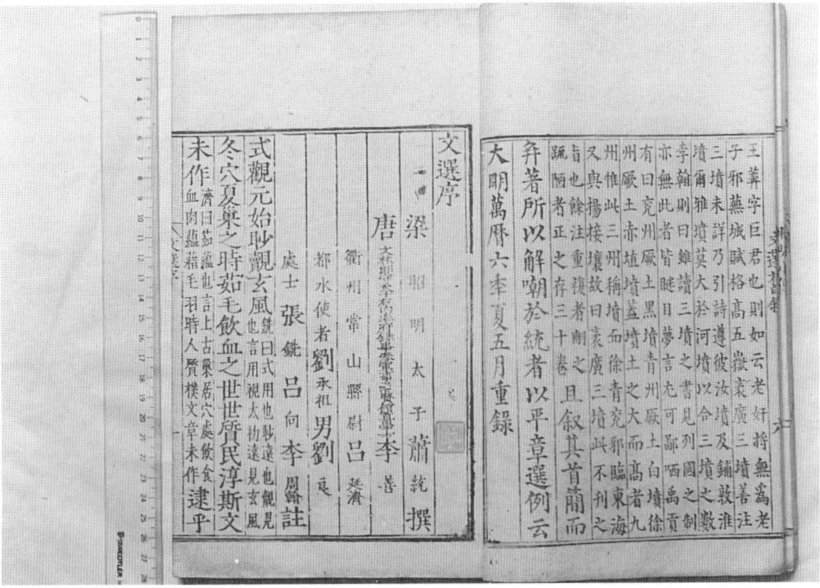

王莽字巨君也則如云老奸將無爲老于邪燕城賦格高五嶽表廣三墳善注三墳未詳乃引詩遵彼汝墳及鋪敦淮墳爾雅墳莫大於河墳以合三墳之數李翰則曰雖讀三墳之書見可鄙哂亦無此者皆睫目夢言尤可鄙哂禹貢有曰兗州厥土黑墳青州厥土白墳徐州惟此三州稱墳而徐青兗郡臨東海又與揚接壤故曰表廣三墳此不刊之旨也餘注重複者刪之踳駁者正之存三十卷且叙其首簡而并著所以解嘲於統者以平章選例云

大明萬曆六年夏五月重錄

文選序

梁　昭明太子蕭統撰

唐　文林郎守太子右內率府錄事參軍事崇賢館直學士李善注

衢州常山縣尉呂延濟

都水使者劉承祖男劉良

處士張銑呂向李周翰註

式觀元始眇覿玄風銑曰式用也眇遠也覿見也言用視太初遠見玄風冬穴夏巢之時茹毛飲血之世世質民淳斯文未作濟曰茹食也言上古衆居穴處飲食血肉茹毛羽時人質樸文章未作逮乎

124 書名：**文選**六十卷

作者：梁、蕭統編

版式：嘉靖二十八年刊本

24×18.7，半葉11行，行18字。左右雙欄，白口，無魚尾。書首冠蕭統撰文選序，序後有牌記曰「此集精加校正絕無舛誤見在廣都縣北門裴宅印賣」。次附李善上文選注表，呂延祚進集注文選表。嘉靖二十八年（1549A.D.）袁褧題識，後有總目。每卷首葉題「梁昭明太子撰、唐五臣注、崇賢館直學士李善注」。

編號：文文34—32

購入：昭和15、3、23

按袁褧題識曰：

> 余家藏書百年，見購鬻宋刻本昭明文選……此本甚稱精善……因命工翻雕，匡郭字體未少改易。刻始於嘉靖甲午歲（十三年，1534A.D.），成于己酉（即二十八年），計十六載而完，用費浩繁，梓人艱集。今模搨傳播海內……。

是此集乃嘉靖間袁氏據宋版翻刻。惟前頁牌記題現在廣都縣裴宅印賣者，「校」字諱改作「挍」，則或是袁氏版于明末啓禎間售予裴氏，由裴氏印賣，待考。此刻字大紙白，刊雕精美，爲仿宋刊本中之佳槧。書首有「錢印經藩」等印記。

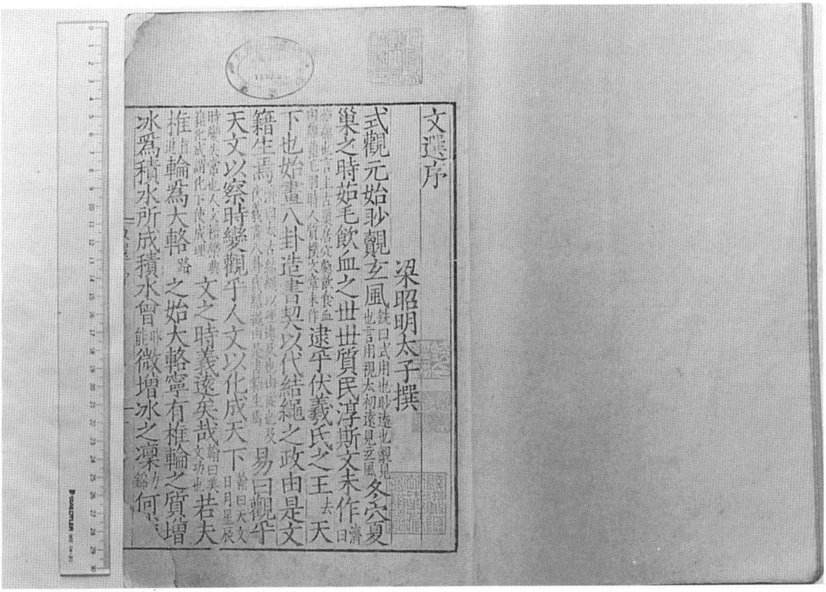
文選序
梁昭明太子撰
式觀元始眇覿玄風冬穴夏
巢之時茹毛飲血之世世質民淳斯文未作逮乎伏羲氏之王天
下也始畫八卦造書契以代結繩之政由是文
籍生焉易曰觀乎
天文以察時變觀乎人文以化成天下
文之時義遠矣哉若夫
椎輪爲大輅之始大輅寧有椎輪之質增
冰爲積水所成積水曾微增冰之凜

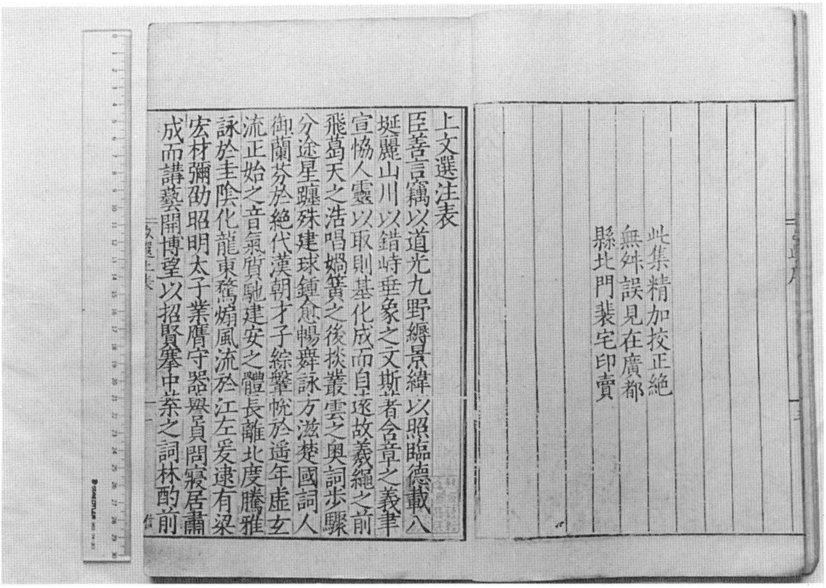
此集精加校正絕
無舛誤見在廣都
縣北門裴宅印賣
上文選注表
臣善言竊以道光九野縟景緯以照臨德載八
埏麗山川以錯峙垂象之文斯著含章之義聿
宣協人靈以取則基化成而自遠故羲繩之前
飛葛天之浩唱媯簧之後挾叢雲之奥詞步驟
分途星躔殊建球鍾愈暢舞詠方滋楚國詞人
御蘭芬於絕代漢朝才子綜鞶帨於遥年虚玄
流正始之音氣質馳建安之體長離北度騰雅
詠於圭陰化龍東騖煽風流於江左爰逮有梁
宏材彌劭昭明太子業膺守器譽貞問寢居肅
成而講藝開博望以招賢搴中葉之詞林酌前

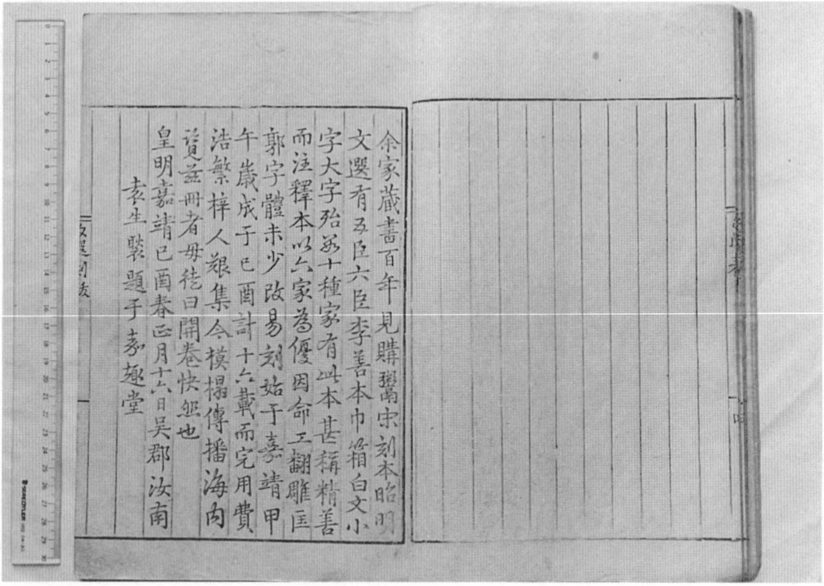

余家藏書百年見購鬻宋刻本昭明
文選有五臣六臣李善本巾箱白文小
字大字殆数十種家有此本甚稱精善
而注釋本以六家為優因命工翻雕匡
郭字體未少改易刻始于嘉靖甲
午歲成于己酉計十六載而完用費
浩繁梓人艱集今模榻傳播海內
覽者毋徒曰開卷快然也
皇明嘉靖己酉春正月十六日吳郡汝南
袁生褧題于嘉趣堂

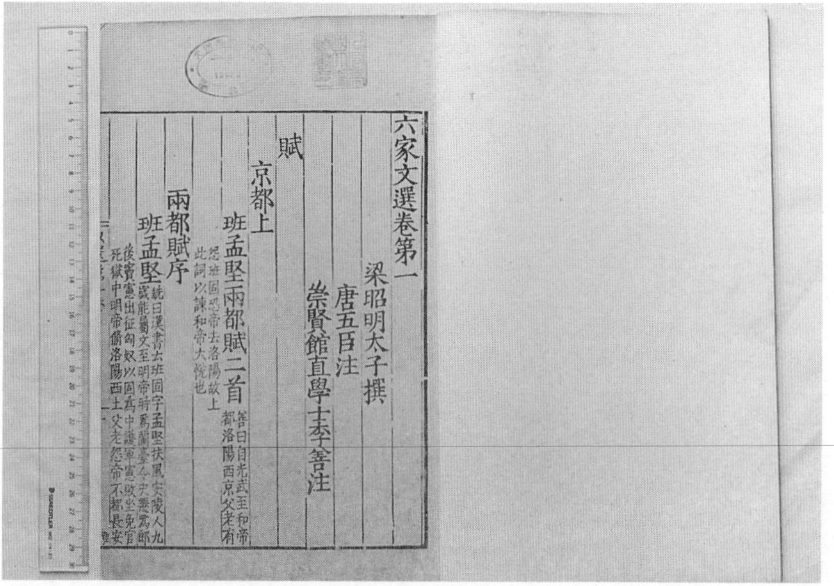

六家文選卷第一
梁昭明太子撰
唐五臣注
崇賢館直學士李善注
賦
京都上
班孟堅兩都賦二首 善曰自光武至和帝都洛陽西京父老有怨班固恐帝去洛陽故上此詞以諫和帝大悅也
兩都賦序
班孟堅 銑曰漢書云班固字孟堅扶風安陵人九歲能屬文至明帝時爲蘭臺令史遷爲郎後竇憲出征匈奴以固爲中護軍憲敗坐免官死獄中明帝修洛陽西土父老怨帝不都長安

125 書名：文選六十卷

作者：梁、蕭統撰

版式：弘治元年刊本

22.6×15，半葉10行，行22字。四周雙欄，黑口，雙魚尾。書首冠成化二十三年（1487A.D.）明藩唐王序、唐李善上文選注表、呂延祚進五臣注表，蕭統文選序、無年月余璉序。次總目。每卷首題「唐文林郎守太子右內率府錄事恭軍事崇賢館直學士臣李善注上，奉政大夫同知池州路總管府事張伯顏助率重刊」。卷末有弘治元年（1488A.D.）唐藩世子重刊跋。

編號：文文34—48

購入：昭和24、3、28

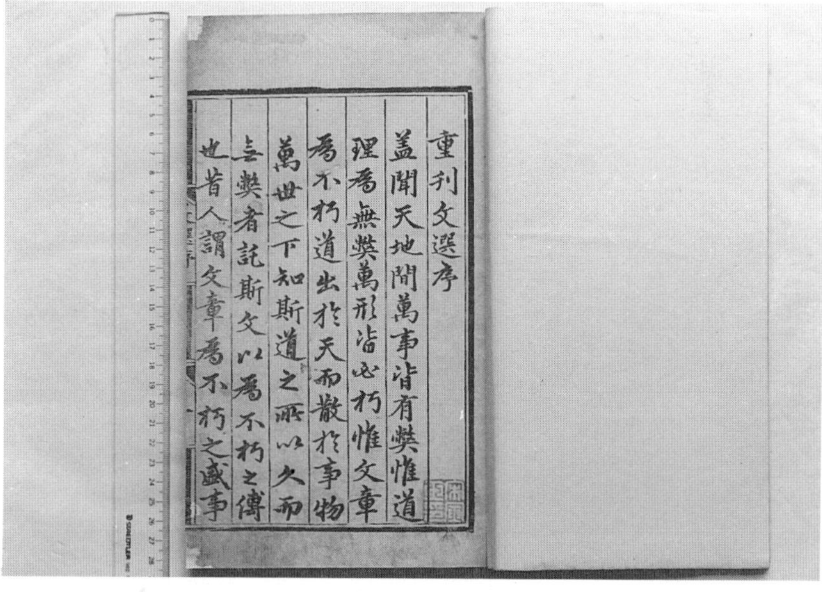
重刊文選序
蓋聞天地間萬事皆有弊惟道
理為無弊萬形皆必朽惟文章
為不朽道出於天而散於事物
萬世之下知斯道之所以久而
無弊者託斯文以為不朽之傳
也昔人謂文章為不朽之盛事

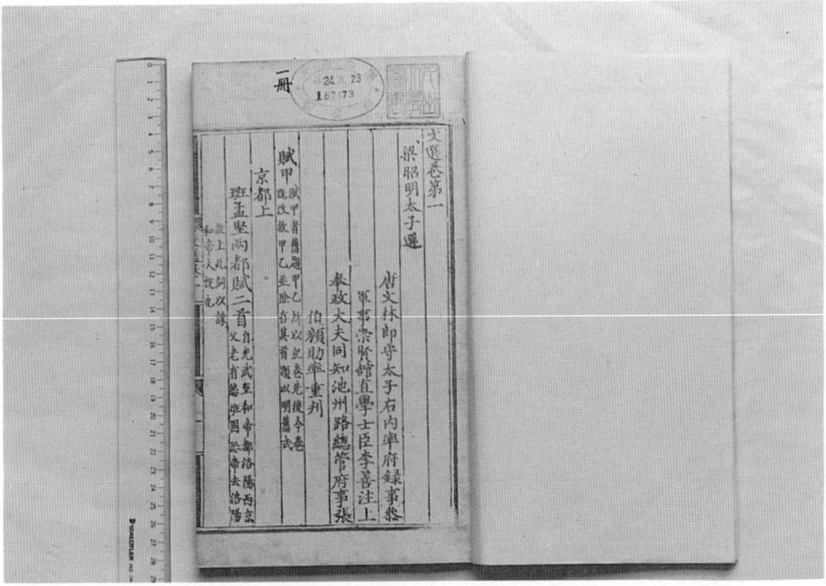

文選卷第一
梁昭明太子選
唐文林郎守太子右內率府録事參
軍崇賢館直學士臣李善注上
奉政大夫同知池州路總管府事張
伯顏助率重刊
賦甲 賦甲者舊題甲乙所以紀卷先後今卷既改故甲乙並除存其首題以明舊式
京都上
班孟堅兩都賦二首 自光武至和帝都洛陽西京父老有怨班固恐帝去洛陽故上此詞以諫和帝大悅也

按此刻乃明代唐王府所刊，爲明代著名之藩府刻書之一。唐王未畢工而薨，由其世子接續刊成。全刻以白棉紙、軟體字刊印，紙墨尚佳。

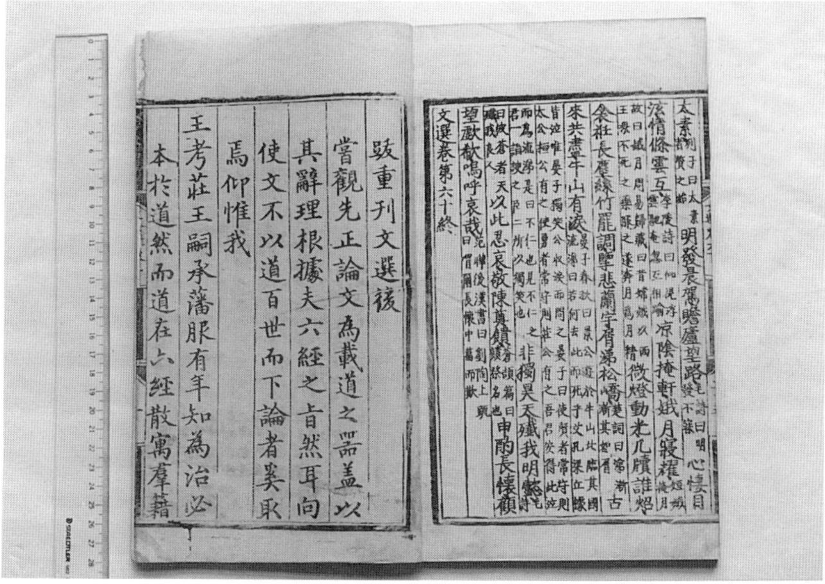
跋重刊文選後
嘗觀先正論文為載道之器蓋以
其辭理根據夫六經之旨然耳向
使文不以道百世而下論者奚取
焉仰惟我
王考莊王嗣承藩服有年知爲治必
本於道然而道在六經散寓羣籍
文選卷第六十終

126 書名：唐文粹一百卷

作者：宋、姚鉉編

版式：萬曆四十六年建陽刊本

21×14.9，半葉10行，行20字。四周單欄，花口，單魚尾。書首冠萬曆四十六年（1618A.D.）鄧渼序，次有總目。每卷首葉題「宋吳興姚鉉纂、明建武鄧渼校」。版心題「閩中盧景寫，建陽江以雲刻」，或其他寫刻工名氏。

編號：支哲34—14

購入：昭和7、11、5

按據書首序，知此刻乃鄧氏「因文粹舊本，稍爲刊正訛謬」而付梓者，惟其所據何本則未詳。版心處刻工署曰「建陽」，則當係福建建陽之坊刻本。

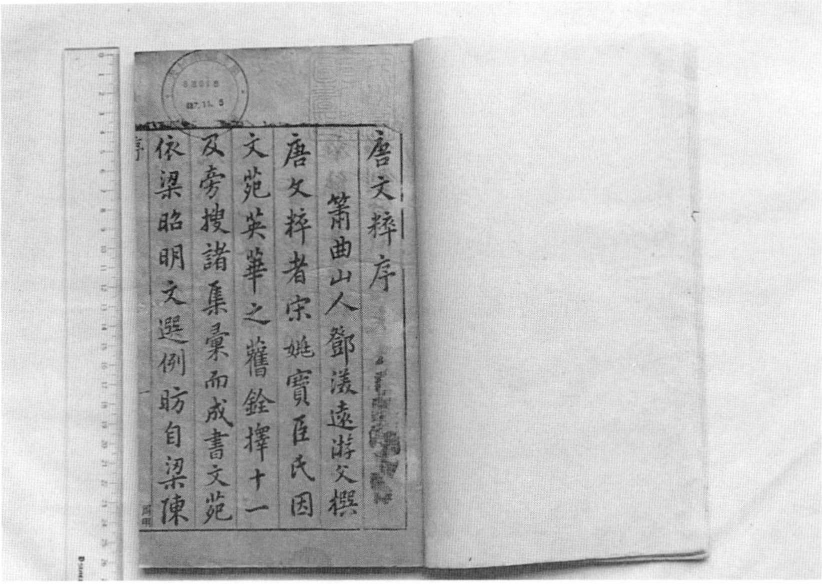
唐文粹序
簫曲山人鄧渼遠游父撰
唐文粹者宋姚寶臣氏因
文苑英華之舊銓擇十一
及旁搜諸集彙而成書文苑
依梁昭明文選例昉自梁陳

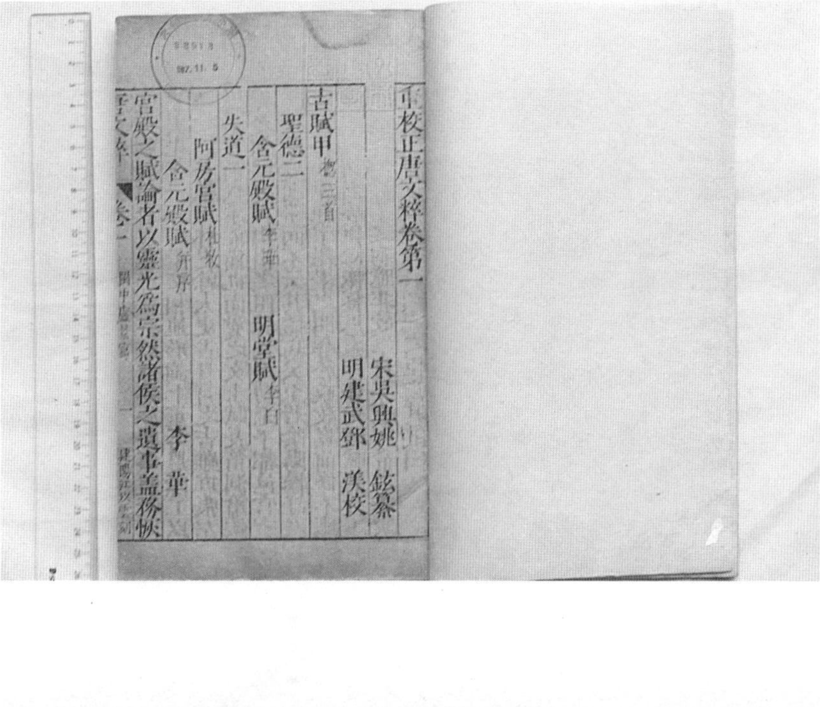
重校正唐文粹卷第一
宋吳興姚　鉉纂
明建武鄧　渼校
古賦甲
聖德二
含元殿賦李華　明堂賦李白
失道一
阿房宮賦杜牧
含元殿賦并序　李華
宮殿之賦論者以靈光為宗然諸侯之遺事蓋務恢

127 書名：文苑英華一千卷

作者：宋、李昉等奉勅編

版式：隆慶元年福建刊本

20.9×15.7，半葉11行，行22字。四周單欄，花口，單魚尾。書首冠隆慶元年（1567A.D.）胡維新序，及刊刻職名。次附「纂修文苑英華事始」，次總目。

編號：支文34—27

購入：昭和13、2、28

按由書首胡維新序，知胡氏時官「巡按福建承事郎江西道監察御史」。胡氏於童年時由家中得此書手抄本，至此遂付諸梓。故此刻屬福建官府刊本。

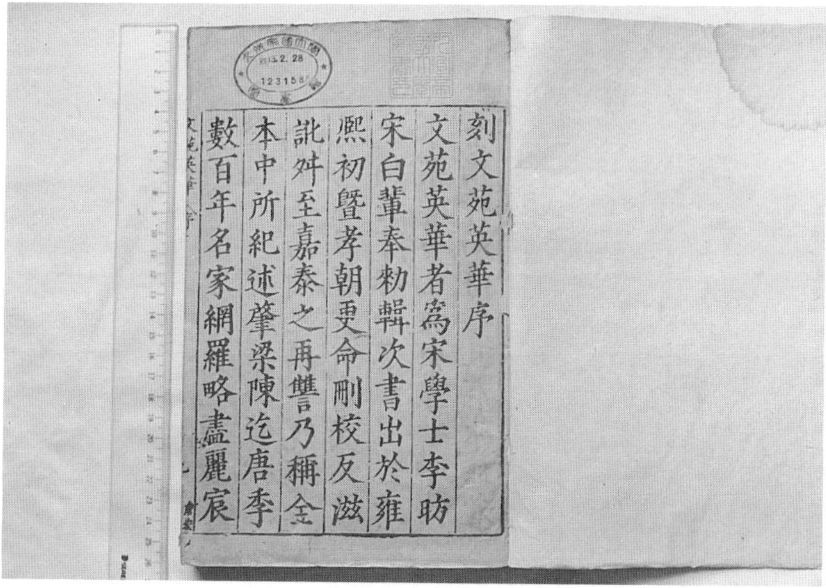

刻文苑英華序

文苑英華者爲宋學士李昉宋白輩奉敕輯次書出於雍熙初曁孝朝更命刪校反滋訛舛至嘉泰之再讐乃稱全本中所紀述肇梁陳迄唐季數百年名家網羅略盡麗宸

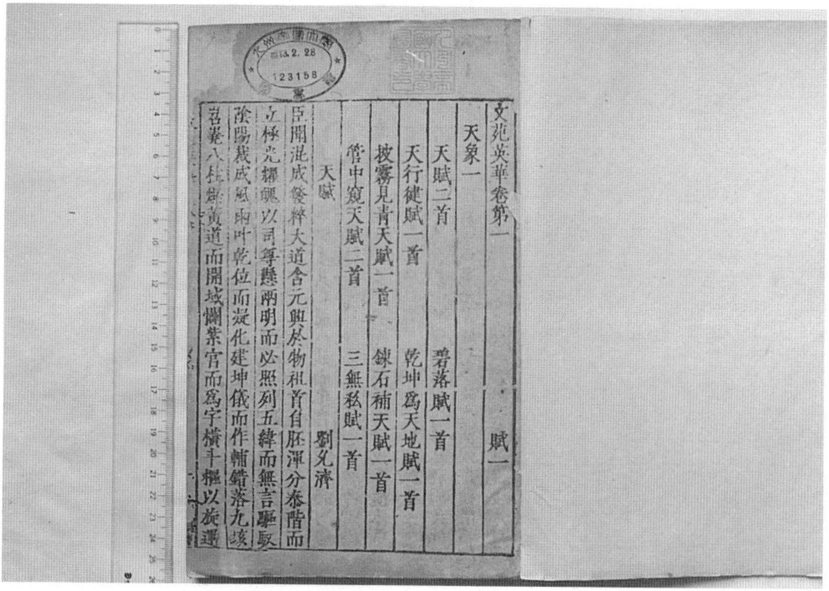

文苑英華卷第一　賦一

天象一

天賦二首　碧落賦一首

天行健賦一首　乾坤爲天地賦一首

披霧見青天賦一首　鍊石補天賦一首

管中窺天賦二首　三無私賦一首

天賦　劉允濟

臣聞混成發粹大道含元兩儀物祖首自胚渾分泰階而立極光耀飄以司辱懸兩明而必照列五緯而無言驅馭陰陽栽成風雨叶乾位而凝化建坤儀而作輔錯落九垓苞羲八卦制黄道而開域闢紫宮而爲宇横斗樞以旋還

128 書名：**宋文鑑**一百五十卷

作者：宋、呂祖謙編

版式：弘治十七年五經堂刊本

21.8×14.6，半葉10行，行20字。四周單欄，花口，單魚尾。書首冠宋淳熙六年（1179A.D.）周必大序、弘治十七年（1504A.D.）胡拱辰序、天順八年（1464A.D.）商輅序，及呂祖謙撰箚子、總目。卷一首葉題「朝奉郎行秘書省著作佐郎兼國史院編修官兼權禮部郎官臣呂祖謙奉聖旨銓次」，每卷卷名則題爲「校正重刊官板宋朝文鑑卷之幾」。

編號：文文34—74

購入：昭和36、8、15

按此書乃宋孝宗淳熙年間命呂祖謙所編。所輯上起北宋太祖建隆年間，下迄南宋高宗建炎朝。商輅序云，所取乃「取其辭理之醇，有補治道者，以類編次」云云，而凡賦、詩、文，均在編次之列。商輅序中言此書之刊梓云：

> （宋時）臨安府及書坊皆有刊版，歲久散佚，其書傳於今者甚鮮。近時提督浙學憲副張和節之偶得是書，以示嚴郡太守張永邵齡，邵齡欣然命工重鋟諸梓，以廣其傳。其間題議仍舊，款目無改，則以摹本翻刻，弗別繕寫，息謬誤也……。

此弘治本，則胡韶據舊板補刻者也。故此刻卷目均題作「校正重刊官板宋文鑑」，蓋天順間原刊，弘治間補刻刷印者也。

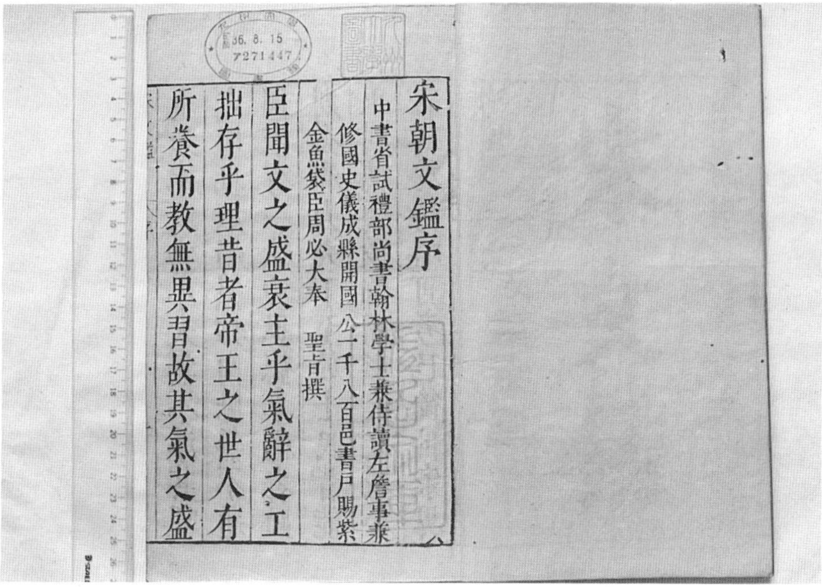

宋朝文鑑序

中書省試禮部尚書翰林學士兼侍讀左詹事兼
修國史儀成縣開國公一千八百邑書戶賜紫
金魚袋臣周必大奉　聖旨撰

臣聞文之盛衰主乎氣辭之工
拙存乎理昔者帝王之世人有
所養而教無異習故其氣之盛

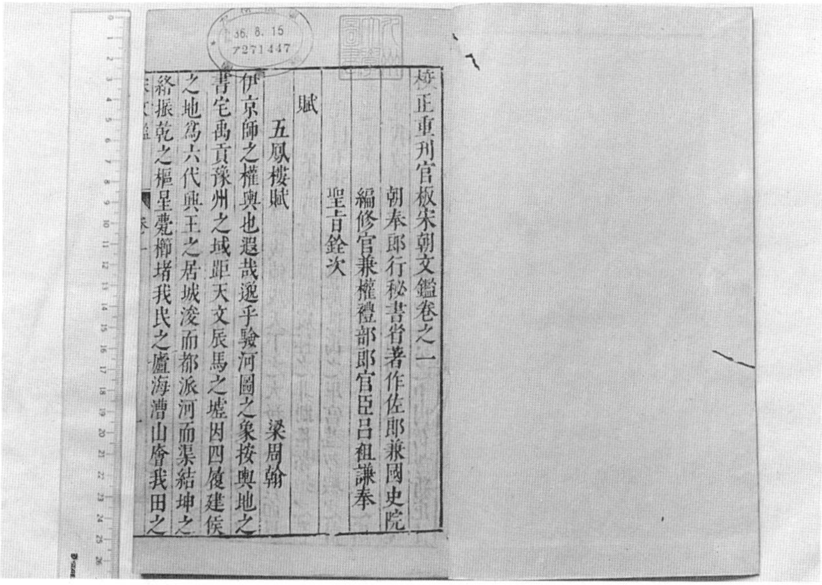

校正重刊官板宋朝文鑑卷之一

朝奉郎行秘書省著作佐郎兼國史院
編修官兼權禮部郎官臣呂祖謙奉
聖旨銓次

賦

五鳳樓賦　梁周翰

伊京師之權輿也遐哉邈乎驗河圖之象按輿地之
書宅禹貢豫州之域距天文辰馬之墟因四履建侯
之地爲六代興王之居城浚而都派河而渠結坤之
絡振乾之樞呈甍櫛堵我民之廬海漕山瞀我田之

129 書名：二程先生書五十一卷

作者：宋、程頤、程灝撰

版式：隆慶四年刊本

22.1×15.5，半葉10行，行21字。四周雙欄，花口，單魚尾。書首冠天順五年（1461A.D.）李賢序，次總目。末有隆慶四年（1570A.D.）楊俊民跋。

編號：支哲51—67

購入：昭和2、12、15

按書首李序曰：

……國子監丞閻禹錫，惓惓訪求兩夫子遺言，盡得其書而集之，名曰二程全書，欲刻梓以傳，求賢爲序……。

是此青乃始成於天順年間，至隆慶間，又重梓於開封。楊跋曰：

……隆慶己巳秋（三年，1569A.D.）侍御豐城蔣公觀風中州，弭節洛下，訪摭二先生故實……檄下開封，張守夢鯉爰購善本……給贖鍰爲工費，重繡諸梓，且將頒布學宮……。

此刻即隆慶四年開封刊本。書首有「翼輪堂藏書記」、「加藤家藏書印」等印記。

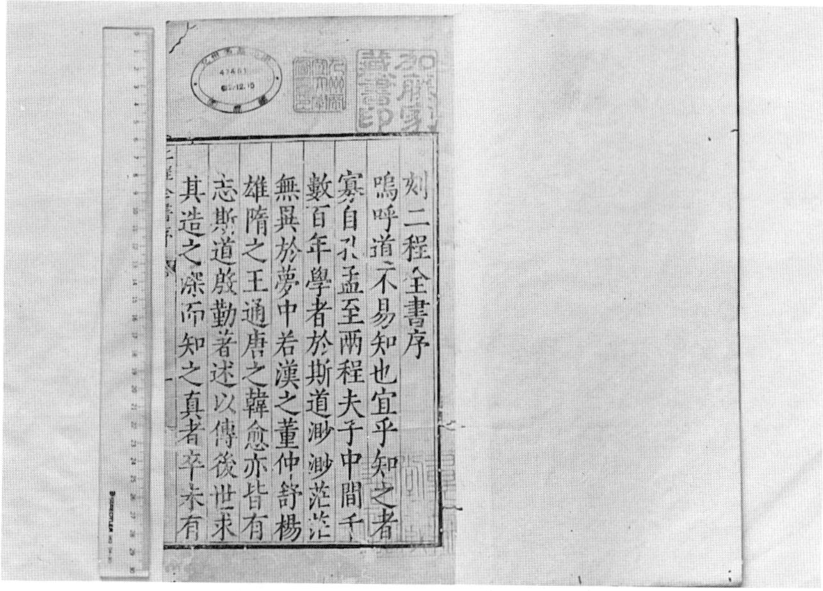
刻二程全書序
嗚呼道之不易知也宜乎知之者
寡自孔孟至兩程夫子中間千
數百年學者於斯道渺渺茫茫
無異於夢中若漢之董仲舒楊
雄隋之王通唐之韓愈亦皆有
志斯道殷勤著述以傳後世求
其造之深而知之真者卒未有

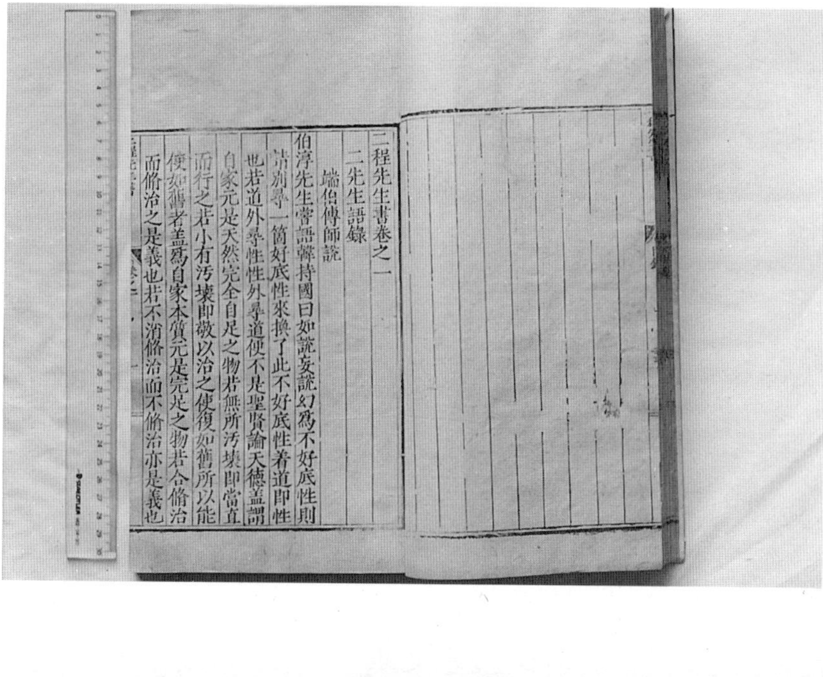
二程先生書卷之一
二先生語錄
端伯傳師說
伯淳先生嘗語韓持國曰如說妄說幻爲不好底性則
請別尋一箇好底性來換了此不好底性着道即性
也若道外尋性性外尋道便不是聖賢論天德蓋謂
自家元是天然完全自足之物若無所汚壞即當直
而行之若小有汚壞即敬以治之使復如舊所以能
使如舊者蓋爲自家本質元是完足之物若合脩治
而脩治之是義也若不消脩治而不脩治亦是義也

130 書名：媚幽閣文娛不分卷

作者：明、鄭元勳編

版式：崇禎三年刊本

20.5×14.3，半葉9行，行20字。四周單欄，花口，單魚尾。無序、目，卷首題「明鄭元勳超宗選、陳繼儒眉公定、鄭元化贊可訂」。卷末有崇禎三年（1630A.D.）鄭元化跋。

編號：文文34—39

購入：昭和15、11、8

按此書乃分體文選，共十一類：序、跋、傳、雜文、讚、說、頌、評、疏、語、駢語。卷內行界中有圈點及批語，殆陳繼儒所評。

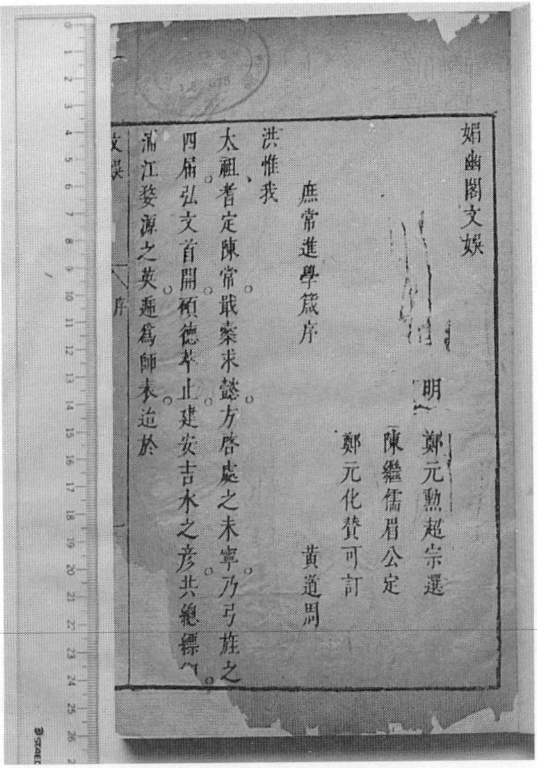
媚幽閣文娛
明 鄭元勳超宗選
陳繼儒眉公定
鄭元化贊可訂
庶常進學箴序 黃道周
洪惟我
太祖耆定陳常戢橐求懿方啓處之未寧乃弓旌之
四屆弘文首開碩德萃止建安吉水之彦共總縹
淛江婺源之英遞爲師表迨於
文娛 序

131 書名：古樂苑五十二卷首一卷

作者：明、梅鼎祚編

版式：萬曆十九年刊本

21.1×15，半葉10行，行21字。左右雙欄，花口，單魚尾。書首冠萬曆十九年（1591A.D.）汪道昆序，次有凡例、總目。每卷首葉題「西吳梅鼎祚補正、東越呂胤昌校閱」。版心下象鼻處間有刻工名氏及該版字數。

編號：文文34—29

購入：昭和14、9、29

按書首凡例云：

> 是編本據郭茂倩樂府詩集，補其闕佚，正其譌舛，始自黃虞，訖于隋代……。

書內以「古歌辭」爲卷首，漢代以下則爲正文。書首有「蓼華莊」、「馬印雲驤」等印記。

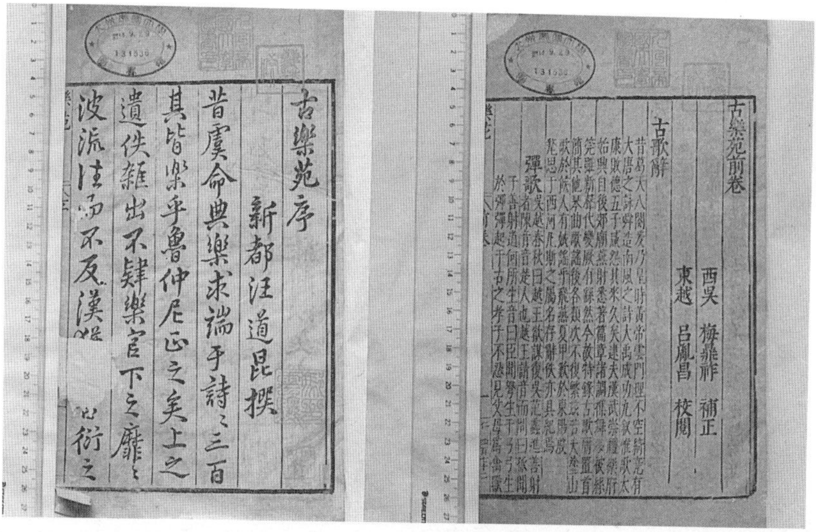
古樂苑序
新都汪道昆撰
昔虞命典樂求端乎詩〻三百
其皆樂乎魯仲尼正之矣上之
遺佚雜出不肄樂官下之靡〻
波流淫而不反漢

古樂苑前卷
西吳 梅鼎祚 補正
東越 呂胤昌 校閱
古歌辭

132 書名：翠娛閣評選皇明十六家小品十六種

作者：明、陸雲龍編

版式：崇禎六年刊本

20.5×14，半葉9行，行19字。四周單欄，花口，單魚尾。書首冠何偉然、丁允和序，均不署年月。次有癸酉年（崇禎六年，1633A.D.）陸雲龍自序，無年月陸氏再序。

編號：支文34—51

購入：昭和27、7、12

按此書書首序文，均墨筆配補。序後有日本大正四年（1915A.D.）南州外史墨筆手書題識，曰得此書一善本，遂臨寫諸序於此刻之首云云。

此刻收屠隆等十六家小品文，刻內並有陸雲龍批語，刻於天頭處。

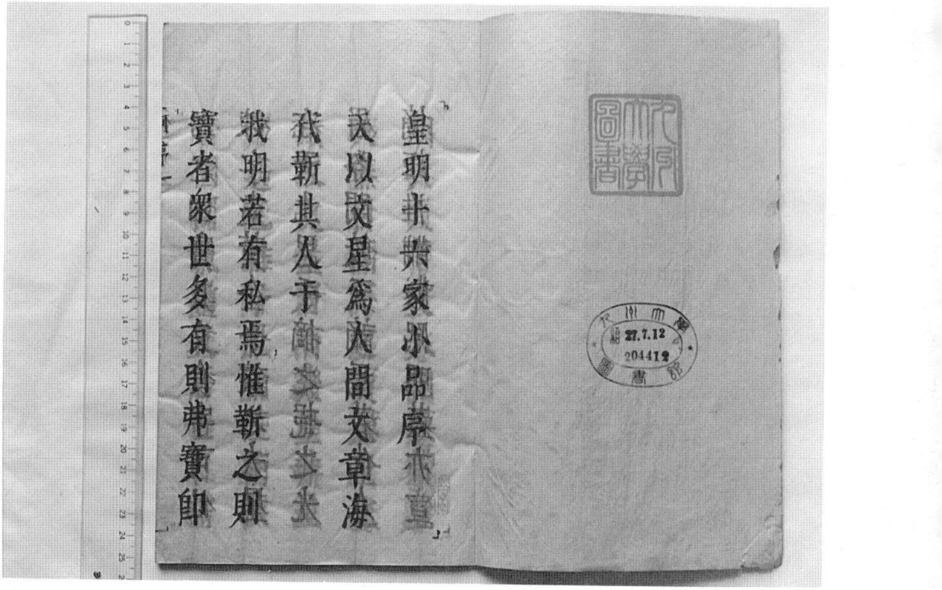
皇明十六家小品序
天以文星爲人間文章海
我靳其人于[illegible]
我明若有私焉惟靳之則
寶者衆世多有則弗寶即

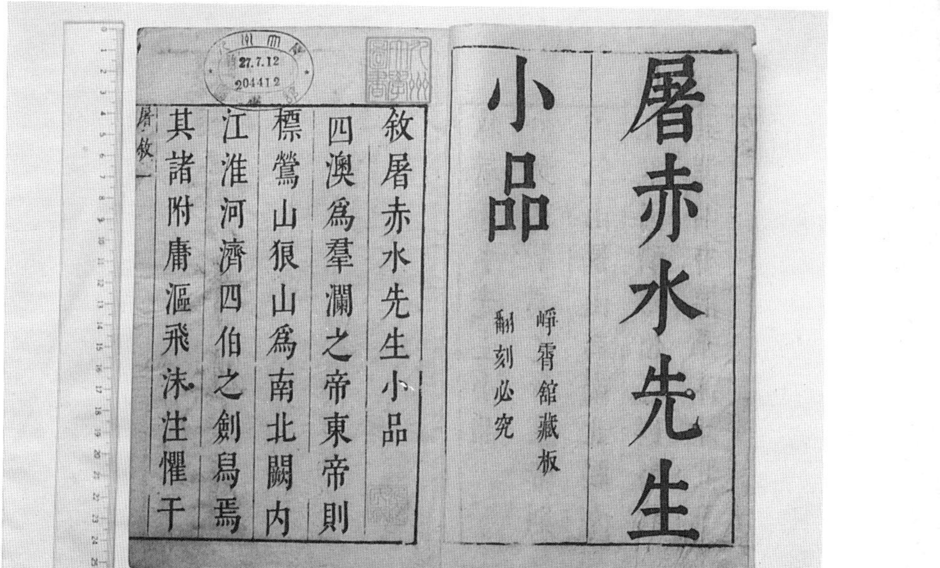
屠赤水先生小品
嘑霄館藏板
翻刻必究

敘屠赤水先生小品
四澳爲羣瀾之帝東帝則
標鶯山狼山爲南北闕内
江淮河濟四伯之劍舄焉
其諸附庸漚飛沫注懼于
屠敘一

133 書名：唐詩品彙九十卷拾遺十卷

作者：明、高棅編

版式：成化十三年刊本

21.8×15.5，半葉10行，行20字。左右雙欄，白口，單魚尾。書首冠洪武辛巳馬得華序，（按洪武無辛巳，或有誤）無年月王偁序、洪武二十八年（1395A.D.）林慈序、洪武二十六年（1393A.D.）高棅自序。次引用諸書、歷代名公敘論、凡例、詩人爵里、總目。各體前又各有敘目。每卷首葉題「新寧高棅編」。全書之末有成化十三年（1477 A.D.）陳煒跋。

編號：支文34—43

購入：昭和17、4、27

按書末陳煒跋語，有「吾近得之（此書），不敢私諸篋笥，因命工鋟梓以傳焉」云云，並署爲「江西提刑按察使」，則此刻當於成化間刻於江西。

據書首凡例，高氏此書「詳於盛唐，次則初唐、中唐，其晚唐則略矣」。其榜榜盛唐之舉，於明代後期詩壇，必頗有啓迪作用。全書仿詩品體例，分正始、正宗、大家、名家、羽翼、接武、正變、餘響、傍流，凡九品，再分體編輯，頗俱褒貶之意。

書首有「呂印海寰」及「鏡宇珍藏」等朱文印記。按呂海寰字鏡宇，清人，生平不詳。

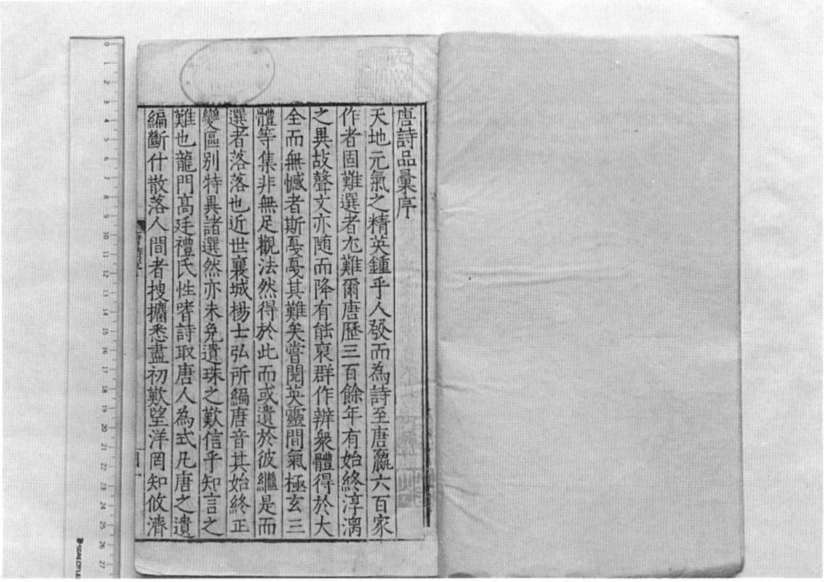

唐詩品彙序

天地元氣之精英鍾乎人發而為詩至唐巍六百家作者固難選者尤難爾唐歷三百餘年有始終淳漓之異故聲文亦隨而降有能裒群作辨衆體得於大全而無憾者斯戛戛其難矣嘗閱英靈間氣極玄三體等集非無足觀法然得於此而或遺於彼繼是而選者落落也近世襄城楊士弘所編唐音其始終正變區別特異諸選然亦未免遺珠之歎信乎知言之難也龍門高廷禮氏性嗜詩取唐人為式凡唐之遺編斷什散落人間者搜摭悉盡初歎望洋罔知攸濟

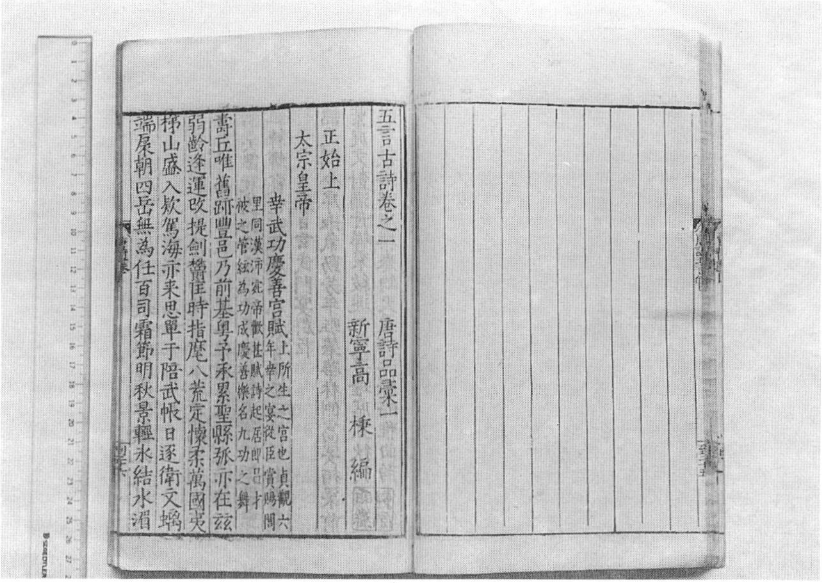

五言古詩卷之一　唐詩品彙一

新寧高　棅　編

正始上

太宗皇帝

幸武功慶善宮賦 上所生之宮也貞觀六年幸之宴從臣賞賜閭里同漢沛宛帝歡甚賦詩起居郎呂才被之管絃為功成慶善樂名九功之舞

壽丘唯舊跡豐邑乃前基粵予承累聖懸弧亦在茲弱齡逢運改提劍鬱匡時指麾八荒定懷柔萬國夷梯山盛入欵駕海亦來思單于陪武帳日逐衛文螭端扆朝四岳無為任百司霜節明秋景輕冰結水湄

134 書名：古今詩刪三十四卷

作者：明、李攀龍編

版式：明金陵張敬疇刊本

19.4×14，半葉11行，行20字。四周單欄，花口，單魚尾。書首冠無年月王世貞序，次有總目。

編號：支文35—59

購入：昭和35、9、21

按此書乃李攀龍編選各體詩集。上起古逸，下迄明代王世貞，凡樂府及古、近體皆有之。

九大文學部另藏有明刊本李氏詩刪，僅二十三卷，（第135條，編號中文35—109）所載僅止於唐代，或坊間刪節本。

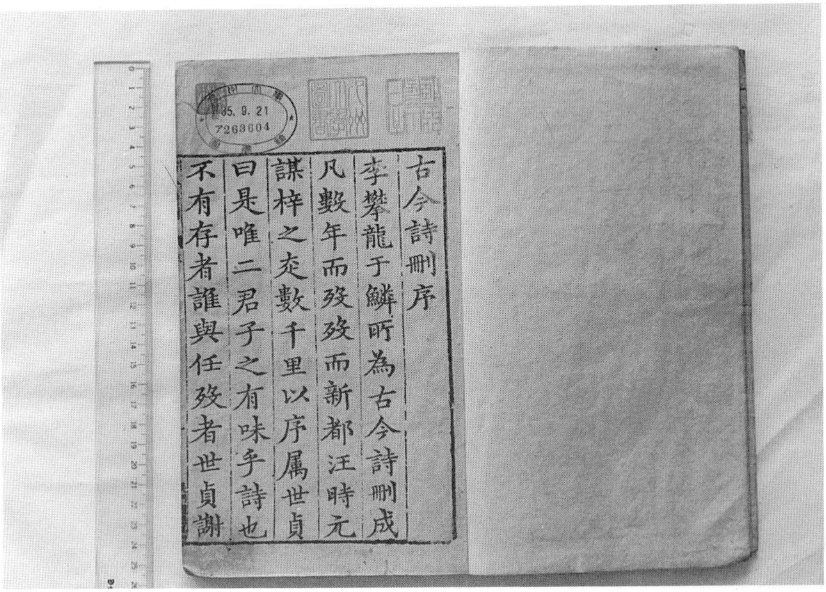

古今詩刪序

李攀龍于鱗所為古今詩刪成凡數年而歿歿而新都汪時元謀梓之走數千里以序屬世貞曰是唯二君子之有味乎詩也不有存者誰與任歿者世貞謝

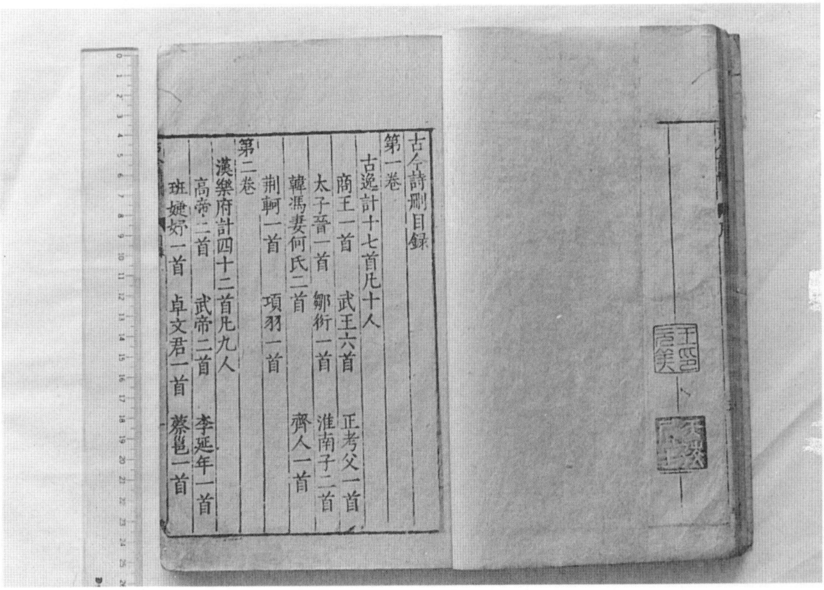
古今詩刪目録

第一卷

古逸計十七首凡十人

商王一首　武王六首　正考父一首

太子晉一首　鄒衍一首　淮南子二首

韓馮妻何氏二首　齊人一首

荊軻一首　項羽一首

第二卷

漢樂府計四十二首凡九人

高帝二首　武帝二首　李延年一首

班婕妤一首　卓文君一首　蔡邕一首

135 書名：詩刪二十三卷

作者：明、李攀龍編

版式：明刊雙色套印本

20.4×14.7，半葉9行，行19字。四周單欄，白口，無魚尾。書首冠無年月王世貞序，次有總目，每卷首葉題「濟南李攀龍于鱗選」。

編號：史文35—109

購入：昭和32、8、29

按此書所錄，上起古逸詩，下迄唐末，實爲唐以前之歷代詩選。此刻詩句旁有朱色圈點，詩後附朱色評語，天頭則有朱色批語，爲雙色套印本。

九大文學部書庫又藏有李攀龍編古今詩刪三十四卷一部（第134條，編號支文35—59），書首王世貞序相同，但所載及於明末王世貞，則此刻當係坊間所刊刪節本也。書首有「明德館圖書章」等印記。

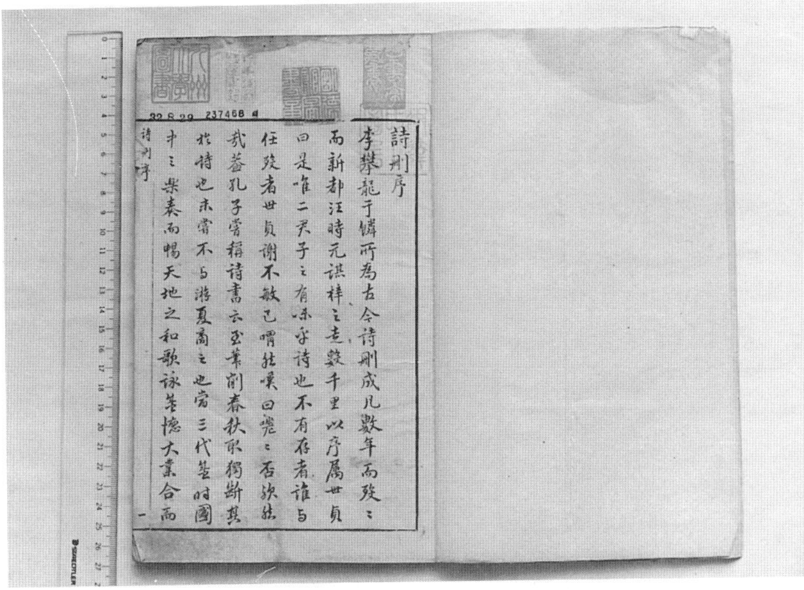

詩刪序

李攀龍于鱗所為古今詩刪成凡數年而歿之
而新都汪時元謀梓之走數千里以序屬世貞
曰是唯二君子之有味乎詩也不有存者誰与
任歿者世貞謝不敏已喟然嘆曰嗟乎否欲然
哉蓋孔子嘗稱詩書云至業削春秋取獨斷其
於詩也未嘗不与游夏商之也嘗三代盛時國
中之樂奏而暢天地之和歌詠美德大業合而

詩刪序　一

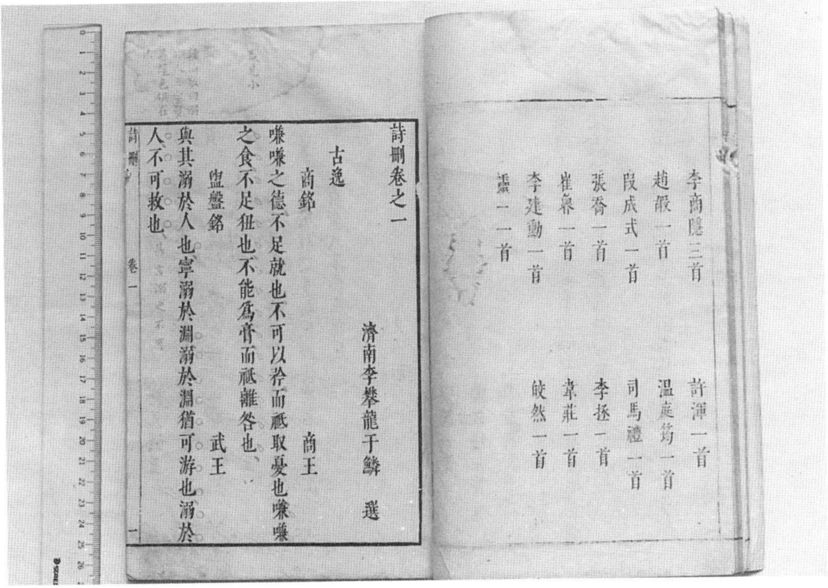

詩刪卷之一

濟南李攀龍于鱗　選

古逸

商銘　商王

嗛嗛之德不足就也不可以矜而祇取憂也嗛嗛之食不足狃也不能為膏而祇離咎也

盥盤銘　武王

與其溺於人也寧溺於淵溺於淵猶可游也溺於人不可救也

詩刪　卷一　一

李商隱三首　許渾一首
趙嘏一首　溫庭筠一首
段成式一首　司馬禮一首
張喬一首　李拯一首
崔皐一首　韋莊一首
李建勳一首　皎然一首
盧仝一首

136 書名：詩紀一百五十六卷

作者：明、馮惟訥編

版式：萬曆四十一年刊本

20.8×14，半葉9行，行19字。左右雙欄，花口，單魚尾。書首冠萬曆四十年（1612A.D.）畢懋康序、萬曆四十一年（1613A.D.）趙秉忠題詞，同年公鼐序，同年黃承玄跋，同年馮珣跋。後附嘉靖三十七年（1558A.D.）張四維序、嘉靖三十九年甄敬序，無年月王世貞序。後有凡例、引用諸書、總目。每卷前有卷目，首葉題「北海馮惟訥彙編」。

編號：支文35—10

購入：昭和8、12、5

按此書於嘉靖間即刊行，張、甄等序之。後於萬曆初年又刻於金陵，王世貞所序者也。此刻則馮惟納孫馮珣於萬曆四十一年所刊，詳述於畢氏序。書首有「北平來薰閣陳氏經籍舖」朱文印記。

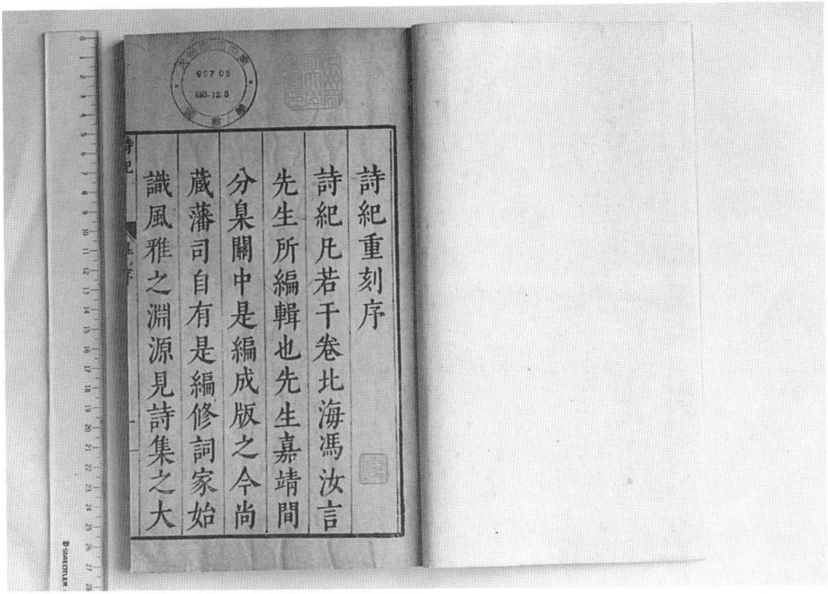

詩紀重刻序

詩紀凡若干卷北海馮汝言先生所編輯也先生嘉靖間分臬關中是編成版之今尚藏藩司自有是編修詞家始識風雅之淵源見詩集之大

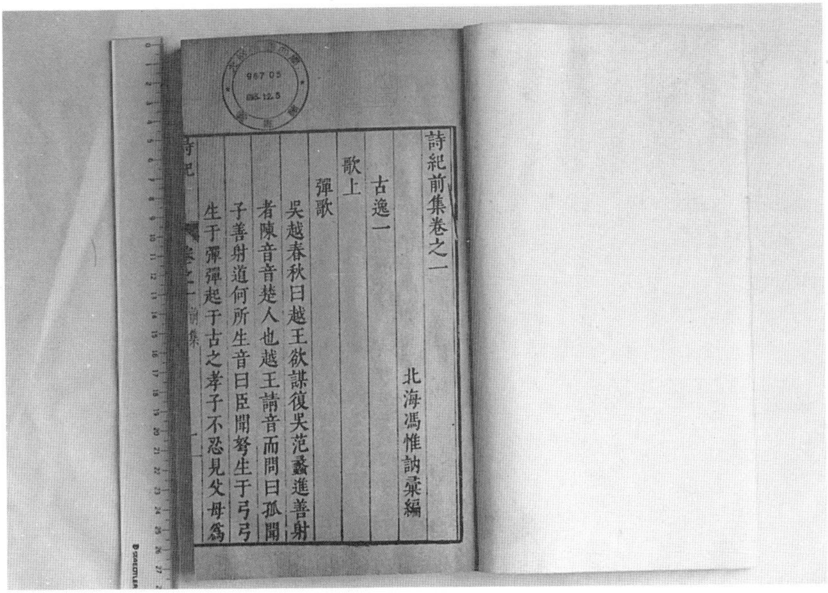

詩紀前集卷之一　北海馮惟訥彙編

古逸一

歌上

彈歌

吳越春秋曰越王欲謀復吳范蠡進善射者陳音音楚人也越王請音而問曰孤聞子善射道何所生音曰臣聞弩生于弓弓生于彈彈起于古之孝子不忍見父母爲

137 書名：文心雕龍十卷

作者：梁、劉勰撰

版式：明刊本

20.6×12.5，半葉8行，行20字。四周單欄，花口，單魚尾。書首冠總目，卷一首葉題：「梁通事舍人劉勰著」、「明太史瑯琊王世貞批、虎林後學趙雲龍校、檇李沈嗣選仁舉校」。無序跋。

編號：文文35—32（貴重書）

按此刻爲文心雕龍白文本，無注釋。書首題王世貞批，但全刻並無批語。刊刷年代，約在萬曆年間。

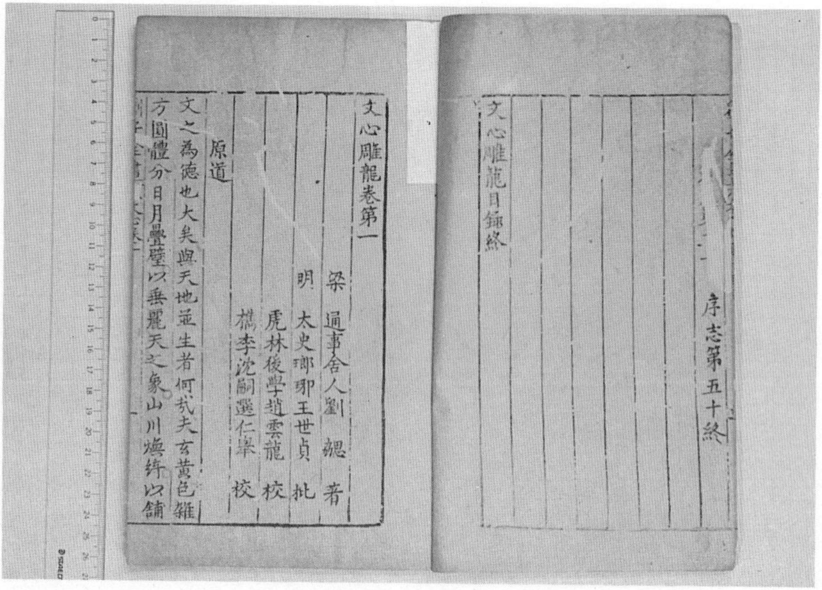
序志第五十終
文心雕龍目錄終
文心雕龍卷第一
梁 通事舍人劉 勰 著
明 太史瑯琊王世貞 批
虎林後學趙雲龍 校
檇李沈嗣選仁舉 校
原道
文之為德也大矣與天地並生者何哉夫玄黃色雜
方圓體分日月疊璧以垂麗天之象山川煥綺以鋪

138 書名：文心雕龍白文四卷註四卷

作者：梁、劉勰撰

版式：萬曆四十年吳興凌氏刊五色套印本

21.2×15.1，半葉9行，行19字。四周單欄，花口，無魚尾。書首冠萬曆四十年（1612A.D.）曹學佺序。次附「楊升菴先生與張禺山書」，次無年月閔繩初序、凌雲撰凡例，劉勰本傳、校讎姓氏、總目。

編號：支文35—24

購入：昭和17、1、14

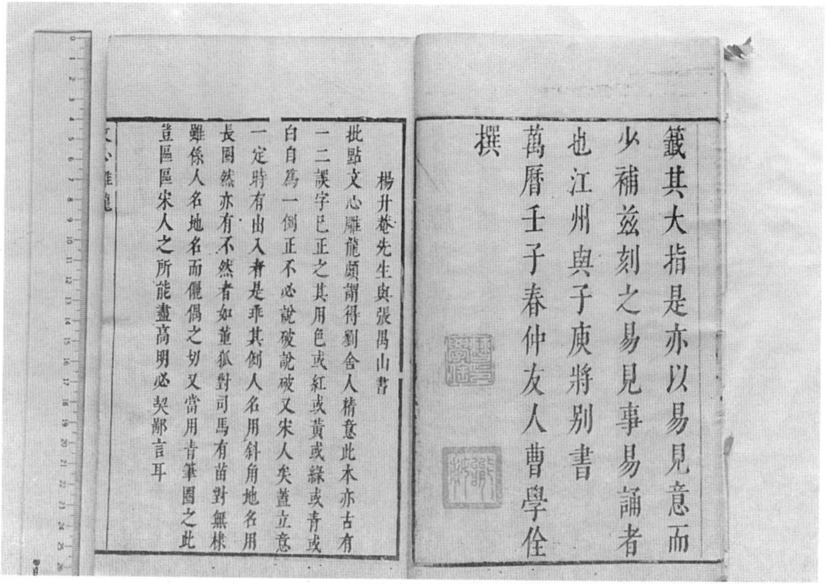
籤其大指是亦以易見意而
少補茲刻之易見事易誦者
也江州與子庚將別書
萬曆壬子春仲友人曹學佺
撰

楊升菴先生與張禺山書
批點文心雕龍頗謂得劉舍人精意此木亦古有
一二誤字巳正之其用色或紅或黃或綠或青或
白自爲一例正不必說破說破又宋人矣蓋立意
一定時有出入耳是非其例人名用斜角地名用
長圈然亦有不然者如董狐對司馬有苗對無棣
雖係人名地名而儷偶之切又當用青筆圈之此
豈區區宋人之所能盡高明必契鄙言耳
文心雕龍

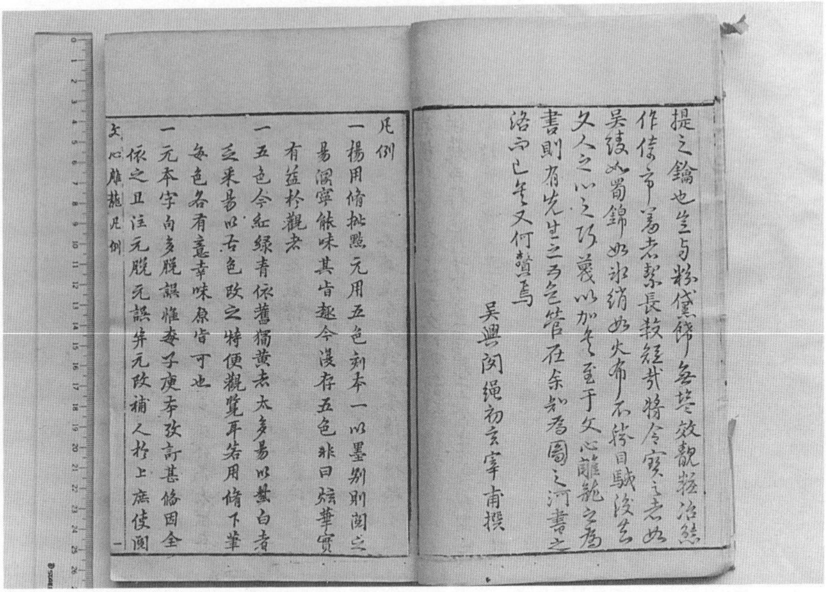
提之鑰也生与粉黛飾乃無甚效顰粧治然
作傳亦高志絜長較短并將令寂之志如
吳綾如蜀錦如冰綃如火布不待目駭後世
文人之心之巧義以加之至于文心雕龍之為
書則有先生之五色管在余知為圖之河書之
洛而已矣又何贅焉
吳興閔繩初玄宰甫撰

凡例
一楊用脩批點元用五色刻本一以墨别則閔之
易溷寧能味其旨趣今復存五色非曰炫華實
有益於觀者
一五色今紅綠青依舊獨黃者太多易以黛白者
亦杂易以古色改之特便觀覽耳若用脩下筆
每色各有意幸味原旨可也
一元本字句多脫誤惟梅子庚本改訂甚備因全
依之且注元脫元誤并元改補人於上庶使閱
文心雕龍凡例　一

按此書分正文及註文兩部分。正文用紅、紫、青、綠四色圈點，天頭處則有諸色眉批，合爲五色套印本。註文則爲單色刷印。據書首序及凡例，知眉批圈點係楊慎撰，註文則梅慶生撰。

按明中葉以後，閔、凌兩家極力發展套色印本，此刻之前，多止雙色套印，此刻或屬五色套印本中較早期之刊本，甚可寶貴。曹序後並有「曹印學佺」、「能始」兩枚曹氏鈐印。

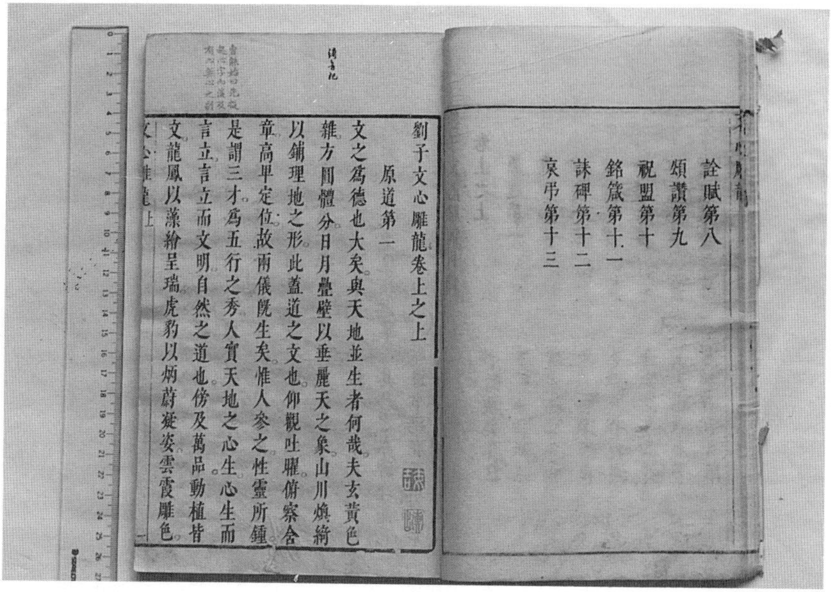
詮賦第八
頌讚第九
祝盟第十
銘箴第十一
誄碑第十二
哀弔第十三
劉子文心雕龍卷上之上
原道第一
文之爲德也大矣與天地並生者何哉夫玄黃色
雜方圓體分日月疊璧以垂麗天之象山川煥綺
以鋪理地之形此蓋道之文也仰觀吐曜俯察含
章高卑定位故兩儀旣生矣惟人參之性靈所鍾
是謂三才爲五行之秀人實天地之心生心生而
言立言立而文明自然之道也傍及萬品動植皆
文龍鳳以藻繪呈瑞虎豹以炳蔚凝姿雲霞雕色
文心雕龍　上　一

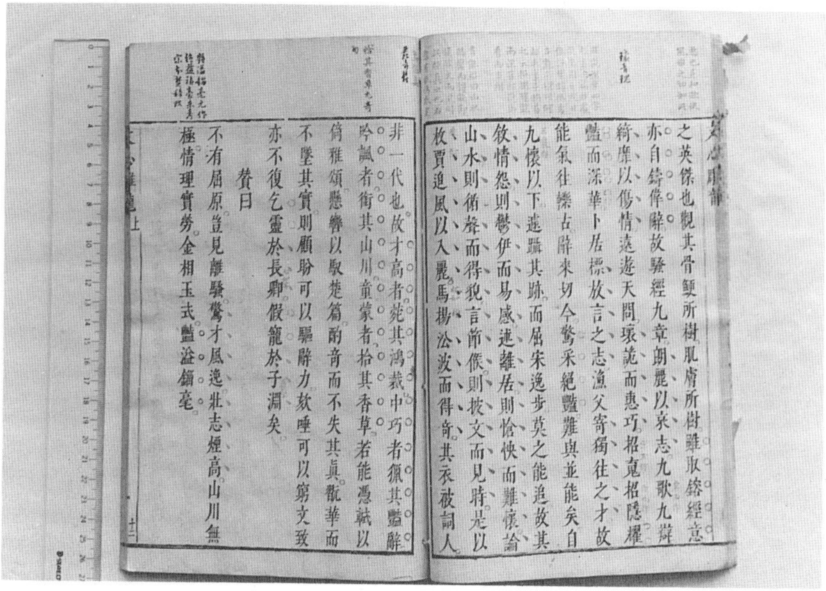
之英傑也觀其骨鯁所樹肌膚所附雖取鎔經意
亦自鑄偉辭故騷經九章朗麗以哀志九歌九辯
綺靡以傷情遠遊天問瓌詭而惠巧招魂招隱耀
豔而深華卜居標放言之志漁父寄獨往之才故
能氣往轢古辭來切今驚采絕豔難與並能矣自
九懷以下遽躡其跡而屈宋逸步莫之能追故其
敘情怨則鬱伊而易感述離居則愴快而難懷論
山水則循聲而得貌言節候則披文而見時是以
枚賈追風以入麗馬揚沿波而得奇其衣被詞人
非一代也故才高者菀其鴻裁中巧者獵其豔辭
吟諷者銜其山川童蒙者拾其香草若能憑軾以
倚雅頌懸轡以馭楚篇酌奇而不失其眞翫華而
不墜其實則顧盼可以驅辭力欬唾可以窮文致
亦不復乞靈於長卿假寵於子淵矣
贊曰
不有屈原豈見離騷驚才風逸壯志煙高山川無
極情理實勞金相玉式豔溢錙毫
文心雕龍　上　十二

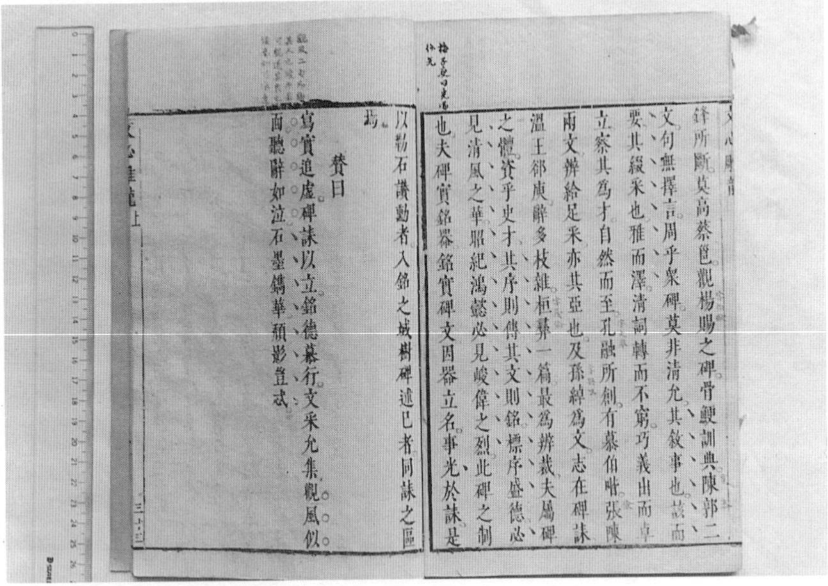

鋒所斷莫高蔡邕觀楊賜之碑骨鯁訓典陳郭二文句無擇言周乎衆碑莫非清允其敘事也該而要其綴采也雅而澤清詞轉而不窮巧義出而卓立察其爲才自然而至孔融所創有摹伯喈張陳兩文辨給足采亦其亞也及孫綽爲文志在碑誄溫王郗庾辭多枝雜桓彝一篇最爲辨裁夫屬碑之體資乎史才其序則傳其文則銘標序盛德必見清風之華昭紀鴻懿必見峻偉之烈此碑之制也夫碑實銘器銘實碑文因器立名事光於誄是以勒石讚勳者入銘之域樹碑述已者同誄之區焉

贊曰

寫實追虛碑誄以立銘德慕行文采允集觀風似面聽辭如泣石墨鐫華頹影豈忒

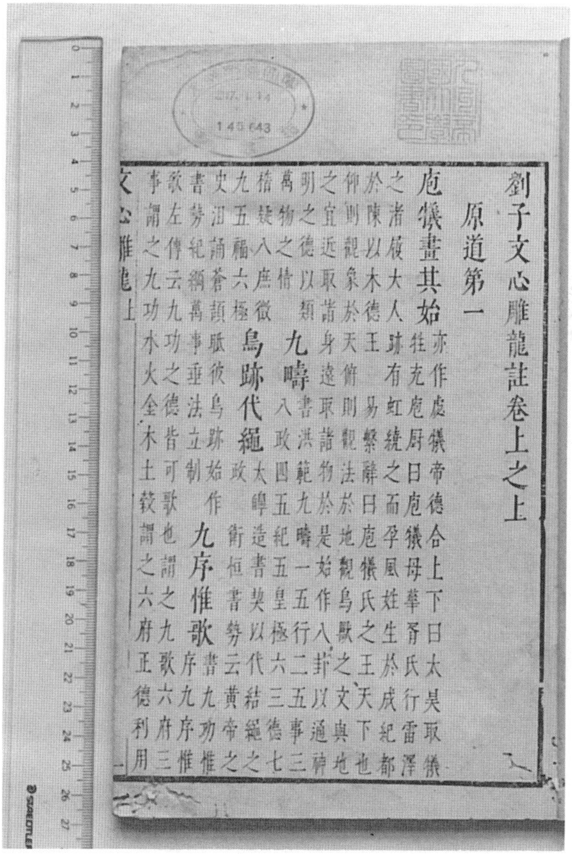

劉子文心雕龍註卷上之上

原道第一

庖犧畫其始亦作虙犧帝德合上下曰太昊取犧牲充庖廚曰庖犧母華胥氏行雷澤之渚履大人跡有虹繞之而孕風姓生於成紀都於陳以木德王易繫辭曰庖犧氏之王天下也仰則觀象於天俯則觀法於地觀鳥獸之文與地之宜近取諸身遠取諸物於是始作八卦以通神明之德以類萬物之情

九疇書洪範九疇一五行二五事三八政四五紀五皇極六三德七稽疑八庶徵九五福六極

鳥跡代繩太皞造書契以代結繩之政衛恒書勢云黃帝之史汨誦蒼頡眡彼鳥跡始作書契紀綱萬事垂法立制

九序惟歌書九功惟序九序惟歌左傳云九功之德皆可歌也謂之九歌六府三事謂之九功水火金木土穀謂之六府正德利用三

文心雕龍上

139 書名：**唐詩紀事**八十一卷

作者：宋、計有功編

版式：崇禎五年汲古閣刊本

19.2×13.6，半葉8行，行19字。左右雙欄，花口，無魚尾。書首冠計有功原序，無年月王思任序。嘉靖二十四年（1545A.D.）張子立序、宋嘉定十七年（1224A.D.）王禧序。次有總目，卷一首葉題「宋臨邛計敏夫有功輯、明海虞毛晉子晉訂」。版心下象鼻處題「汲古閣」。

編號：支文35—9

購入：昭和8、5、20

按計氏此書首刻於宋嘉定中王禧，王氏本今已不傳，惟明嘉靖二十四年洪楩及張子立均據王本重刊。毛氏汲古閣此刻，即是據張子立本又再重刊者也。

此書訛誤甚多，王禧刊雕時已有釐正，毛氏又再加考訂，以雙行小字註於正文下。

毛氏刊本原應有崇禎五年（1632A.D.）毛氏跋文，九大所藏此本未見。書首有「蒼巖山人書屋記」等印記。

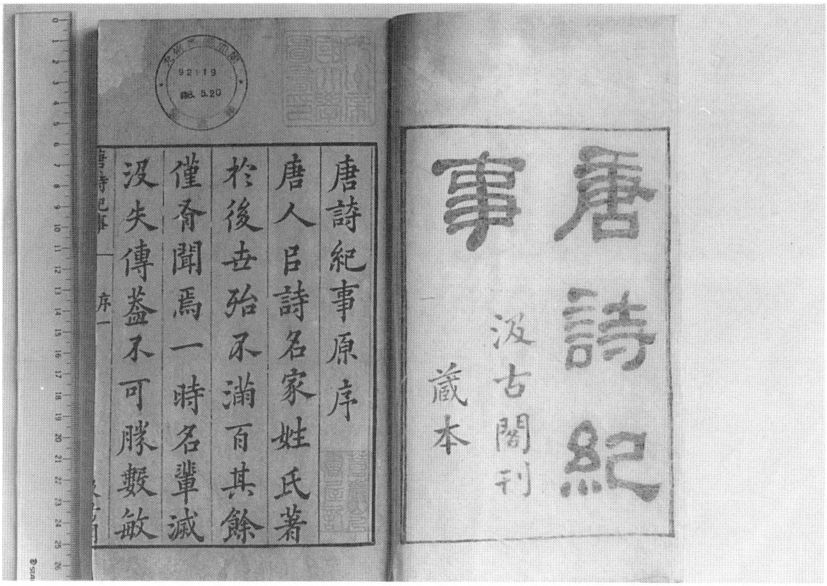

唐詩紀事

汲古閣刊

藏本

唐詩紀事原序

唐人以詩名家姓氏著

於後世殆不滿百其餘

僅脊聞焉一時名輩滅

沒失傳蓋不可勝數敏

唐詩紀事　序一

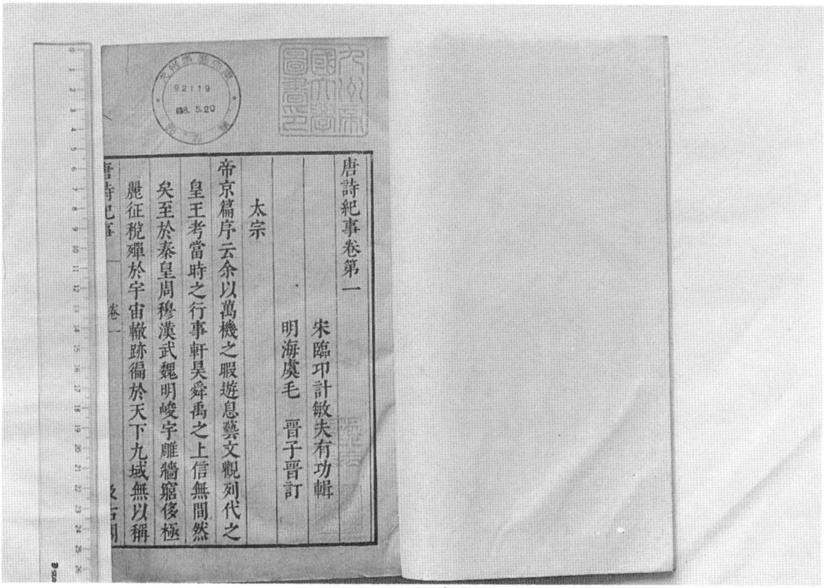

唐詩紀事卷第一

宋臨邛計敏夫有功輯

明海虞毛　晉子晉訂

太宗

帝京篇序云余以萬機之暇遊息藝文觀列代之

皇王考當時之行事軒昊舜禹之上信無間然

矣至於秦皇周穆漢武魏明峻宇雕牆窮侈極

麗征稅殫於宇宙轍跡徧於天下九域無以稱

唐詩紀事　卷一

140 書名：冰川詩式十卷

作者：明、梁橋撰

版式：萬曆三十八年刊本

20×14.1，半葉10行，行20字。左右雙欄，花口，單魚尾。書首冠萬曆三十七年（1609A.D.）梅鼎祚序、無年月余思明小引、無年月查志立序、萬曆三十八年（1610A.D.）顧憲成題辭、同年管橘序、無年月金勵後序、隆慶四年（1570A.D.）梁夢龍題辭。版心上象鼻題書名，下象鼻有刻工名氏。

編號：支文35—14

購入：昭和15、2、14

按據書首隆慶間梁夢龍序，此書曾有蜀刻本，惟格小字細，覽之不便，故於隆慶間重刊。此刻則又據隆慶本重梓者也。

此書爲梁氏評歷代詩作而成，上起古樂府，下迄近體詩。書首冠「詩原」一篇，以發凡起例。

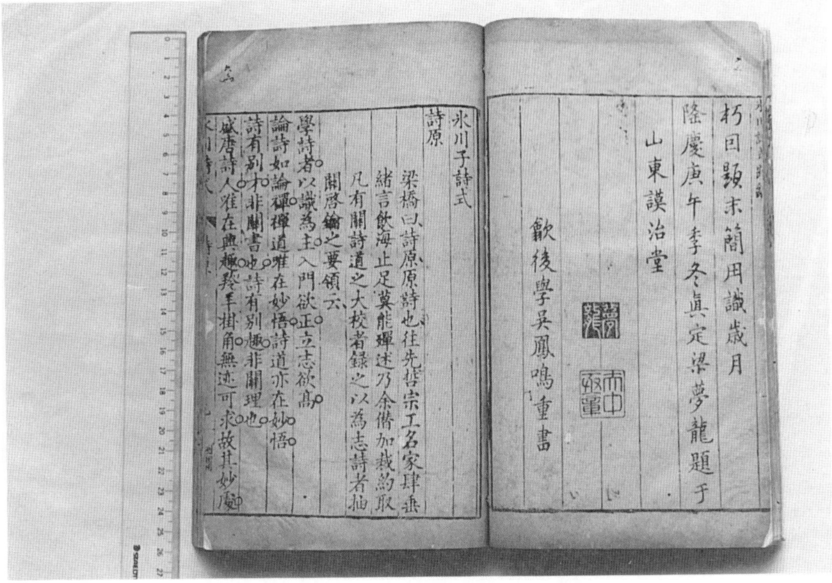
隆慶庚午季冬眞定梁夢龍題于
山東謨治堂
歙後學吳鳳鳴重書
氷川子詩式
詩原
梁橋曰詩原原詩也往先哲宗工名家肆垂
緒言飲海止足莫能殫述乃余備加裁約取
凡有關詩道之大校者錄之以為志詩者柚
闢啓鑰之要領云
學詩者以識為主入門欲正立志欲高
論詩如論禪禪道惟在妙悟詩道亦在妙悟
詩有別才非關書也詩有別趣非關理也
盛唐詩人惟在興趣羚羊掛角無迹可求故其妙處

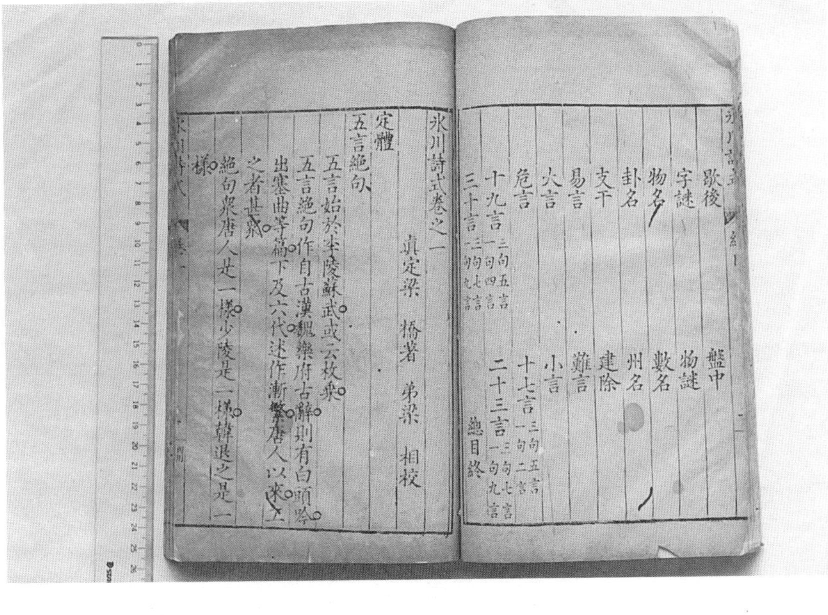
歌後　盤中
字謎　物謎
物名　數名
卦名　州名
支干　建除
易言　離言
大言　小言
危言
十九言 三句五言 一句四言
十七言 三句五言 一句二言
三十言 一三句七言 一句九言
二十三言 一三句七言 一句九言
總目終
氷川詩式卷之一
眞定梁　橋著　弟梁　相校
定體
五言絕句
五言始於李陵蘇武或云枚乘
五言絕句作自古漢魏樂府古辭則有白頭吟
出塞曲等篇下及六代述作漸繁唐人以來工
之者甚衆
絕句衆唐人是一樣少陵是一樣韓退之是一
樣

待　補

141 **書名：毛詩注疏**二十卷

作者：漢、鄭玄箋，唐、孔穎達疏

版式：明、李元陽校刊本

19.4×13.2，半葉9行，行21字。四周單欄，白口，無魚尾。

編號：支文2—31

圖錄待補。

142 **書名：楚辭**十九卷

作者：周、屈原等撰，明、陸時雍注。

版式：明、緝柳齋刊本

20.9×14.5，半葉9行，行20字。四周單欄，花口，無魚尾。

編號：支文32—8

圖錄待補。

143 **書名：高季迪先生大全集**十四卷

作者：明、高啓撰

版式：景泰元年刊本

19.7×14.7，半葉10行，行20字。左右雙欄，白口，單魚尾。

編號：支文35—35

圖錄待補。